湖南省优秀博士学位论文
湖南省应用经济学重点学科学术成果
湖南省生态旅游重点实验室学术成果
湖南省自然与文化遗产基地学术成果
吉首大学学术成果
吉首大学工商管理重点学科学术成果

旅游生态位理论、方法与应用研究

——以湖南省张家界市为例

The Research on the Theory, Method and Application of the Tourism Niche: A Case of Zhangjiajie City in Hunan Province

向延平 著

经济管理出版社
ECONOMY & MANAGEMENT PUBLISHING HOUSE

图书在版编目（CIP）数据

旅游生态位理论、方法与应用研究/向延平著. —北京：经济管理出版社，2012.7
ISBN 978-7-5096-1981-0

Ⅰ. ①旅…　Ⅱ. ①向…　Ⅲ. ①生态旅游—研究—中国　Ⅳ. ①F592.3

中国版本图书馆 CIP 数据核字（2012）第 124475 号

组稿编辑：宋　娜
责任编辑：张　达
责任印制：黄　铄
责任校对：曹　平

出版发行：经济管理出版社
（北京市海淀区北蜂窝 8 号中雅大厦 A 座 11 层　100038）
网　　址：www. E-mp. com. cn
电　　话：（010）51915602
印　　刷：北京银祥印刷厂
经　　销：新华书店
开　　本：720mm×1000mm/16
印　　张：17.5
字　　数：380 千字
版　　次：2012 年 12 月第 1 版　2012 年 12 月第 1 次印刷
书　　号：ISBN 978-7-5096-1981-0
定　　价：68.00 元

联系地址：北京阜外月坛北小街 2 号
电话：（010）68022974　　邮编：100836

编委会及编辑部成员名单

序　一

博士后制度是19世纪下半叶首先在若干发达国家逐渐形成的一种培养高级优秀专业人才的制度，至今已有一百多年历史。

20世纪80年代初，由著名物理学家李政道先生积极倡导，在邓小平同志大力支持下，中国开始酝酿实施博士后制度。1985年，首批博士后研究人员进站。

中国的博士后制度最初仅覆盖了自然科学诸领域。经过若干年实践，为了适应国家加快改革开放和建设社会主义市场经济制度的需要，全国博士后管理委员会决定，将设站领域拓展至社会科学。1992年，首批社会科学博士后人员进站，至今已整整20年。

20世纪90年代初期，正是中国经济社会发展和改革开放突飞猛进之时。理论突破和实践跨越的双重需求，使中国的社会科学工作者们获得了前所未有的发展空间。毋庸讳言，与发达国家相比，中国的社会科学在理论体系、研究方法乃至研究手段上均存在较大的差距。正是这种差距，激励中国的社会科学界正视国外，大量引进，兼收并蓄，同时，不忘植根本土，深究国情，开拓创新，从而开创了中国社会科学发展历史上最为繁荣的时期。在短短20余年内，随着学术交流渠道的拓宽、交流方式的创新和交流频率的提高，中国的社会科学不仅基本完成了理论上从传统体制向社会主义市场经济体制的转换，而且在中国丰富实践的基础上展开了自己的伟大创造。中国的社会科学和社会科学工作者们在改革开放和现代化建设事业中发挥了不可替代的重要作用。在这个波澜壮阔的历史进程中，中国社会科学博士后制度功不可没。

值此中国实施社会科学博士后制度创设20周年之际，为了充分展示中国社会科学博士后的研究成果，推动中国社会科学博士后制度进一步发展，全国博士后管理委员会和中国社会科学院经反复磋商，并征求了多家设站单位的意见，决定推出《中国社会科学博士后文库》(以下简称《文库》)。作为一个集中、系统、全面展示社会科学领域博士后优秀成果的学术平台，《文库》将成为展示中国社会科学博士后学术风采、扩大博士后群体的学术影响力和社会影响力的园地，成为调动广大博士后科研人员的积极性和创造力的加速器，成为培养中国社会科学领域各学科领军人才的孵化器。

创新、影响和规范，是《文库》的基本追求。

我们提倡创新，首先就是要求，入选的著作应能提供经过严密论证的新结论，或者提供有助于对所述论题进一步深入研究的新材料、新方法和新思路。与当前社会上一些机构对学术成果的要求不同，我们不提倡在一部著作中提出多少观点，一般地，我们甚至也不追求观点之“新”。我们需要的是有翔实的资料支撑，经过科学论证，而且能够被证实或证伪的论点。对于那些缺少严格的前提设定，没有充分的资料支撑，缺乏合乎逻辑的推理过程，仅仅凭借少数来路模糊的资料和数据，便一下子导出几个很“强”的结论的论著，我们概不收录。因为，在我们看来，提出一种观点和论证一种观点相比较，后者可能更为重要：观点未经论证，至多只是天才的猜测；经过论证的观点，才能成为科学。

我们提倡创新，还表现在研究方法之新上。这里所说的方法，显然不是指那种在时下的课题论证书中常见的老调重弹，诸如“历史与逻辑并重”、“演绎与归纳统一”之类；也不是我们在很多论文中见到的那种敷衍塞责的表述，诸如“理论研究与实证分析的统一”等等。

我们所说的方法，就理论研究而论，指的是在某一研究领域中确定或建立基本事实以及这些事实之间关系的假设、模型、推论及其检验；就应用研究而言，则指的是根据某一理论假设，为了完成一个既定目标，所使用的具体模型、技术、工具或程序。众所周知，在方法上求新如同在理论上创新一样，殊非易事。因此，我们亦不强求提出全新的理论方法，我们的最低要求，是要按照现代社会科学的研究规范来展开研究并构造论著。

我们支持那些有影响力的著述入选。这里说的影响力，既包括学术影响力，也包括社会影响力和国际影响力。就学术影响力而言，入选的成果应达到公认的学科高水平，要在本学科领域得到学术界的普遍认可，还要经得起历史和时间的检验，若干年后仍然能够为学者引用或参考。就社会影响力而言，入选的成果应能向正在进行着的社会经济进程转化。哲学社会科学与自然科学一样，也有一个转化问题。其研究成果要向现实生产力转化，要向现实政策转化，要向和谐社会建设转化，要向文化产业转化，要向人才培养转化。就国际影响力而言，中国哲学社会科学要想发挥巨大影响，就要瞄准国际一流水平，站在学术高峰，为世界文明的发展作出贡献。

我们尊奉严谨治学、实事求是的学风。我们强调恪守学术规范，尊重知识产权，坚决抵制各种学术不端之风，自觉维护哲学社会科学工作者的良好形象。当此学术界世风日下之时，我们希望本《文库》能通过自己良好的学术形象，为整肃不良学风贡献力量。

李扬

中国社会科学院副院长

中国社会科学院博士后管理委员会主任

2012 年 9 月

序　二

在21世纪的全球化时代，人才已成为国家的核心竞争力之一。从人才培养和学科发展的历史来看，哲学社会科学的发展水平体现着一个国家或民族的思维能力、精神状况和文明素质。

培养优秀的哲学社会科学人才，是我国可持续发展战略的重要内容之一。哲学社会科学的人才队伍、科研能力和研究成果作为国家的"软实力"，在综合国力体系中占据越来越重要的地位。在全面建设小康社会、加快推进社会主义现代化、实现中华民族伟大复兴的历史进程中，哲学社会科学具有不可替代的重大作用。胡锦涛同志强调，一定要从党和国家事业发展全局的战略高度，把繁荣发展哲学社会科学作为一项重大而紧迫的战略任务切实抓紧抓好，推动我国哲学社会科学新的更大的发展，为中国特色社会主义事业提供强有力的思想保证、精神动力和智力支持。因此，国家与社会要实现可持续健康发展，必须切实重视哲学社会科学，"努力建设具有中国特色、中国风格、中国气派的哲学社会科学"，充分展示当代中国哲学社会科学的本土情怀与世界眼光，力争在当代世界思想与学术的舞台上赢得应有的尊严与地位。

在培养和造就哲学社会科学人才的战略与实践上，博士后制度发挥了重要作用。我国的博士后制度是在世界著名物理学家、诺贝尔奖获得者李政道先生的建议下，由邓小平同志亲自决策，经国务院批准于1985年开始实施的。这也是我国有计划、有目的地培养高层次青年人才的一项重要制度。二十多年来，在党中央、国务院的领导下，经过各方共同努力，我国已建立了科学、完备的博士后制度体系，同时，形成了培养和使用相结合，产学研相结合，政府调控和社会参与相结合，服务物质文明与精神文明建设的鲜明特色。通过实施博士后制度，我国培养了一支优秀的高素质哲学社会科学人才队伍。他们在科研机构或高等院校依托自身优势和兴趣，自主从事开拓性、创新性研究工作，从而具有宽广的学术视野、突出的研究能力和强烈的探索精神。其中，一些出站博士后已成为哲学社会科学领域的科研骨干和学术带头人，在“长江学者”、“新世纪百千万人才工程”等国家重大科研人才梯队中占据越来越大的比重。可以说，博士后制度已成为国家培养哲学社会科学拔尖人才的重要途径，而且为哲学社会科学的发展造就了一支新的生力军。

哲学社会科学领域部分博士后的优秀研究成果不仅具有重要的学术价值，而且具有解决当前社会问题的现实意义，但往往因为一些客观因素，这些成果不能尽快问世，不能发挥其应有的现实作用，着实令人痛惜。

可喜的是，今天我们在支持哲学社会科学领域博士后研究成果出版方面迈出了坚实的一步。全国博士后管理委员会与中国社会科学院共同设立了《中国社会科学博士后文库》，每年在全国范围内择优出版哲学社会科学博士后的科研成果，并为其提供出版资助。这一举措不仅在建立以质量为导向的人才培养机制上具有积极的示范作用，而且有益于提升博士后青年科研人才的学术地位，扩大其学术影响力和社会影响力，更有益于人才强国战略的实施。

今天，借《中国社会科学博士后文库》出版之际，我衷心地希望更多的人、更多的部门与机构能够了解和关心哲学社会科学领域博士后及其研究成果，积极支持博士后工作。可以预见，我国的博士后事业也将取得新的更大的发展。让我们携起手来，共同努力，推动实现社会主义现代化事业的可持续发展与中华民族的伟大复兴。

人力资源和社会保障部副部长
全国博士后管理委员会主任
2012 年 9 月

摘　要

生态位理论是生态学的重要理论之一，已成为近三十年来生态学研究的热点。随着生态位概念的不断拓展，生态位理论已被社会学、经济学、管理学等学科借用，其理论含义正在不断地拓展。生态位理论可能成为研究旅游问题的重要手段和方法，为旅游研究提供新的研究视野。

本书从生态位角度研究旅游生态位问题，提出相应的旅游生态位策略，尝试找到新的灵感和解决问题的新方法，寻求实现旅游和谐可持续发展途径。第一章是绪论，包括选题背景、立论基础、国内外相关研究成果、研究内容与方法、研究目的与意义、研究思路与框架等；第二章是旅游生态位理论研究，包括旅游生态位概念、特征与类型、旅游生态位宽度、旅游生态位重叠、旅游生态位分离、旅游生态位态势、旅游生态位扩充与压缩、旅游生态位适宜度等理论；第三章是旅游生态位方法研究，包括旅游生态位评价指标体系、旅游生态位宽度、旅游生态位重叠、旅游生态位分离、旅游生态位态势、旅游生态位扩充与压缩、旅游生态位适宜度等模型；第四章是旅游生态位应用研究，运用旅游生态位宽度、旅游生态位重叠和旅游生态位态势理论与方法等研究成果，以张家界市主要旅游景区为例，进行旅游生态位宽度、旅游生态位重叠和旅游生态位态势测度的应用研究；第五章是旅游生态位策略研究，在旅游生态位理论和应用研究的基础上，结合张家界市旅游实际情况，提出张家界市未来旅游发展的旅游生态位策略，为旅游决策者的正确决策提供相应的科学依据和智力支持；第六章是结语，对全书的研究进行总结，主要包括主要结论、主要创新、不足之处和研究展望等。

通过对旅游生态位理论、方法与应用研究，得出主要研究结论有：

（1）旅游地处于一个特殊的生态系统中，具有生命周期和旅游生态位等类生命特征，旅游地之间存在旅游竞争、旅游共生等生态关系。

（2）旅游生态位是旅游地个体（含旅游区、旅游景区、旅游景点和旅游景物等）在区域旅游发展过程中的地位、作用和功能以及与其他旅游地的相对关系。旅游生态位具有明显的自然性、社会性、时空性和动态变化性，可分为旅游区生态位、旅游景区生态位、旅游景点生态位、旅游景物生态位和一维旅游生态位、二维旅游生态位……多维旅游生态位以及理想旅游生态位、现实旅游生态位和潜在旅游生态位等类型。

(3) 旅游生态位理论研究包括旅游生态位宽度、旅游生态位重叠、旅游生态位分离、旅游生态位态势、旅游生态位扩充与压缩、旅游生态位适宜度等理论。旅游生态位模型研究包括旅游生态位宽度、旅游生态位重叠、旅游生态位态势、旅游生态位分离、旅游生态位扩充与压缩、旅游生态位适宜度模型等。

(4) 旅游生态位评价指标体系包括旅游资源、旅游市场、旅游服务和旅游环境 4 个一级指标，资源价值、资源规模等 14 个二级指标，观赏游憩价值、规模与丰度等 50 个三级指标。运用 Delphi 法和 AHP 法，确定了旅游生态位评价指标并赋予相应权重。研究表明：对于一级旅游生态位评价指标，其权重大小依次为旅游资源、旅游环境、旅游市场和旅游服务，分别为 0.2685、0.2496、0.2440 和 0.2379，说明影响旅游生态位的主导因素是旅游资源，然后是旅游环境、旅游市场和旅游服务。在二级旅游生态位评价指标中，旅游资源指标权重依次为资源价值、资源区位和资源规模，分别为 0.4140、0.2978 和 0.2882，旅游市场指标权重依次为旅游人数、门票收入与价格、旅游形象、市场影响力和旅游时间，分别为 0.2031、0.2025、0.1987、0.1981 和 0.1976，旅游服务指标权重依次为服务质量、基础设施服务和旅游信息服务，分别为 0.3675、0.3364 和 0.2961，旅游环境指标权重依次为生态环境质量、旅游容量和环境保护状况，分别为 0.3375、0.3339 和 0.3286，说明旅游生态位评价指标影响程度不同。对于三级旅游生态位评价指标，在总排序权重中，观赏游憩价值、珍稀或奇特程度和历史文化科学价值权重最大，分别为 0.0415、0.0354、0.0343，说明它们是旅游生态位的主要影响因素。

(5) 以张家界市主要旅游景区为例，重点对旅游生态位宽度、旅游生态位重叠和旅游生态位态势理论和模型进行应用研究。研究表明：①对于旅游生态位宽度来说，张家界市主要旅游景区旅游生态位宽度大小依次为武陵源景区、天门山景区、茅岩河景区、八大公山景区和五雷山景区，分别为 0.3501、0.2166、0.1673、0.1665 和 0.0995，说明张家界市主要旅游景区旅游竞争力大小依次为武陵源景区、天门山景区、茅岩河景区、八大公山景区和五雷山景区。旅游资源、旅游市场和旅游服务以武陵源景区、天门山景区旅游生态位宽度较大，分别为0.3124和0.2393、0.3952和0.1922、0.3631和0.2716；茅岩河景区与八大公山景区旅游生态位宽度分别为0.1754和0.1729、0.1626和0.1459、0.1763和0.1066；五雷山景区旅游生态位宽度最小，分别为0.1000、0.1041、0.0824。旅游环境以武陵源景区旅游生态位宽度最大，为0.3402；八大公山景区次之，旅游生态位宽度为0.2395；天门山景区和茅岩河景区旅游生态位宽度分别为0.1548和0.1527，五雷山景区旅游生态位宽度为0.1127。对于二级旅游生态位宽度评价指标，武陵源景区旅游生态位宽度均大于其他旅游景区，表明武陵源景区在这些指标方面均具有显著旅游竞争力；在环境保护与生态环境质量方面，八大公山景区旅游生态位宽度分别为0.2482和0.2940，表明其在环境保护和生态环境质量方面具有明显旅游竞争力。②对于旅游生态位重叠来说，由于旅游资源、旅游市场、旅游服务与旅游环境指标的差异，武陵源景区与其他景区均存在旅游生态位重叠状况，分别为0.1904、0.0204、0.1453和0.0157，说明存在旅游竞争的可能性，但旅游竞争力不是非常明显；而天门山景区，由于与茅岩河景区旅游资源、旅游市场与旅游环境指标的旅游生态位重叠性，其旅游生态位重叠度为0.4182，说明有存在旅游竞争的可能性，与八大公山景区、五雷山景区旅游生态位重叠分别为0.1789和0.1381，说明旅游竞争力不明显；茅岩河景区与八大公山景区、五雷山景区之间也存在部分旅游生态位重叠度，旅游生态位重叠度为0.2373和0.2607，说明它们之间旅游竞争力不明显；八大公山景区与五雷山景区旅游生态位重叠度为0.4292，它们之间亦存在旅游竞争可能性。③对于旅游生态位态势来说，利用Excel分析出武陵源景区旅游收入生态位的态势线为 $y = 221.64x - 973.11$，旅游人数生态位的态势线为 $y = 687924x - 2E + 06$，说明武陵源景区旅游处于不断发展状态。但是从旅游收入生态位和旅游人数生态位态势来看，武陵源景区旅游收入的态势线为 $y = 1.8948x - 1.7017$，旅游人数生态位的态势线为 $y = 4795.6x + 10560$，说明武陵源景区旅游收入生态位和旅游人数生态位的态势变化趋势不规则，武陵源景区旅游发展存在着明显的阶段性。武陵源景区旅游收入生态位趋势线为 $y = -0.009x + 0.6111$，旅游人数生态位趋势线为 $y = -0.0043x + 0.7384$，说明武陵源景区旅游收入生态位和旅游人数生态位大体上呈现递减趋势。

（6）旅游生态位扩充、旅游生态位分离、旅游生态位协调与优化、旅游生态位创新都是缓解张家界市旅游竞争的有效途径。张家界市可以通过旅游生态位扩充策略、旅游生态位分离策略、旅游生态位协调与优化策略、旅游生态位创新策略来减少或避免旅游竞争，促进张家界市旅游和谐可持续发展。

关键词： 生态位　旅游生态位　旅游竞争　张家界市

Abstract

The niche theory is one of the important theories of Ecology and the ecological research focus for the past 30 years. With the continuous expansion of the niche concept, the niche theory has been implied in Sociology, Economic, Management and other disciplines. The niche theory could become an important research tool and method for the tourism research to provide a new research vision.

This book studies the tourism niche and proposes appropriate tourism niche strategies from the perspective of the niche, and tries to find new inspiration and new ways to solve the problems to achieve sustainable and harmonious development of the tourism. The first part is the introduction including the background topic of the book, arguments based on this research, summaries and comments on domestic and international research on the niche and the application of the niche in tourism, research content and method of study, the purpose and significance, the research ideas and frameworks, etc. The second part is the tourism niche theories including the tourism niche concept, characters and types, the tourism niche breadth, the tourism niche overlap, the tourism niche separation, the tourism niche ecostate-ecorle, the tourism niche expansion and compression, the tourism niche fitness theory and so on. The third part is the evaluation methods of the tourism niche including the tourism niche evaluation indicator system, the tourism niche breadth model, the tourism niche overlap model, the tourism niche separation model, the tourism niche ecostate-ecorole model, the tourism niche expansion and compression model, the tourism niche fitness model, etc. The forth part is the application of the tourism niche in tourism including the use of the tourism niche breadth, the tourism niche overlap and the tourism niche ecostate-ecorole theory and methods to Zhangjiajie City's main tourism scenic areas. The fifth part is the tourism niche strategies based on the actual situation of

Zhangjiajie City and it presented the tourism development strategies to provide the appropriate scientific basis for decision-making and intellectual support. The final part is the remarks of this research including the main conclusions, the main innovations, the inadequacies and the research outlooks.

Through the tourism niche research about the tourism niche theory, ways and application, the main research findings were:

(1) The tourism destination was in a particular eco-system. The tourism destination had some characters such as life cycle and the tourism niche. There were existing relationships such as symbiosis, competition and so on between the tourism destinations.

(2) The tourism niche refered to the status, role, function and relativity with other tourism destinations of the individual tourism destination (including the tourism area, tourism scenic area, tourism point and tourism landscape, etc.) in the process of the regional tourism development. The tourism niche had obvious natural character, social character, space-time character and dynamic variability character. The tourism niche was divided into the tourism area niche, tourism scenic area niche, tourist point niche and tourism landscape niche or one-dimensional tourism niche, two-dimensional tourism niche...multi-dimensional tourism niche or ideal tourism niche, real and potential tourism niche and other types.

(3) The tourism niche theories were including the tourism niche breadth theory, the tourism niche overlap theory, the tourism niche separation theory, the tourism niche ecostate-ecorole theory, the tourism niche expansion and compression theory, the tourism niche fitness theory. The tourism niche models were including the tourism niche breadth model, the tourism niche overlap model and tourism niche ecostate-ecorole model, the tourism niche separation model, the tourism niche expansion and compression model, the tourism niche fitness model.

(4) The tourism niche evaluation indicator system consisted of the four indicators (the first indicator) such as tourism resource, tourism market, tourism service and tourism environment; the fourteen indicators (the second indicator) such as resource value, resource scale and so on; the fifty indicators (the third indicator) such as watching and recreational

value, the size and abundance and so on. Secondly the paper used the Delphi and AHP method to determine the evaluation indicator of the tourism niche and to give the corresponding weights. The results showed that: about the first indicator of the tourism niche, the right order of evaluation indicator was tourism resource, tourism environment, tourism market and tourism service. The weight was 0.2685, 0.2496, 0.2440 and 0.2379 which indicated the dominant impact factor of the tourism niche was the tourism resource and which was followed by the tourism environment, tourism market and tourism service. About the second indicator, the indicator weight of the tourism resource followed by the resource value, resource location and resource scale was 0.4140, 0.2978 and 0.2882; the indicator weight of tourism market followed by tourists, ticket income and price, tourism image, market influence and tourism time was 0.2031, 0.2025, 0.1987, 0.1981 and 0.1976; the indicator weight of tourism service followed by the quality of service, infrastructure service and tourism information service was 0.3675, 0.3364 and 0.2961; the indicator weight of tourism environment followed by the ecological environmental quality, tourism capacity and environmental protection conditions was 0.3375, 0.3339 and 0.3286 which indicated the impact evaluation indicator of tourism niche to different degrees. About the tourism niche for the third indicator weight in the total order, watching and recreational value, rare or unusual scientific value of the extent and historical and cultural values of the largest weight was 0.0415, 0.0354 and 0.0343 indicating that they were the main factors to influence the tourism niche.

(5) Taking the main tourism scenic areas in Zhangjiajie City as cases, the paper applied the tourism niche breadth, the tourism niche overlap and the tourism niche ecostate–ecorole theories and models in tourism. The results showed that: ① The tourism niche breadth of Wulingyuan, Tianmenshan, Maoyanhe, Badagongshan and Wuleishan Scenic Area was 0.3501, 0.2166, 0.1673, 0.1665 and 0.0995. It explained the order of tourism competition force, being Wulingyuan, Tianmenshan, Maoyanhe, Badagongshan and Wuleishan Scenic Area. About tourism resource, tourism market and tourism service, the tourism niche breadth of Wulingyuan and Tianmenshan Scenic Area was 0.3124 and

0.2393, 0.3952 and 0.1922, 0.3631 and 0.2716, and that of Maoyanhe and Badagongshan Scenic Area was 0.1754 and 0.1729, 0.1626 and 0.1459, 0.1763 and 0.1066, and that of Wuleishan Scenic Area was 0.1000, 0.1041 and 0.0824. About tourism environment, the tourism niche breadth of Wulingyuan and Badagongshan Scenic Area was 0.3402 and 0.2395 and that of Tianmenshan, Maoyanhe and Wuleishan Scenic Area was 0.1548, 0.1527 and 0.1127. About the second indicator, the tourism niche breadth of Wulingyuan Scenic Area was bigger than that of others. About environment protection and ecological environment quality, the tourism niche breadth of Badagongshan Scenic Area was 0.2482 and 0.2940. The results showed the tourism competition force of Wulingyuan Scenic Area was prominent about the second indicator and the tourism competition force of Badagongshan Scienic Area was prominent about those indicators. ②The tourism niche overlap of Wulingyuan and Tianmenshan, Badagongshan, Maoyanhe and Wuleishan Scenic Area was 0.1904, 0.0204、0.1453 and 0.0157 and showed that there was no apparent tourism competition. But the tourism niche overlap was 0.4182 and there was exiting tourism competition between Tianmenshan and Maoyanhe Scenic Area about tourism resource, tourism market and tourism environment. The tourism niche overlap was 0.1789 and 0.1381 between Tianmenshan and Badagongshan, Wuleishan Scenic Area. The tourism niche overlap between Maoyanhe and Badagongshan, Wuleishan Scenic Area was 0.2373 and 0.2607. The tourism niche overlap between Badagongshan and Wuleishan Scenic Area was 0.4292. ③The trend line of tourism income niche eco-state of Wulingyuan Scenic Area was $y=221.64x-973.11$. The trend line of tourist niche eco-state of Wulingyuan Scenic Area was $y=687924x-2E+06$. They explained the eco-state of the tourism income niche and tourist niche of Wulingyuan Scenic Area was increasing. The trend line of tourism income niche eco-role of Wulingyuan Scenic Area and the trend line of tourist niche eco-role of Wulingyuan Scenic Area Was $y=1.8948x-1.7017$, and the trend line of tourist niche eco-role of Wulingyuan Scenic Area was $y=4795.6x+10560$. They explained the eco-role of the tourism income niche and tourist niche of Wulingyuan Scenic Area was irregular. The trend line of tourism income niche of Wulingyuan Scenic Area was $y=-0.009x+0.6111$ and the trend line of tourist niche of Wulingyuan Scenic Area was

$y = -0.0043x + 0.7384$. They explained the ecostate–ecorole of the tourism income niche and tourist niche of Wulingyuan Scenic Area was deceasing.

(6) The ways including the tourism niche expansion, tourism niche separation, tourism coordination and optimization of tourism niche and tourism niche innovation were effective to ease the tourism competition of Zhangjiajie City. Those ways including the tourism niche expansion strategy, the tourism niche separation strategy, the tourism niche coordination and optimization strategy and the tourism innovative strategy should be used to reduce or avoid tourism competition in order to promote the harmony and sustainable tourism development of Zhangjiajie City.

Key Words: Niche; Tourism Niche; Tourism Competition; Zhangjiajie City

目　录

Contents

第一章　绪　论

第一节　选题背景

一、生态位理论日趋成熟

物竞天择，适者生存，不适者淘汰，优胜劣汰的自然竞争选择现象似乎与旅游地之间旅游竞争现象十分相似和吻合。选择生态学视角，借鉴和运用生态位理论将自然界中的生命现象与旅游问题联系起来，尝试用生命规律分析并解释非生命事物发展变化现象与规律，将自然生态的启示应用于解释旅游问题，提出旅游生态位策略，获得崭新的灵感和解决旅游问题的新方法和新思路，实现旅游业的和谐可持续发展。

自然界是一个充满弱肉强食、你死我活的竞争世界，任何物种都无法逃脱竞争选择这个自然法则的支配。但是，在自然生态系统中，许多明显处于弱势地位的生物物种，并没有因为残酷激烈的竞争而灭绝，反而同那些处于强势地位的物种共同生存，一起进化，其原因在于生态位规律作用。生态系统中生态位相近或完全相同的物种之间往往会发生残酷的生存竞争，而且生态位越相近，物种之间的竞争就越激烈。其结果是：其中一个物种趋于灭绝，或者是生态位发生进一步分化，不同物种占据相应部分的生态位，从而减少或排除了它们之间的竞争，使它们可以共存。[①]

生态位现象随处可见，生态位原理对所有生命体而言具有普遍性的原理和规律。生态位揭示的是自然生态系统中生物个体、种群和物种生存与竞争的普遍规律，同生物竞争密不可分，是生物竞争和其他各种相互关系的研究基础。生态位理论来自生态位现象，生态位现象引发了生态位理论研究，认为每个生物体在长

---

① 陈金波：《企业生态位的选择、控制与优化》，《企业活力》2005 年第 3 期。

期的生存竞争中都拥有一个最适合自身生存的时空位置——生态位。该理论综合了生命系统的共性，具有广泛的适用性，在实现可持续发展理论与实践方面具有重要意义。它不仅适用于生物界，同样适用于人类社会及人类活动。人类社会中的每一个人、每一群人、每一个企业、每一个旅游地及其相关活动都有适应其生存的特殊环境——生态位，且各自生态位都具备一定优势和区别。20 世纪 80 年代以来，生态位理论开始被引入社会科学研究领域，成为研究人类社会系统中的一个分析工具和分析方法，具有极其重要社会学意义。生态位理论引入社会学领域的思想主要表现在：

（1）用“生态元”来定义社会科学领域中每一个观察和研究对象。生态元就是在社会—经济—自然复合生态系统中进行生态学过程（如物质的转化、能量的转换、信息的处理等）的功能单元，它既可以是各个生物组织层次（如生物群落、种群、个体、器官、细胞等），也可以是一些其他功能单元（如食品加工厂、缫丝厂、农户等）。一个企业、城市、地区乃至一个国家都可以以“生态元”来定义，旅游地也不例外。任何一个定义了的人类社会现象单位（生态元），可以按生态位理论界定其“时空位置和功能”来确认其“生态位”。不同生态元具有不同生态位，如何正确认知其生态位，是正确认识观察该研究对象的前提条件和基础。每一个旅游地类似于生态系统中的物种，可以视作一个生态元，占据一定的旅游生态位。

（2）生物之间存在着捕食、竞争、共生等相互影响、相互制约的生态关系。将生态位理论应用到社会学领域，以之作为社会学领域的一种研究工具和方法，可以发现：人类社会及其社会领域也同样存在优胜劣汰的竞争、合作等关系，竞争是永恒的，合作也是永恒的，区别只在于竞争与合作方式的改变。由于生态位的作用，其中弱势地位和强势地位的“生态元”能够和谐生存发展，只有处于不同的生态位上，大自然和人类社会才得以平衡发展。由于旅游生态位的存在，旅游地间存在着类似生物关系的旅游竞争和旅游合作等关系并得以生存发展。

（3）每一个生态元的生态位是个多维概念和集合。这在社会科学领域也一样，重要的是如何认知、发挥和利用研究对象生态位的时间、空间、资源等生态条件。人类社会系统是地球巨大系统中的一个子系统和有机体，具有多维特征。旅游生态位在旅游系统中同样是一个多维集合。

生态位理论经过近 100 年的发展，正日趋成熟完善，研究范围已超越了生态学范畴，渗透到社会学、经济学、管理学等学科领域，20 世纪后半期成为社会科学研究可资利用的重要研究理论和方法。作为一种新颖有效的研究方法，生态位理论必须而且应该在旅游学中得到广泛应用，生态位理论对旅游

研究的重要启示有：[①]

（1）生态位理论强调旅游生态位的资源稀缺性。与生物类似，旅游地有特定生存发展的旅游资源、旅游环境、旅游服务和旅游市场等旅游生态位资源，而旅游生态位资源在一定的时间与空间内是有限的。这就要求旅游地必须在这有限的旅游生态位资源中占据自己的份额，占据自己的旅游生态位。旅游地生存发展的旅游生态位资源并非绝对地存在于一定的时间与空间中。如果旅游地没有旅游竞争意识，不能与旅游竞争者分享旅游生态位资源，那么这些稀缺的旅游生态位资源将被其他旅游竞争者占据，旅游地也就失去其生存发展的旅游生态位。

（2）生态位理论强调旅游差异化发展。在旅游中，旅游地进行旅游资源开发时，可以借用生态位分离理念，强调旅游差异化发展，更充分有效地利用旅游资源。一方面，强调旅游资源开发的个性化与独特性，在旅游资源开发中首先应该把挖掘当地特有的旅游资源作为出发点，尽可能地突出特色旅游资源。另一方面，旅游开发过程中做到"同质化的资源，差异化的开发"。在旅游开发理念、开发模式方面应做到"人无我有，人有我优，人优我特"，充分突出旅游地自己的旅游特色和个性，实现旅游差异化发展。

（3）生态位理论强调通过旅游地进化来提高自身生存能力。通过研究旅游地的旅游生态位，寻找和发现自己的旅游生态位，充分认识旅游地自身，在旅游发展过程中增强旅游地自身的生存能力，培育其旅游核心竞争力，才能积极应对旅游竞争及外部环境变化。例如，在进行旅游资源开发时，应充分挖掘旅游资源内涵和提升旅游产品品位，做到深度开发与创新开发结合，创新和扩充旅游生态位，实现旅游可持续发展。

（4）生态位理论强调旅游协同发展。通过研究旅游生态位，在旅游地间树立"互惠互利"的观念，选择旅游生态位优化策略，加强旅游协同发展，开展旅游地多方交流与合作，实现旅游资源共享、旅游信息共用、旅游市场共建、旅游利益共谋，互享旅游资源，互补旅游产品，互流旅游游客，形成旅游整体合力，在"双赢"和"多赢"的基础上，实现旅游共生共存和旅游和谐发展。

生态学是与人类社会及其活动息息相关的学科，借鉴生态学理论尤其是生态位理论这一重要理论，为旅游研究提供新的视角，系统研究旅游生态位理论与方法，探索旅游竞争的内在表现，可以为旅游地生存与发展、旅游资源开发、旅游景区管理等提供崭新且极其重要的参考思路和研究方法。在旅游生态位研究中，不能单纯仿照生态系统对旅游地进行表面上的模仿或简单套用生态位理论，而是尝试从生态位运行机理来寻求旅游地稳定健康发展的新途径。

---

① 李向明：《略论旅游资源生态位的概念与选择策略》，《旅游学刊》2007 年第 22 期。

二、旅游业发展迅速

随着人类社会经济发展和人民生活水平的提高，旅游越来越倍受人们欢迎和青睐，旅游需求量突飞猛进，旅游业发展迅速。旅游业作为朝阳产业和无烟产业，不仅带来极大的经济效益和显著的社会效益、文化效益等，而且对旅游地生态环境影响不大。因此，越来越多的国家和地区把旅游业当成重点产业来发展，大兴旅游、发展旅游成为国内外的一股热潮。

在旅游业高速发展的同时，各种类型的旅游地迅速发展。由于旅游资源的普遍性及其地域空间分布的不均衡性，旅游地间的竞争不可避免，愈演愈烈。所有旅游地几乎都面临着前所未有的竞争，尤其是那些周边旅游资源密集的地区，竞争更是达到白热化状态。此时，每个旅游地不再是孤立存在的单元，而代之以旅游地间复杂的旅游竞争、旅游共生等关系。为了实现“旅游竞争”向“旅游共生”、“旅游双赢”、“旅游多赢”的转变，旅游地间选择正确旅游策略成为必然趋势，而深入研究旅游地间的相互关系，则成为重塑新型旅游关系的主题。旅游关系研究涉及地理学、管理学、经济学等多种学科与方法，但目前鲜有深入系统从生态位角度研究旅游关系的成果和专题。旅游地是一个类生命体，具有类生命体特征，存在旅游生态位，同时旅游地并非一个独立存在的单元，它们之间存在旅游竞争、旅游合作等关系，从生态位视角研究旅游关系特别是旅游竞争可能成为研究旅游问题的重要内容。

生态位概念最初用来表示物种在生物群落中的地位和角色，[①②]而建立在生态位概念基础上的生态位理论是生态学重要理论之一，也是近 30 年来生态学研究热点之一，其内容包括生态位宽度、生态位态势理论、生态位重叠理论、生态位扩充理论等。在生态系统演化、生态系统多样性和稳定性。生态元（包括人类）对环境的适应性、人类生态、城市生态、土地和企业发展等研究中，生态位理论与方法的广泛研究和应用，对于自然系统和社会系统发展起到相当重要的指导作用。引入生态位理论将有助于直观有效地描述和理解旅游地间旅游关系规律及其特征。

面对旅游业迅速发展，国内外旅游学界都在关注旅游应该如何实现可持续发展？究竟什么样的旅游地才能存活于激烈的旅游竞争中？什么样的旅游策略才是真正有效的？具有类生命特征的旅游地是否可以从自然生态系统中学到些什么来促进旅游发展？什么是旅游生态位？影响旅游生态位的主要因子有哪些？如何准

---

① 张光明、谢寿昌：《生态位概念演变与展望》，《生态学杂志》1997 年第 6 期。

② 李契、朱金兆、朱清科：《生态位理论及其测度研究进展》，《北京林业大学学报》2003 年第 1 期。

确度量旅游生态位？等等，这一系列问题就是本书研究的主要内容。

本书试图选择一个生态学视角，将生态位理论引入到旅游问题研究中，以研究区域内旅游关系和区域旅游和谐可持续发展为目标，尝试将区域旅游中每个旅游地视为生态元，进行旅游生态位理论与方法研究，揭示旅游问题的旅游生态位原理和演变规律，同时深入探讨区域旅游可持续发展过程中旅游地应该选择的旅游生态位策略，试图打开区域旅游关系研究的新视角，达到创新旅游研究理论与方法之目的。其中包括旅游生态位宽度、旅游生态位重叠和旅游生态位态势在内的旅游生态位理论和方法是从生态学领域获得解释旅游问题的新灵感和重要途径，成为本书研究的重点所在。

第二节 立论基础

生态学是一门多学科交叉渗透形成的与人类及生物生存息息相关的学科，其理论内容涉及现代科学的每一个领域。它是一门研究个体与整体关系的科学，还是一门多学科的研究生命系统与环境系统之间相互作用规律及其机理的自然学科。[①] 生态位理论可以而且必须运用到旅游研究上的立论依据是旅游地与生物生命体具有内在的、本质上的相似性，旅游地具有类生命特征。

一、旅游地是特殊的类生命体

旅游地是一定地理空间范围内的旅游资源同旅游专用设施、旅游基础设施以及相关的其他条件有机地结合起来，成为旅游者停留和活动的目的地。它是一个特殊而复杂的类生命体和生态系统，表现出典型的类生命特征。

（1）旅游地具有类生命特征。以旅游景区为研究单位，每一个旅游景区类似于生物群落中的物种，其旅游发展趋势类似于物种的生存与发展。旅游地与生物生命体有着如生命周期、分层结构、自组织、适应环境等诸多共同特征。同生物体相比，旅游地是一个特殊类生命体，其特殊性表现在：旅游地的行为并非完全自然化，而是具有较强的人为目的性；旅游地对旅游环境具有相当的自主性，可根据自身特点和实现目标，改善和调整有利于自己发展的旅游环境；旅游地不存在必然的死亡，只要旅游地能根据旅游环境变化适时地调整自己，就可以延缓或避免死亡。旅游地与生物生命体存在本质上的密切联系，这为生态位理论研究旅

① 马世骏：《展望90年代的生态学的现代生态学透视》，科学出版社1989年版，第1–4页。

游问题寻找到重要理论依据。

(2) 旅游地与旅游环境构成复杂的生态关系。旅游环境包括自然环境、社会经济环境和旅游地等，旅游地与其旅游环境之间存在着相互依存、相互影响的生态关系，共同形成旅游生态系统，这同自然界生物与其环境之间的相互依存、相互影响的自然生态关系具有本质上的一致性。旅游地间各种关系实质上就是生物生态关系的表现，这为生态位理论在旅游与旅游环境关系研究上的应用提供了可行性，可以将包括生态位理论在内的生态学理论和方法应用到旅游研究中去。

(3) 旅游地遵循优胜劣汰、适者生存原则。自然选择的压力会导致生物采取最优的生存对策，这样才能在世代延续的生物竞争中获胜。旅游地也随时处在旅游竞争压力中，必须采取最优的旅游策略才能获得旅游竞争胜利，旅游竞争遵循市场选择、优胜劣汰的原则，这与生物进化原则——物竞天择、适者生存有着本质上的相似之处。旅游生态位研究在于更好地揭示旅游发展的生态规律，探讨旅游发展策略。旅游策略与生物策略都是为了应对生存竞争的选择压力而采取的最优对策，生物策略可用经济学原理来解释，而旅游战略也可以从生态学中找到相应的解释，这为生态位理论在旅游发展策略研究上的应用提供了合理性和可行性。

二、旅游地问题的生态位解释

生态学（Ecology）一词的“eco-”源于希腊字 Oikos（原指人和住所）和 Logs（原指学科或讨论），原意是研究生物与其所在地关系的科学。美国著名生态学家、近代生态学的奠基人奥德姆（Odum）（见叶家明，1992）认为：生态学起源于生物学，但已经超越了生态学范围。生态学不仅是自然科学，也是社会科学，更多的是一种认识论和方法论，是自然科学通向社会科学的桥梁。我国著名生态学家马世骏（1980）指出：生态系统的基本结构和原理，可以运用到社会经济结构中去，而社会经济的动向则是生态系统特别是系统管理必须考虑的因素。

生态位（Niche）一词于 20 世纪 50 年代在我国首次被翻译为生态龛，1982 年后采用“生态位”的译法，理由是“位”字既有空间含义又有功能含义，能比较准确地表达 Niche 一词的原意，“生态位”译法目前在国内被普遍接受。生态位理论是生态学的重要理论之一，是生态学研究生物之间的竞争性、生物对环境的适应性、生态系统的多样性和稳定性等问题的重要理论。生态位理论源于描述物种竞争共生关系，具有成熟且严谨的量化评价模型，用于解释物种与环境的适应程度和多个物种之间的竞争共生现象具有独特的作用，已经成为现代生态学的核心内容之一。生态位现象对所有生命现象而言具有普遍性，生态位原理不仅适用于生物界，同样适用于人类社会，发展中的现代生态学已越来越从关注生物发展到以人为研究中心，从以自然生态系统为研究对象发展到以人类生态系统为研究对象。20 世纪 70 年代以来，生态学思想正在向经济管理领域渗透融合，把生态学思想、理论和方法应用于社会学研究已经成为一个前沿课题和研究趋势，也促进了其他学科引进并合成新概念的一个“母概念”，如城市生态位、人类生态位、品牌生态位、企业生态位等。资深科普作家大卫·布林尼（2003）指出：生态学家和经济学家研究的往往是同样的课题，如资源的可利用度、供求关系、竞争以及为了获得某些利润而投入的成本等。在自然界，付出的成本是能量和资源；而在人类世界里，要用金钱来偿付。主流经济学家常常借用达尔文的生物进化论来解释社会经济问题，最早提出经济进化说的新古典经济学派创始人英国经济学家阿尔弗雷德·马歇尔（见李玉琼，2007；常志宵，2007）认为：人类社会和生物界有着相通之处，支配生物发展的规律也同样适用于人类社会，根据适者生存原则，经济学家在研究社会组织时，应把它与高等动物有机体相对比，从中获得启示，经济学不过是“广义生态学的一部分”。

社会学和生态学之间存在许多共同点，生态学中的一些概念和原理就可能为观察社会提供新的透镜，为研究和解决人类社会的某些问题开辟一条新的途径。1984 年，我国著名生态学家马世骏、王如松提出了“复合社会生态系统”的概念，将生态位研究从一般的生物种群系统推演至人工生态系统的“生态位”领域。本书主要借鉴生态位理论及其模型进行旅游生态位研究，旨在认识旅游生态位特征和规律，提出旅游生态位策略，优化旅游地发展，希望对旅游问题尤其是旅游竞争研究能够带来理论和方法上的创新和突破，以期抛砖引玉。

三、旅游地遵循生态位原理

在旅游发展进程中，从某种程度上可以将旅游地视作是一个具有活力的类生命体，旅游地类生命体特征应当引起生态学家和旅游学家的关注。作为一个特殊的类生命体与生态系统，旅游地遵循生态位原理。我们可把生态位理论引入旅游中，从生态学角度分析、研究旅游地这一特殊类生命体的旅游生态位，揭示旅游内在本质。

（1）旅游地具有旅游生态位。旅游是人类社会活动的产物，旅游地是人类开展旅游活动的场所，与旅游环境形成复杂的生态关系，这就决定了旅游地具有同生物生态位一样的旅游生态位这一自然共性，也具有诸如社会性等人类社会的一些特性。生物是自然界依照自然法则产生的，生物生态位必定要受自然法则的制约，而作为特殊类生命体的旅游地，它的产生背景既是自然因素影响的结果，也是人类活动行为的结果，因此旅游生态位受到自然法则和旅游地自身运行规律的双重影响。

（2）旅游生态位的形成取决于自然和社会环境。自然环境由气候、土壤、水、生物等构成，相对稳定；社会环境则包括由旅游交通、旅游基础设施、经济发展水平等构成的可变性物质环境与由旅游制度、政策等可变性精神环境构成的环境。旅游生态位的形成取决于自然环境和社会环境，是在这些可变的、不可变的、自然的、社会的要素共同作用下的结果，要比生物体形成其生态位更加复杂。

（3）旅游生态位是不断变化的。旅游是人类活动的产物，旅游地从诞生到成熟，旅游功能时刻都在发生变化，是人类选择的结果。人类不停地赋予旅游新的内涵，同时又为实现这一内涵创造条件。从时间上说，随着旅游功能的改变，旅游生态位必然是在不断变化着的。对于特定旅游地而言，旅游生态位也具有一定的可变异性，旅游生态位局部变异会产生旅游生态位的最佳状态、一般状态、最差状态等。对于某一特定旅游地来说，在旅游发展中适时选择自己的旅游生态位格外重要，旅游生态位选择的正确与否将直接决定旅游地的繁荣和衰亡。

（4）旅游生态位具有差异性。首先，旅游地不同，旅游资源、旅游市场、旅游服务、旅游环境也不同，因此旅游地间形成具有差异性的旅游生态位。其次，旅游地所处层次不同，旅游生态位层次也不同，同样存在旅游生态位差异。旅游生态位的差异性在很大程度上影响着对其自身优势的认识和利用。旅游生态位理论强调旅游差异化发展，它要求旅游地在发展过程中，通过实施旅游生态位分离和扩充策略建立自己独有的旅游核心竞争力，占据差异化的旅游生态位，保持旅游竞争优势。

（5）旅游生态位重叠不可避免。在一定区域范围内，同类型旅游地的旅游生态位重叠相对明显，不同类型旅游地的旅游生态位重叠也同样不可避免。对于旅游生态位重叠，必须采取旅游生态位分离、旅游生态位扩充和旅游生态位创新等策略，寻找最佳旅游生态位。

总之，在人类社会生活中，诸多社会现象均可从生物生命系统中找到痕迹，而对于旅游竞争合作等问题，同样可以从生态学中找到类似的机理，运用生态位理论来研究旅游问题，尝试解释旅游中的旅游竞合现象及其运行规律等。

第三节 国内外相关研究进展

生态位理论研究经历了形成、规范化、定量化和成熟等发展过程，处于十分重要的地位，成为生态学界关注的热点和焦点，现已被普遍认为是生态学的核心思想（Weatherly，1963；曲仲湘，1986；王伯荪，1987），并成为生态学研究重要的内容和理论工具（李德志，1995）。

一、生态位概念研究

生态位概念是现代生态学核心概念之一，源于鸟类种群生态学，首先在动物生态学中迅速得到广泛应用，继而引入植物生态学。鉴于生态位内涵广泛和内容丰富不定，国内外学者们赋予了生态位不同的理解和内涵（如表1-1所示）。

表1-1 生态位定义的演化

年份	研究学者	生态位定义
1894	Streere（见McIntosh，1985）	在解释鸟类物种分离而居于菲律宾各岛现象时对“生态位”就很感兴趣，但未作任何解释
1910	Johnson（见朱春全，1993）	同一地区的不同物种可以占据环境中的不同生态位
1917、1924、1928	Grinell，1924（见May，1976；马世骏，1990）	恰好被一个种或一个亚种所占据的最后分布单位，在同一动物区系中定居的两个物种不可能具有完全相同生态位
1927	Charles Elton（王刚，1984；陈天乙，1995；Grinell，1919；Leibold，1995）	一个动物的生态位表明它在生物环境中的地位及其与食物和天敌的关系，特别强调物种在群落营养关系中的角色
1934	Gause，1934（另见Elton，1927）	生态位给出了特定的种在群落中占据的位置，及其生境、食物和生活方式，如果出现在一个稳定群落中的两个种同时利用同一资源的限制，其中某一种将具有竞争优势，而另一种则将被排斥
1957	Hutchinson（见于法稳，1997）	生物在环境中受着多个而不是两个或三个资源因子的供应和限制，每个因子对该物种都有一定的适合度阈值，在所有这些阈值所限定的区域内，任何一点所构成的环境资源组合状态上，该物种均可以生存繁衍，所有这些状态组合点共同构成了该物种在该环境中的多维超体积生态位
1959	Odum，1983（另见尚玉昌，1988）	一个生物在群落和生态系统中的位置和状况，而这种位置和状况决定于该生物的形态适应、生理反应和特有行为
1968	Levins（见何东进等，1999）	生态位不仅是物种在一个n维环境空间中存在的一个范围，还应有一个在该区域中适合性的测度
1986	Colinvaux（见朱春全，1997）	提出物种生态位的概念，即生态位是物种为了满足获得资源、生存机会和竞争能力等一系列需求所具有的特殊能力
1983	Pianka（见赵志模等，1989）	一个生物单位的生态位就是该生物单位适应性的总和
1997	朱春全，1997	生物单位在特定生态系统中与环境相互作用过程中所形成的相对地位与作用
2002	Shea，Chesson，2002	物种生态位就是物种对每个生态位空间点的反应和效应

早在1894年美国密执安大学的Streere在解释鸟类物种分离而居于菲律宾各岛现象时就对“生态位”很感兴趣，遗憾的是当时他没有详细说明生态位这一概

念（参见 McIntosh，1985）。1910 年，Johnson 首次使用了生态位一词并将其表述为“同一地区不同物种可以占据环境中的不同生态位”（参见朱春全，1993），可惜他没有正式定义生态位和将其发展成一个完整清晰的概念。美国加州大学的 Grinell 在研究加利福尼亚长尾鸣禽的生态关系时使用生态位术语并首次给予生态位以完整的定义为“恰好被一个种或一个亚种所占据的最后分布单位”，即空间生态位（Space Niche）。Grinell 的空间生态位思想被认为是竞争排斥原理的最初原形，在生态学理论发展中占据重要地位，被后人广为称道。

1927 年，动物生态学家 Elton 首次把生态位概念研究重点转到生物群落上来，认为生态位不仅仅是动物的属性，强调生态位是生物在生物群落中扮演的角色（参见王刚，1984；陈天乙，1995；Grinell，1919；Leibold，1995）。此时，部分生态学家已经开始使用生态位思维研究生物现象，并明确提出了生态位概念，引起了其他生态学家极大研究兴趣。Gause 于 1934 年采纳了 Elton 提出的生态位概念，并在其草履虫实验基础上，提出了著名的 Gause-Volterra 原理（或称竞争排斥原理，Competition Exclusion Principle）。可见，无论怎样定义生态位，生态位总是和 Gause 的竞争排斥原理紧密联系在一起。[①]

20 世纪 30 年代和 40 年代，可能是由于生态位难以定量描述和准确测度等局限性，生态位理论研究陷入低潮期、生态位研究处于相对沉寂时期。

50 年代后期，Hutchinson（1957）从空间、资源利用等方面考虑，对生态位概念予以数学的抽象，提出了生态位多维超体积（N-dimensional Hyper Volume）模式。Hutchinson 进而提出了基础生态位和现实生态位等概念（参见赵惠勋，1990；赵志模等，1989）。生态位多维超体积概念为深入研究生态位理论提供了一种新的思维和方法，使生态位研究从定性向定量转化成为可能，为现代生态位理论定量研究奠定了基础。[②] 该思想无论对于确定一个生物种的生态位，还是阐明与其他生物（包括竞争者和捕食者）的关系，都是非常有用并且是值得广泛推崇的思想。由于生态位多维超体积模式的提出，Hutchinson 也就被推崇为对现代生态位研究最有影响的人物。

1959 年，著名生态学家 Odum（1983）将生态位定义为“一个生物在群落和生态系统中的位置和状况，而这种位置和状况决定于该生物的形态适应、生理反应和特有行为”。Odum 把生境比作生物的“位置”，而把生态位比作生物的“职业”。MacArthur（1970）提出了资源利用函数生态位并定义为生物的利用量对应于一些数量性资源变量所形成的函数。资源利用函数生态位的提出在生态位理论研究历史上占据重要地位。Whittaker 等（1973）把生态位概念划分为生态位功能

---

① 于法稳：《生态位理论及其在生态经济规划中的应用》，《生态经济》1997 年第 4 期。
② 张光明、谢寿昌：《生态位概念演变与展望》，《生态学杂志》1997 年第 6 期。

概念、空间概念、空间功能概念等类型：生态位功能概念是一个物种在群落中的功能位置或角色；生态位空间概念是种在群落中的分布关系，生态位即为生境；生态位空间功能概念即上述两种概念的结合。Grubb（1977）将植物生态位表述为植物种与环境（包括物理因子、化学因子、生物因子）之间的总关系，指出生态位是物种所具有的特殊能力，该定义注重环境特征与生物属性间的关联与耦合，深化和发展生态位理论研究。May 则把生态位概括为“某物种究竟怎样生活在地球上的诸生态因子中”（参见 Smee，1996）。

1983 年，Pianka 认为一个生物单位（个体、种群或物种）的生态位就是该生物单位的适应性总和（参见赵志模等，1989）。Colinvaux 则提出物种生态位概念，他认为物种生态位是物种为了满足获得资源、生存机会和竞争能力等一系列需求所具有的特殊能力（参见李契等，2003）。1996 年，Smee 和 Laland 从进化生态学角度提出“生态位构建”这一重要概念，并运用种群双点位基因模型对生态位做出一些重要进化推断。生物生态位构建机理与模式研究是生态位理论研究重要进展和重要命题，有着较为广泛的应用前景。

Leibold（1995）从生物对环境需求与影响的角度，提出需求生态位、影响生态位以及由需求生态位和影响生态位两者结合而形成总生态位。Shea 和 Chesson（2002）重新认为物种生态位就是物种对每个生态位空间点的反应和效应。Chase（2003）尝试重新整合经典生态位理论与当代生态位研究方法，做到生态位理论与方法的相结合，推动了生态位理论发展和完善。尽管 Hubbell（2001）的中性理论无视所有可能对现实生物群落内生态位分化起作用的生物学机制，但 Chave（2004）仍坚持认为生态位分化机制在自然界中起着实质性作用。Silvertown（2004）认为生态位优先占据以及种间竞争效应可以对海洋岛屿的地域性植物经常表现出的单一起源现象的成因，并对其提出最为中肯的解释。Tilman（2004）在经典竞争理论的基础上，提出了随机生态位理论。他认为随机生态位理论强调定居的随机性以及补充限制过程与多样性生物限制之间的相互作用，可以更好地解释生物入侵和群落集结格局的形成机制。

国内对生态位的研究始于 20 世纪 80 年代初。1984 年，王刚、赵松岭、张鹏云等详细分析了国外各种生态位含义后，认为生态位既是有机体和所处生境条件之间的关系，又是生物群落中的种间关系，种的生态位是该种在生态学上的特殊性，即该种与群落中其他种及生境之间的特殊联系。刘建国（1987）引入“生态元”概念来解释生态位。他认为生态位就是生态因子变化范围内能够被生态元所占据、利用或适应的部分，为了避免或减少对相同生态位的竞争，大多数生态元都会发生空间和时间分化现象。此外，他还提出了生态位效能概念，即生态位通过生态元所产生的经济效益、生态效益和社会效益。孙鸿良（1987）把生态位概念概括为生物生态位和经济生态位等，并将生态因子空间扩展到经济—生态因子空间，提出经济生态位的新思想。此后，生态位理论研究开始逐步从自然科学转向社会科学研究领域。马世骏在 1990 年提出扩展的生态位理论，其核心内容就是根据生态位的存在与非存在形式以及生态位的实际和潜在被利用状态，可将生态位分为存在生态位（包括实际生态位和潜在生态位）和非存在生态位。

1993 年和 1997 年，李自珍、赵松岭、张鹏云等经过综合分析各种生态位内涵，提出了“生态位适宜度”这一全新概念，深化和发展了生态位概念和研究方法。同年，朱春全（1997）将生态位定义为“生物单位在特定生态系统中与环境相互作用过程中所形成的相对地位与作用”。张光明、谢寿昌（1997）认为生态位是一定生态环境里的某种生物在其入侵、定居、繁衍、发展以至衰退、消亡历程的每一个时段上的全部生态学过程中所具有的功能地位。朱春全于 1997 年提出了生态位态势理论与扩充假说。生态位态势理论是扩展生态位理论发展的又一研究新突破。2006 年，李德志、石强、臧润国等在分析和评述不同研究学者提出的生态位宽度和生态位重叠测度模型后，重新定义物种或种群生态位宽度和生态位重叠，并提出若干生态位宽度和生态位重叠测度模型。

生态位作为生态学重要概念之一，是生态学研究的一大基石。国内外学者从不同角度定义生态位。从内容来看，一方面，可把生态位看作是物种栖息地的表征；另一方面，则把某种生物生态位看作是它在该生物群落中的功能作用和地位。[①] 从理论思想来看，生态位理论主要思想体现在：一是生态位理论研究生物种群在生态系统中的空间位置、功能和作用；二是生态位理论反映了生态系统的客观存在，是生态系统结构中一种秩序和安排，自然生态系统通过这种安排实现了物种自然选择。[②]

二、生态位测度研究

生态位概念本身是抽象模糊、难以理解的，随着生态位理论发展，生态学家从数学的研究角度出发，用具体数量指标来刻画生态位特征，生态位测度成为生态学家的研究重点和研究难点。比较权威的生态位测度包括生态位宽度测度、生态位重叠测度、生态位体积及生态位维数等内容，使用超过 30 个公式进行生态位相关运算。其中，生态位宽度和生态位重叠是描述一个物种生态位与其他物种生态位间关系的重要数量指标，生态位研究主要集中在这两个指标的测度与分析上。

---

① 李志恒：《基于生态位理论的开封市不同功能模块动态研究》，河南大学 2006 年版。

② 钱辉、张大亮：《基于生态位的企业演化机理探析》，《浙江大学学报》（人文社会科学版）2006 年第 2 期。

1. 生态位宽度测度研究

生态位宽度是生态位特征的定量指标之一，它不仅与物种的生态学和进化生物学特征有关，而且与物种间的相互适应与相互作用有着密切联系。随着生态位研究的深入，生态位宽度内涵也在逐渐改变，生态位宽度概念演化如表 1-2 所示。

表 1-2 生态位宽度定义的演化

年份	研究学者	生态位宽度定义
1965	Van Valen（参见杨效文，1992；余世孝，1994）	在有限资源的多维空间中，为一物种或一群落片段所利用的比例
1968	Levins（参见郭水良，1998）	任何生态位轴上包含该变量所有确定为可见值点组成部分的长度
1972	Rovghgarden（参见余世孝，1995）	该种群在某一资源轴上获得其大多数资源（95%）的区间长度
1982	Smith（参见余世孝，1995）	在生态位空间中沿某些直线生态位的全部距离
1984	Putman、Wratten（参见林开敏等，2001）	有机体利用已知资源幅度的测度
1994	余世孝（1995）	物种在分室上分布与样本在分室的频率分布之间的吻合度
1998	王刚（1984）	物种 y 和 n 个生态因子的适应（或利用）范围

基于生态位宽度概念理解的不同，国内外学者提出了不少生态位宽度测度公式。Levins（1970）在物种的离散型资源矩阵基础上，最早提出了两个生态位宽度基本计算公式。其后，Pianka、Hurlbert 等在此基础上改进了生态位宽度公式。常用的生态位宽测度公式有 Levins 公式（1968）、Golwell 和 Futuyma 公式（1971）、Pielou 公式（1972）、Schoener 公式（1974）、Hurlbert 公式（1978）、Petraitis 公式（1979、1981）、Feinsinger 和 Spears 公式（1981）、Thorman 公式（1982）、Smith 公式（1982）、Shannon-Wiener 多样性指数公式（1946）、余世孝公式（1993、1994）等等。研究资料表明使用较多的生态位宽度测度公式是 Levins 公式与 Shannon-Wiener 多样性指数公式。

（1）Levins 公式。[①] 生态位宽度测度往往是基于生物（物种）个体分布在一系列生态位资源状态而进行的。由 s 个物种作为行，R 个资源状态作为列所构成的表格称为生态位资源矩阵（如表 1-3 所示）。其中，N_{ij} 为第 i 个物种利用生态位资源状态 j 的观测个体数；y_i 是物种 i 的总观测个体数；x_j 为利用生态位资源状

① Levins R. *Evolution in Changing Environments: Some Theoretical Explorations*, NewJersey: Princeton University Press, 1968.

表 1-3 生态位资源矩阵

	生态位资源状态					
物种	N_{1i}	…	N_{1j}	…	N_{1R}	Y_1
	N_{2i}	…	N_{2j}	…	N_{2R}	Y_2
	…	…	…	…	…	…
	N_{ti}	…	N_{tj}	…	N_{tR}	Y_t
	…	…	…	…	…	…
	N_{si}	…	N_{sj}	…	N_{sR}	Y_s
	X_i	…	X_j	…	X_R	Z

态 j 的总观测个体数；Z 是总的观测个体数。物种生态位宽度可借助于测定该物种的个体在生态位资源矩阵的资源状态中的分布一致性而估出。[①]

当不同生态位资源状态被平等地利用时，Levins 提出了生态位宽度测度公式：

$$B_i = \frac{1}{\sum_{j=1}^{R} P_{ij}^2} = \frac{\left(\sum_{j=1}^{R} N_{ij}\right)^2}{\sum_{j=1}^{R} N_{ij}^2} = \frac{Y_i^2}{\sum_{j=1}^{R} N_{ij}^2} \tag{1-1}$$

$$B_i' = -\sum_{j=1}^{R} P_{ij}\ln P_{ij} \tag{1-2}$$

式（1-1）和式（1-2）中 B_i 和 B_i' 为物种 i 的生态位宽度。当物种仅利用（或分布于）一个生态位资源状态时，物种具有最窄生态位，$B_i = 0$；当物种均等地利用各个生态位资源状态时，物种具有最宽生态位，$B_i = \log r$。$P_{ij} = N_{ij}/Y_i$，是第 i 个物种利用生态位资源状态 j 的个体占该种个体总数的比例。式（1-2）即为 Shannon-Wiener 指数，在生态学中多用来描述种的个体出现的紊乱和不确定性，即物种的多样性。在这里，Levins 用来描述物种个体 i 在 R 个生态位资源状态上分布的多样性，B_i'值越大，说明物种 i 在 R 个生态位资源状态上的分布越广，其生态位宽度越大。

（2）Hurlbert 公式。[②] 图 1-1 表示两个物种对同一生态位资源（划分为 6 个生态位资源状态）利用情况。图 1-1（a）表示在 6 个生态位资源状态中各个生态位资源状态的相对可利用率；图 1-1（b）表示物种 L 所利用的各个生态位资源状态数目；图 1-1（c）表示物种 M 所利用的各个生态位资源状态数目。

---

① 张金屯：《计量生态学》，科学出版社 2004 年版，第 113 页。

② Hurlbert S. H.，"The Measurement of Niche Overlap and Some Relatives"，*Ecology*，Vol.59，No.1，1978，pp.67-77.

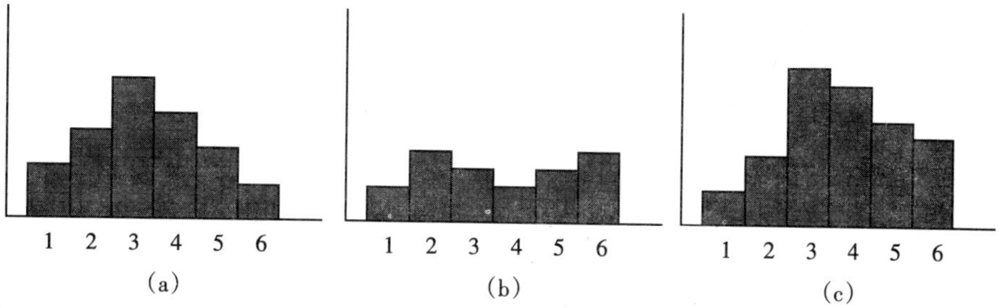

图 1-1 物种生态位宽度测度的悖论（Feinsinger，1982）

根据生态位宽度测度公式，计算结果表明物种 L 的生态位宽度值将明显高于物种 M 的宽度值，然而在所有生态位资源状态的可利用率不相同时，物种 L 几乎均匀地利用每一个生态位资源状态，因此在 1~6 个生态位资源状态中，占据优势的生态位资源状态 3、4 可以说相对被忽略了。相对应的，物种 M 受环境条件影响，成比例地利用所有生态位资源状态，几乎没有忽略任何生态位资源。应当说，在这种情况下物种 M 比物种 L 占据更宽的生态位，然而式（1-1）和式（1-2）的计算结果却正相反。

为了解决该难点，Hurlbert 建议对式（1-1）用生态位资源可利用率进行加权而得出如下测定公式：

$$B_i' = X^2 \Big/ A\sum(x_i^2/a_i) = 1 \Big/ \sum(p_i^2/q_i) \tag{1-3}$$

其中，x_i 是物种利用生态 i 位资源状态的个体数（或整个物种中利用生态位资源的个体数）；$X=\sum x_i a_i$ 是生态位资源状态的可利用生态位资源数；$A=\sum a_i$。式（1-3）数据也可以用比例数代表，则，$p_i = x_i/X$，$q_i = a_i/A$ 而且 $\sum p_i = \sum q_i = 1.0$。式（1-3）的生物学意义并不明确，而且如果任何一个值不能为 0。Hurbert 公式虽然考虑到了物种对生态位资源利用能力和对生态因子的适应能力，但其在数学形式上，仍未摆脱 Levins 公式本质，参数意义也不明确，存在一定局限性。

（3）Petraitis 公式。① P.S.Petraitis 基于最大似然比方法，提出了另一生态位宽度测度公式：

$$B_F = \prod_{j=1}^{r}\left(\frac{q_i}{p_j}\right)^{p_j} \tag{1-4}$$

（4）Feinsinger 公式。② P.Feinsinger 等明确地指出了不考虑生态位资源可利用

① Petraitis P. S.，"Likehood Measurement of Niche Breadth and Overlap"，*Ecology*，No.60，1979，pp.703-710.

② Feinsinger P.，Spears E. E.，Poole R. W.，"A Simple Measure of Niche Breadth"，*Ecology*，No.62，1982，pp.27-32.

率能引起生态位宽度测度偏差，进而提出了生态位宽度改进公式，即将生态位宽度确定为在生态位资源状态的分布与各生态位资源状态的实际利用率之间相似程度 PS（percent similarity）所决定。

$$PS = 1 - 0.5\sum_{j=1}^{r}|p_j - q_j| = \sum_{j=1}^{r}\min\{p_j, q_j\} \tag{1-5}$$

当一个物种所利用的生态位资源与各个生态位资源状态的可利用率完全成比例时，具有最大的生态位宽度值，即 PS = 1；而当物种仅利用了可利用率最低的那个生态位资源时，具最窄的生态位宽度值，这时 $PS = q_{min(j)}$，其中 q_j 代表生态位资源状态 j 的可利用率，p_j 为物种对第 j 个生态位资源状态的利用占它对全部生态位资源利用的比率或者是物种在第 j 个资源状态的分布比例量，有 $\sum_{j=1}^{r} p_j = 1$。

2. 生态位重叠测度研究

生态位重叠理论在种间关系、群落结构、种的多样性及种群进化等研究均有广泛应用，是解释自然群落中种间共存和竞争机制的基本理论和方法（如表 1-4 所示）。通过对种群间生态位重叠研究，可以数量化地表现两个或多个物种对资源的共同利用程度、分享数量和稳定生活机制。[①]

表 1-4 生态位重叠定义的演化

年份	研究学者	生态位重叠定义
1972	Pielou（见杨效文，1992）	资源位上种的多样性
1978	Hurlbert（1978）	两个种在同一资源位上的相遇频率
1980	Abrams（1980）（见 Colwell，1971）	n 维生态因子空间中一点或一很小体积的共同利用程度
1984	王刚（1984）	两个种在其与生态因子联系上的相似性

生态位重叠测度与生态位宽度测度一样，主要是来自于对各种生物多样性指数的分析。常用的生态位重叠测度公式有：Morisita 公式（1959）、Horn 公式（1966）、Schoener 公式（1968）、Levins 公式（1968）、Colwell 公式（1971）、MacArthur 公式（1972）、Pielou 公式（1972）、Pianka 公式（1973）、Hurlbert 公式（1978）、Petraitis 公式（1979）、王刚公式（1984）、彭少麟公式（1990）等等。[②]

根据不同生态位重叠测度公式特点，在森林、灌丛、草地等植被群落方

① 钟章成：《常绿阔叶林生态系统研究》，西南师范大学出版社 1992 年版，第 333-364 页。

② 张光明、谢寿昌：《哀牢山木果石栎群落优势种的生态位宽度与重叠》，《云南植物研究》2000 年第 4 期。

面，生态位重叠计算使用较多的是 Pianka 公式。王仁忠（1997）、丛沛桐（1999）等采用野外实测数据，对比研究种群生态位重叠计算公式，发现用 Pianka 公式可客观地反映出种群之间的生态位重叠以及种群间生态位重叠关系的变化；另外一个使用较多的生态位重叠公式是王刚公式；其次就是 Petraitis 公式和 Levins生态位重叠公式。

（1）不对称 α 法。[①] Levins 在提出生态位宽度测度公式的同时，也提出了采用竞争系数 α 的形式来作为物种生态位重叠测度公式。如果考虑物种 h 与 i 对生态位资源状态 j 的利用率分别为 P_{ih} 和 P_{ji}，而可将生态位资源划分为 n 个生态位资源状态，有 $\sum_{j=1}^{n} P_{hi} = \sum_{j=1}^{n} P_{ij} = 1$，则物种与生态位重叠值为：

$$\alpha_{hi} = \sum_{j=1}^{n}(P_{hj}P_{ij}) \Big/ \sum_{j=1}^{n} P_{hj}^{2} \tag{1-6}$$

物种与生态位重叠值为：

$$\alpha_{ih} = \sum_{j=1}^{n}(P_{hj}P_{ij}) \Big/ \sum_{j=1}^{n} P_{ij}^{2} \tag{1-7}$$

Levins 公式主要特征是 $\alpha_{hi} \neq \alpha_{ih}$，即物种 h 与物种 i 的生态位重叠值与物种 i 与物种 h 的生态位重叠值不相等。由于利用此公式计算生态位重叠值不是归一化数据，因此不便于比较两物种在不同生态因子上的生态位重叠关系，而且，Levins 公式缺乏直观的几何解释，同时由于生态位重叠矩阵的非对称性，对于生态因子不同的两个物种，生态位重叠关系十分复杂。但由于它比对称 α 法能更好地估计 Lotka–Volterra 方程的竞争系数，因而常常被采用测度生态位重叠。

（2）对称法。[②] Pianka 在 1973 年提出的 Pianka 公式使用较多，可以较为客观地反映种群之间生态位重叠以及种群间生态位重叠关系的变化，公式如下：

物种 h 与 i 生态位重叠值为：

$$\alpha_{hi} = \sum_{j=1}^{n}(P_{hj}P_{ij}) \Big/ \sqrt{\sum_{j=1}^{n} P_{hj}^{2} \times \sum_{j=1}^{n} P_{ij}^{2}} \tag{1-8}$$

物种 i 与 h 生态位重叠值为：

$$\alpha_{ih} = \sum_{j=1}^{n}(P_{ij}P_{hj}) \Big/ \sqrt{\sum_{j=1}^{n} P_{ij}^{2} \times \sum_{j=1}^{n} P_{hj}^{2}} \tag{1-9}$$

式（1–8）和式（1–9）中，$\alpha_{hi} = \alpha_{ih} \leq 1$，表明种 i 和种 j 之间的生态位重叠度

① Levins R., *Evolution in Changing Environments: Some Theoretical Explorations*, NewJersey: Princeton University Press, 1968.

② Pianka E. R., "Niche Overlap and Diffuse Competition", *Proc.Nat. Sci.USA.*, No.71, 1974, pp.2140–2145.

相同且不大于 1，$P_{i\alpha}$ 和 $P_{j\alpha}$ 分别代表种 i 和种 j 中利用资源状态 α 的个体数。对称 α 法对种群的个体数量或其在群落中种群的数量特征并不敏感，但它却能客观地反映出种群之间对资源利用或生态适应的相似性，并具有较为直观的几何解释，而且其生态位重叠不超过 1，便于对不同种群的生态位重叠进行客观比较，具有较强的实用性。

（3）曲线平均法。[①] 相似百分率指数 PS 是生态学上常用的相似系数之一，Schoener（1970）建议将相似百分率指数应用于物种生态位重叠测度：

$$PS = 1 - 0.5\sum_{j=1}^{n} |p_{hj} - p_{ij}| = \sum_{j=1}^{n} \min\{p_{hj}, p_{ij}\} \tag{1-10}$$

（4）多维生态位重叠测度。[②] 基于生态位空间分割法，Yu 和 Orloci（1990）提出采用推广的相似百分率指数 PS 作为物种的多维生态位重叠测度公式：

$$PS_{hi} = 1 - 0.5\sum_{j_1=1}^{m_1}\sum_{j_2=1}^{m_2}\cdots\sum_{j_n=1}^{m_n} |p_h(X_{1j_1}, X_{2j_2}, \cdots, X_{nj_n}) - p_i(X_{1j_1}, X_{2j_2}, \cdots, X_{nj_n})| \tag{1-11}$$

式（1-11）中 $p_h(X_{1j_1}, X_{2j_2}, \cdots, X_{nj})$ 和 $p_i(X_{1j_1}, X_{2j_2}, \cdots, X_{nj_n})$ 分别代表物种 h 与 i 对生态位资源状态$(X_{1j_1}, X_{2j_2}, \cdots, X_{nj_n})$的利用率。

生态位宽度测度和生态位重叠测度通常是沿某一资源轴进行的，而对于多个资源维度，在计算中这些测度公式却遇到了困难。自从 Hutchinson 应用点集理论提出维超体积生态位定义以来，极大地推动了生态位定量研究发展。尤其是在 20 世纪 70 年代，由于多元判别分析和主成分分析方法的应用，能从严格的数学手段有效地降低生态位维度，实现了生态位测度方法上新的飞跃。如 Green 在 1971 年提出将判别尺度在某一轴上的标准差作为测量生态位宽度指标，而把 0.5 概率椭圆的重叠百分率作为生态位重叠的多变量测量；Closkey（1976）用生态位椭圆上沿单个轴上种内判别值的标准差作为生态位宽度计测；Shugart 和 Patten（1978、1979）以广义距离和判别函数为基础，提出一系列不同的生态位测度方法；Dueser 等扩展了该项工作，他们将一物种到判别空间原点的平均观测距离作为生态位位置计测，把距离变异系数作为生态位宽度计测（见杨效文，1992）；杨效文（1992）、李契（2003）等对生态位多元统计方法的优缺点进行了评述；Patten 和 Aubble 将系统论方法用于生态位研究中，由此构造了生态位系统论理论框架，为生态位测度提供了新的思路（见宋丁全、姜志林、郑作孟等，1999；李自珍、施维林、唐海萍等，2001；李文龙、李自珍，2002；向悟生、李先琨、苏宗明等，

① Schoener T. W.，“Non-synchronous Spatial Overlap of Lizards in Patchy Habitat”，*Ecology*，No.51，1970，pp.408-418.

② YU S. X.，Orloci L.，“On Niche Overlap and Its Measurement”，*Coenoses*，No.5，1990，pp.159-165.

2002；王爱民、祖元刚，2002）。此外，生态位相似性比例和生态位体积也是描述一个物种生态位与物种生态位间关系的数量指标，其中生态位相似性比例是指在一个资源序列中，两个物种利用资源的相似程度，一般可用 Colwell 和 Futuyma（1971）公式进行计算。王刚、赵松岭、张鹏云等（1984）认为生态位体积表示一个种对其有关生态因子的利用或适应能力。

3. 生态位态势测度

朱春全于 1997 年提出了生态位态势理论：自然界中的任何生物单元都具有态和势两个方面属性的综合，其中态是指生物单元的状态（能量、生物量、个体数量、资源占有量、适应能力等），这是过去生长发育、学习与环境作用积累的结果；势则是生物单元对环境的现实影响力或支配力，如能量和物质变换的速率、生产力、增长率、占据新生境的能力。

生态位态势综合体现了特定生物单元在生态系统中的相对地位与作用。在测定生物单元的生态位时，不仅要测定生物单元的状态（即生态位的态），而且也要测定它们对环境的影响力和支配力（即生态位的势）。在考虑某生态系统个生物单元中生物单元的生态位态势可表示为：

$$N_i = \frac{S_i + A_iP_i}{\sum_{j}^{n}(S_j + A_jP_j)} \tag{1-12}$$

在式（1-12）中，i，j = 1，2，…，n，N_i 为生物单元 i 的生态位，S_i 为生物单元 i 生态位中的态，P_i 为生物单元 i 生态位中的势，S_i 为生物单元 j 生态位中的态，P_j 为生物单元 j 生态位中的势，$S_i + A_iP_i$ 称为生物单元的绝对生态位，A_i 和 A_j 为量纲转换系数。以 1 年为时间尺度，为量纲转换系数 A_i 和 A_j 为 1 年，则据此公式测算出生物单元生态位的取值范围为 0~1，并且生态位态势值越接近 1，说明在区域中发挥的作用越大，相反越接近 0，说明所发挥的作用越小。

4. 生态位适宜度测度

王刚、赵松岭、张鹏云等（1984），李自珍、赵松岭、张鹏云等（1993）于 90 年代提出生态位适宜度理论，并给出了生态位适宜度的数学模型，即在对生态位概念的数学抽象和适合性测定生态学边界的方法上，建立起来的反映现实生境条件与最适生境条件的适宜性，即现实资源位与其最适资源位之间的贴近程度。当区域现状资源条件完全满足经济发展的要求时，生态位适宜度为 1，而当资源条件完全不满足其对应的资源需求时，生态位适宜度为 0，由此看生态位适宜度大小反映了区域资源条件对发展需求的适宜性程度，从而可以根据其大小建立初步的区域发展方案与措施。

5. 生态位分离测度

生态位分离是指竞争个体从其部分潜在的生存和发展空间退出，从而消除生态位重叠，实现稳定的共存。[①] 生态位分离又称竞争排斥原理或高斯原理，即如果许多物种占据一个特定的环境，他们要共同生活下去，必然要存在某种生态学差别（具有不同的生态位），否则它们不能在相同的生态位内永久地共存。

生态位分离是物种共存的基础，亦是物种进化的动力，[②] 生态位分离是物种进化的主要策略，包括"特化"和"泛化"两个层面。"泛化"指当资源不足时，捕食者往往形成杂食性或广食性；相反在食物丰富的环境里，劣质食物将被抛弃，生物只追求质量最优的食物，即"特化"，生物通过这两种策略充分有效地利用资源，保证自身的生存。[③]

生态位分离测度了物种生态位的非相似性，也反映了生态位重叠。Hutchinson 认为一个种的生态位是一超体积，假定该超体积空间是可以分割的，而点 T_1，T_2，…，T_n 是指各个子空间的中点，令点 T_j 到生态位空间的中心点 O 的距离为 D_j，则两个物种 i 和 k 之间的生态位分离为 h 个加权的绝对差值之和（见尚玉昌，2003）。

$$S_{ij} = \sum_{k=1}^{h} D_k \left| P_{ik} - P_{jk} \right| \tag{1-13}$$

式（1-13）中，P_{ik} 和 P_{jk} 分别指物种 i 和 k 在中点坐标为（x_{1j}，x_{2j}，…，$x_{\mu j}$，…，x_{nj}）的第 j 个子空间的分布比例量。$x_{\mu j}$ 指第 j 个子空间中点在 μ 个资源维上的坐标；n 为生态位空间维数。若第 μ 个资源维划分梯度数为 m，则有 $h = \prod_{\mu=1}^{n} m\mu$，$S_{ij}$ 的值大于或等于 0。当两个物种具有一致的分布时，S_{ij} 值最小，为 0 值；当两个物种具有完全不同分布时，S_{ij} 具有最大值。

6. 生态位扩充与压缩测度

生物都有无限增长的能力，这种由于生物单元无限增长的潜力所引起生态位态势的增加称为生态位扩充。任何生物都有扩充其生态位的潜力，生态位扩充是生物圈演变的动力，是生物发展的本质属性。[④] 各个物种都试图占据更大的生存和发展空间，发挥更大的生态作用，对环境产生更大的影响。当然，生态位扩充是其所处环境有利时发生的，当环境条件不利该生物生长或由于生境中有外来物种迁入时，本地物种如果竞争不过外来物种，就表现为生态位压缩，即压缩它们

---

① Tilman D., *Resource Competition and Community Structure*, NewJersey: Princeton University Press, 1982.

② 王刚、赵松岭、张鹏云等:《关于生态位定义的探讨及生态位重叠计测公式改进的研究》,《生态学报》1984 年第 2 期。

③ Grinnell J., "Geography and Evolution", *Ecology*, No.5, 1924, pp.225-229.

④ 朱春全:《生态位态势理论与扩充假说》,《生态学报》1997 年第 3 期。

对空间资源的利用范围。[①②]

三、生态位在旅游中应用研究

随着生态位概念的发展与生态位理论研究的深入，生态位受到了前所未有的关注。近年来，国外鲜有生态位在旅游中应用研究的相关报道，国内一些旅游学者也开始尝试将生态位理论应用到旅游研究领域。

国内生态位理论在旅游中的应用是黄芳（2001）较早提出的，她认为某些生态学原理（含生态位理论）可为解决如何通过优化旅游系统、促进旅游业可持续发展问题提供有益的方法和独特的视角。祁新华、陈烈、程煜（2005）从生态学角度探讨区域旅游可持续发展的本质问题，提出以生态学原理为指导，遵循生态位原理、促进旅游地协调共生等区域旅游可持续发展措施。祁新华、董观志、陈烈等(2005）在研究生态位概念范式变迁基础上，首次提出了旅游生态位概念，阐述了旅游生态位原则和规律，论述了生态位策略，为实现旅游业可持续发展提供一个可操作的思维框架。邹仁爱、陈俊鸿（2006）引入生态位理论来界定旅游地生态位概念，阐述了旅游地生态位竞争原理和演变规律，并探讨了区域旅游在协调开发过程中的生态位策略。孟德友、陆玉麒（2006）通过生态位理论提出旅游地生态位概念及其内涵，进而对贵州黔东南苗族侗族自治州巴拉河乡村旅游区进行实证分析。陈鹰、黄磊昌、王祥荣等（2007）运用生态位理论探讨了旅游资源集合区在区域旅游规划中的地位和作用，并以浙江省为例研究旅游资源集合区生态位，为区域旅游规划中对旅游资源的多角度认识提供参考。祁新华、程煜、包战雄等（2007）以皖南三大名山为例，研究了生态位理论在旅游竞争中的应用。刘改芳、董观志（2007）从阐明生态位及旅游业的含义出发，提出了旅游业区域经济生态位的概念，构建了影响旅游业区域经济生态位的核心生态因子体系。

汪清蓉、余构雄（2008）以珠江三角洲旅游城市生态位测评为基础，研究了区域旅游城市生态位及其竞合模式。李向明（2007）提出了旅游资源生态位的概念与选择策略。凡丹（2008）引用旅游资源生态位理论，从旅游开发的角度来探讨长阳“撒叶儿嗬”非物质文化遗产的保护问题。朱妍、田世政（2008）将生态位原理引入旅游学，通过对江南三个古镇周庄、乌镇、南浔的实证分析，探讨其空间竞争，提出了生态位重置与分离、潜在生态位开拓的优化策略。王兆峰

① 王刚、赵松岭、张鹏云等:《关于生态位定义的探讨及生态位重叠计测公式改进的研究》,《生态学报》1984年第2期。

② 钱辉、张大亮:《基于生态位的企业演化机理探析》,《浙江大学学报》（人文社会科学版）2006年第2期。

(2009）针对我国旅游产业集群的发展，基于生态位理论提出了生态位的泛化、特化与优化三种策略。高莉、何佳荣（2009）以山东省10地市为例，基于生态位理论对区域旅游城市的竞合态势进行了测评。皮骏（2009）基于生态位理论，提出济宁旅游发展策略。魏鸿雁（2006）基于生态位理论对黄山市区域旅游竞合进行了研究。徐爱萍（2008）结合旅游景区自身的特点，借鉴生态位理论中的态势理论，提出了旅游景区生态位概念和评价模型，以武夷山风景名胜区为例，将旅游景区生态位模型运用到实证研究中，提出改进和优化旅游景区生态位的策略。

向延平（2007）根据生态位理论，提出包括旅游生态位态势、旅游生态位扩充在内的旅游生态位理论，进而以湖南省凤凰县旅游为例，测算其旅游生态位态势和旅游生态位扩充。向延平（2009）建立了旅游生态位评价指标体系，并以张家界、天门山国家森林公园为例，评价了其旅游生态位。向延平（2009）以生态位为理论基础，提出旅游生态位概念、旅游生态位态势内涵和模型，进而计算武陵源风景区与张家界市旅游收入生态位、旅游人数生态位变化情况，并分析其中的旅游关系。向延平（2009）以张家界市为例，通过研究其旅游生态位，从旅游市场角度提出旅游生态位扩充、旅游生态位分离和旅游生态位创新等旅游可持续发展策略。向延平（2009）尝试从生态位理论的角度研究旅游竞争，提出旅游生态位理论，探索旅游竞争内在规律。

随着生态位概念的逐渐成熟和完善，生态位理论显现出强大的生命力。运用生态位理论研究旅游问题的国内外研究成果略显单薄，关于旅游生态位研究则更少，这与旅游业的发展速度及各区域政府给予旅游业的重视程度形成强烈反差。旅游生态位理论和方法尚无深入系统的研究成果，旅游生态位研究有待于进一步地深入研究和探讨。

基于此，本书试图利用和借鉴生态位理论和方法研究成果，从生态学角度，运用生态位理论系统研究旅游问题，构建旅游生态位理论与方法，尝试揭示和解释旅游内在实质和内在规律，寻求新颖的研究理论和研究方法，为旅游发展提供理论参考与实践借鉴，是一项生态学和旅游学两大学科的交叉学科研究，有望成为国内外旅游研究的前沿研究问题和研究方向。

第四节 研究内容与方法

一、研究内容

在分析旅游地类生命特征基础上，借鉴生态位理论与方法研究旅游生态位概念、特征、类型等，构建旅游生态位理论体系，探讨旅游生态位测度方法，并对张家界市主要旅游景区加以应用，最后提出适合张家界市旅游发展的旅游生态位策略，为旅游研究提供新的理论视角和评价方法，更好地指导旅游和谐可持续发展。

(1) 旅游生态位理论与方法研究。旅游生态位理论包括旅游生态位概念、特征和类型、旅游生态位宽度、旅游生态位重叠、旅游生态位分离、旅游生态位态势、旅游生态位扩充与压缩、旅游生态位适宜度理论。旅游生态位方法包括旅游生态位指标确定、旅游生态位指标权重、旅游生态位宽度、旅游生态位重叠、旅游生态位分离、旅游生态位态势、旅游生态位扩充与压缩、旅游生态位适宜度评价模型等。旅游生态位理论与方法体系的建立是本书的研究重点。

(2) 旅游生态位应用研究。结合旅游生态位理论，重点运用旅游生态位宽度、旅游生态位重叠和旅游生态位态势等旅游生态位方法，以张家界主要旅游景区为例，进行旅游生态位宽度、旅游生态位重叠和旅游生态位态势理论模型应用研究，以验证本书研究成果的科学性、合理性和可操作性。

(3) 旅游生态位策略选择研究。在旅游生态位应用研究基础上，结合张家界市旅游的实际情况，提出了包括旅游生态位扩充、旅游生态位分离、旅游生态位创新、旅游生态位协调和优化等适宜张家界市旅游可持续发展的旅游生态位策略，为张家界市旅游决策者进行正确决策提供相应的理论依据和科学参考，同时，为其他地区旅游发展旅游生态位策略提供借鉴和参考。

二、研究方法

以生态学、旅游学、管理学等学科理论为研究基础，采用问卷调查法、AHP 法、案例法和 Delphi 法等进行旅游生态位研究。

(1) 问卷调查法。首先，采用问卷调查法选取包括旅游资源、旅游市场、旅游服务和旅游环境等 4 个一级指标，资源价值、资源规模等 14 个二级指标，观赏游憩价值、规模与丰度等 50 个三级指标在内的旅游生态位评价指标。其次，运用问卷调查法对旅游生态位评价指标重要性评价，以便确定其权重。最后，在张家界市主要旅游景区进行问卷调查，以获取张家界市主要旅游景区旅游生态位评价指标评分数据，便于旅游生态位研究。

（2）层次分析法（AHP 法）。运用 AHP 法获取旅游生态位评价指标重要性，根据其重要性程度，建立判别矩阵，计算旅游生态位评价指标权重，构建旅游生态位评价指标体系，便于测度旅游生态位宽度和旅游生态位重叠等。

（3）案例研究法。以张家界市武陵源、天门山、茅岩河、八大公山和五雷山等主要旅游景区为例，进行旅游生态位应用研究，验证旅游生态位理论与方法的科学性与实用性。

（4）德尔菲法（Delphi 法）。采用 Delphi 法，咨询旅游部门、旅游专家等，筛选和确定旅游生态位评价指标。根据旅游生态位评价指标对评价结果的影响程度，采用 Delphi 法，由相关专家获取旅游生态位评价指标重要性评分值，以便计算旅游生态位评价指标权重。

第五节　研究目的与意义

借鉴生态位理论和方法进行旅游生态位理论、方法与应用研究，揭示旅游发展的内在表现，以生态学思想指导旅游发展，具有重要的理论意义和实践意义。

在理论上，生态位理论为旅游研究提供了新的研究视角，加速生态学与旅游学的融合，旅游生态位研究把生态位引入旅游学中，成功实现旅游生态学这一跨学科研究，使其成为研究自然系统和社会系统强有力的理论分析和实践指导工具。从自然科学研究入手，借鉴生态位理论，研究旅游生态位理论和方法，为旅游这一人类的社会科学研究提出新的科学理论依据和研究方法，在社会学科研究与自然科学接轨中找到了科学研究背景。旅游生态位理论、方法与应用研究拓展与创新生态学、旅游学、旅游生态学研究内容和研究视点，丰富了生态学、旅游学和旅游生态学理论与方法体系。

在实践上，旅游生态位研究具有十分重要的指导参考价值。旅游生态位评价研究有利于定量分析研究张家界市主要旅游景区的旅游生态位宽度、旅游生态位重叠和旅游生态位态势情况，准确判断、识别和测度其旅游竞争力和旅游竞争关系，合理规划和开发张家界市旅游资源，科学预测张家界市旅游发展趋势；旅游生态位策略提出有利于优化和调整张家界市旅游关系，促进张家界市旅游景区和谐发展；为其他旅游区域旅游生态位研究提供重要借鉴。

第六节 研究思路与框架

一、研究思路

本书的研究遵循“实地调查—发现问题—提出问题—分析问题—解决问题”的研究思路，从张家界市旅游实地调查出发，发现其旅游发展中存在的问题，到旅游生态位理论解释和旅游生态位模型建立，最后进行旅游生态位应用分析，提出解决问题的旅游生态位对策。借鉴生态位理论，从旅游生态位理论研究到旅游生态位评价方法研究，再到旅游生态位应用研究，最后到旅游生态位策略选择研究是本书的研究思路。

二、研究框架

本书研究应用和借鉴生态位理论、模型和方法，进行旅游生态位理论、方法与应用研究，希望为旅游生态位研究和旅游发展提供参考建议。旅游生态位理论、方法与应用研究的研究框架如图 1-2 所示。

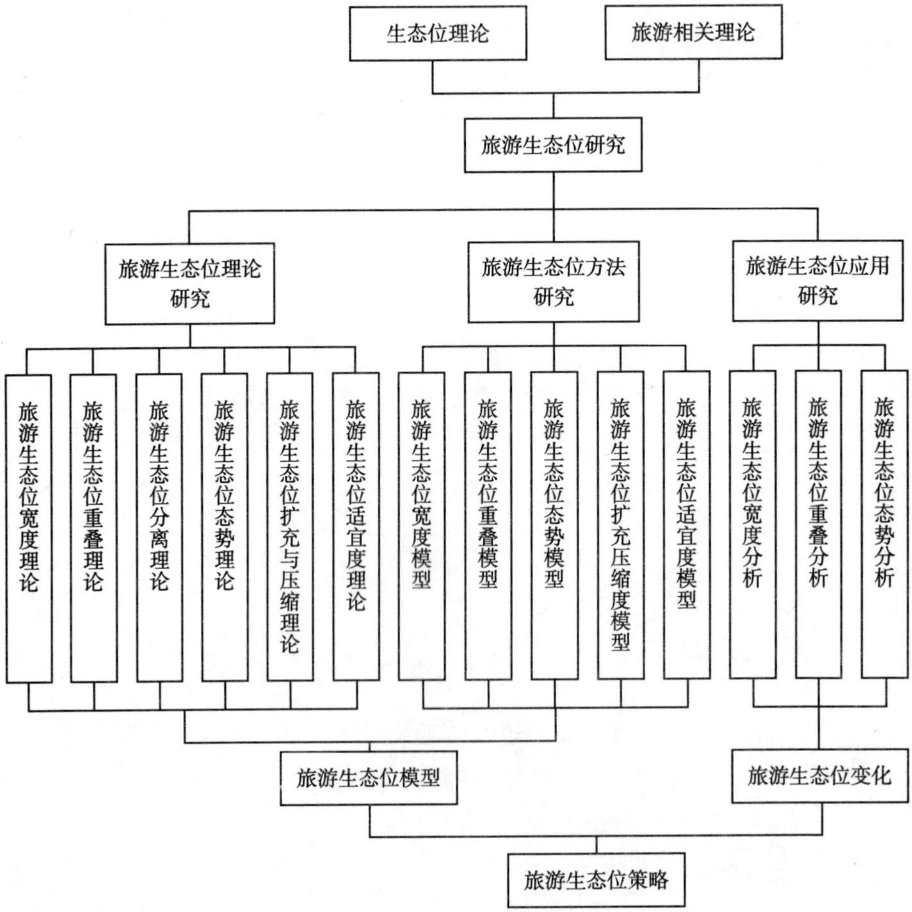

图 1-2　研究框架

第七节　小　结

本书的选题背景主要是生态位理论研究日趋成熟和旅游发展迅速，需要利用生态位理论与方法研究旅游问题；基于旅游地是特殊的类生命体和具有旅游生态位，展开旅游生态位研究，具有丰富生态学、旅游学理论的重要理论意义和指导张家界市以及其他旅游区域旅游发展的重要实践意义；综述了生态位概念研究、生态位测度研究和生态位在旅游中的应用研究成果；采用问卷调查法、Delphi 法、AHP 法和案例分析法等研究方法进行旅游生态位研究，提出了研究的主要内容、思路与研究框架。

第二章 旅游生态位理论研究

第一节 旅游生态位内涵研究

一、旅游地概述

国内外的学者曾从不同的角度来释义旅游地或旅游目的地（Tourism Destination）。Burkart、Medlik（1981）将旅游地解释为“作为旅游地，涉及某一地理区域的影响，它可以是一个国家、地区或一个单独的城镇”。Harris（2000）将其定义为“一个特定的地理区域，被旅游者认为是一个完整的个体，有统一的旅游业管理与规划的政策司法框架，也就是说由统一的目的地管理机构进行管理的区域”。而霍洛韦（1987）认为：“一个旅游目的地可以是一个具体的风景胜地，或者一个城镇，一个国家内的某个地区，整个国家，甚至是地球上一片更大的地方。”Geoldner（1999）等将旅游地定义为“一个能让旅游者享受各种各样类型的旅游经历的特殊地理区域”。崔凤军（2002）认为“旅游目的地是具有统一的整体形象的旅游吸引物体系的开发系统。就其管理来说，旅游目的地应有一定的行政依托；就其空间范围来讲，旅游目的地具有层次性，旅游目的地的行政依托成为决定其层次（范围）的尺度”。

旅游地是一个内容丰富、应用广泛而含义并不确定的集合概念，通常是指具有旅游吸引力的旅游目的地，包括旅游景物、旅游景点、旅游景区、旅游区等范畴。旅游地是一个相对微观的地域空间，以一定地理空间范围内的旅游景区或旅游区域为主，联合其所在地的旅游专用设施、基础设施及相关旅游条件结合而成的一个地域综合体。从生态学角度看，旅游地需要依托一定的旅游吸引物、旅游设施和相关旅游条件支持，实质上是一个由旅游者和旅游环境等构成的特殊生态系统，特定旅游地就是其中的生态元，具备一定的生态学特征。

二、旅游地类生命特征分析

旅游地具有类似生物体生命周期的特征，可以通过调整与周围环境构成一个相互依存、相互作用的特殊旅游生态系统，往往会与其他相关旅游地之间存在着旅游竞争、旅游共生、旅游寄生等生态关系。

1. 旅游地的类生物特征

旅游地本身虽然不是生物体，但具备明显的一些生物体特征，存在着与生物体非常类似的机理。旅游地类生物特征主要体现在旅游地发展过程中，具有和生物一样的生命周期特征，存在类似的生命发展轨迹。旅游地生命周期理论表明旅游地发展过程必须经历探索期、参与期、发展期、巩固期、停滞期、衰落期或复苏期 6 个阶段的生命周期。而生物生命周期同样是生物诞生、成长、成熟、死亡。逻辑斯谛增长模型（Logistic）是普遍性的生物种群增长规律，旅游地成长发展符合生态学中 Logistic 曲线，可以运用 Logistic 来表述旅游地生命周期规律。生物体无法摆脱自然法则的支配，必然经历出生、成长、成熟和死亡过程。作为旅游地来说，可以把它看作有生命的个体，具有其特殊性，说它存在生命周期，就是旅游地一般经过探索期、参与期、发展期、巩固期、停滞期、衰落或复苏期 6 个发展阶段，说它具有特殊性，即旅游地发展中并不意味着旅游地一定要走向衰亡，旅游地发展具有不可预期性，旅游地生命的有限性决定于其对外部的适应性，如果经营决策正确，旅游地有可能长盛不衰或实现再生，从而开始一个新的生命周期，也有可能出现一个既不明显上升，也不明显下降的停滞阶段，这些都是生物所没有的生命特征，如图 2-1 所示。

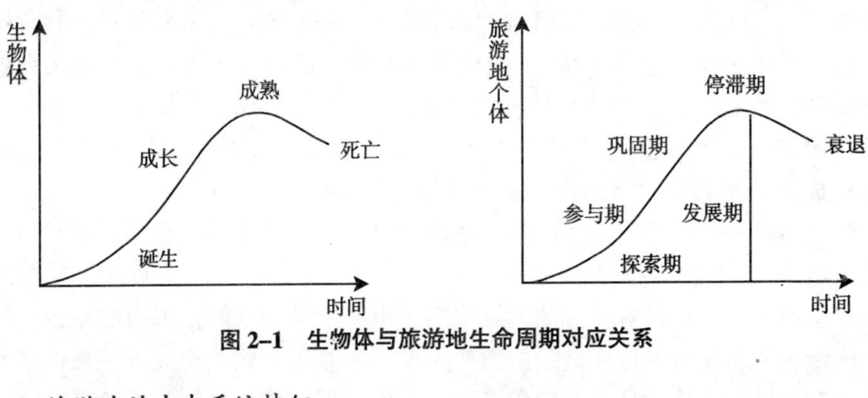

图 2-1　生物体与旅游地生命周期对应关系

2. 旅游地的生态系统特征

在自然界，生物与其环境是密不可分的，共同构成复杂生物生态系统。[①] 生

① 戈峰：《现代生态学》，科学出版社 2002 年版，第 126-154 页。

物生态系统的组成可表示为生物生态系统 = F（生物部分、非生物部分）= F（生产者、消费者、分解者、能源、气候、基质和介质、物质代谢原料）。

生物生态系统反映了生物体与其所处生态环境以及生物体之间的相互关系，如图 2–2 所示。在生物生态系统中，生物部分（生产者、消费者、分解者）构成生物生态系统主体，而非生物部分（包括光、热、气、水、土和营养成分）是生物生活场所和物质，是生物能量的源泉，可称为生物的生命支持系统，而这种生命支持系统主要构成就是生态因子。生态因子是生态系统环境中对生物生长、发育、生殖、形态特征、生理功能和分布等有直接或间接影响的生态环境因素，如温度、阳光、湿度、大气及其相关生物等。生态因子是生物生存所不可缺少的环境条件，称为生物生存条件。生物部分和非生物部分对于整个生态系统来说是缺一不可且相辅相成的。如果没有非生物环境，生物就没有生存的空间和条件，也得不到能量和物质，难以生存下去；仅有生物环境而没有生物部分，也就失去了生物生态系统的主体，根本谈不上生物生态系统。[①]

- 生态系统
  - Ⅰ非生物部分（生命支持系统）
    - 非生物环境
      - 能源：太阳能、其他能源
      - 气候：光照、温度、降水、风等
      - 基质和介质：岩石、土壤、水、空气等
      - CO_2、H_2O、O_2、N_2 等
      - 物质代谢原料：无机盐（矿物质原料）
  - Ⅱ生物部分
    - 生产者：绿色植物、光合细菌、化能细菌
    - 消费者：食草动物、一级食肉动物、二级食肉动物、杂食动物、腐食动物、其他消费者
    - 分解者（还原者）：微生物（细菌、真菌等）

图 2–2　生态系统的组成

旅游地是一个由有机体（包括旅游者、当地居民）和旅游环境构成的特殊生态系统，具备生物生态系统的一般属性，遵循生态学原理。旅游地是可以通过调整与周围环境（包括旅游地）相互作用而成长的特殊类生命体。旅游景物、旅游景点、旅游景区、旅游区与其周围旅游环境构成一个相互依存、相互作用的自然—社会—经济复合旅游生态系统。[②]

① 尚玉昌、蔡晓明：《普通生态学》，北京大学出版社 1992 年版。
② 严斧：《旅游生态学》，湖南科学技术出版社 2004 年版。

旅游地生态系统包括旅游生物组分与旅游非生物组分两个组成要素，如图2–3所示。旅游生物组分主要是旅游者、当地居民及其他利益相关者等；旅游非生物组分则包括组成旅游生态环境的生态因子，即光、热、气、水、土和营养成分等自然生态因子、经济环境生态因子和生态因子等，其中旅游地及其相互关系是本书研究的主要对象。

- 旅游地生态系统
  - Ⅰ生物组分
    - 生物（动物、植物等）
    - 当地居民
    - 旅游者
  - Ⅱ非生物组分
    - 经济生态因子
    - 社会生态因子
    - 自然生态因子（大气、土壤、光等）

图 2–3　旅游地生态系统的组成

从生态学角度来看，旅游地生态系统内各个生态元（即旅游景物、旅游景点、旅游景区、旅游区等）以及其相互关系类似于生物生态系统中的生态元及其相互关系，是一个层次类型多样复杂的特殊生态系统，存在生物生态系统部分特征。生物生态系统研究成果为研究旅游地生态系统提供了借鉴和奠定了基础，为生态位理论在旅游中的应用研究提供了可行性和贴近性，将生态位理论应用于旅游研究是必需且可行的。

生物生态系统与旅游地生态系统的相似性主要体现在结构、特征等许多共同特征方面，如表2–1所示。

表 2–1　生物生态系统与旅游地生态系统的相似性

相似性		生物生态系统	旅游地生态系统
结构相似性	组成要素	生物体（物种、种群）、自然环境	旅游地（景物、景点、景区）、自然环境
	丰富性	生物多样性，有不同种类和功能物种	旅游地多样性，有不同类型的旅游地
	内部关系	生物与生物、生物与环境之间	旅游地、旅游地与旅游环境之间
	竞争性	强者生存原则	强者生存原则
	整体性	以生物为主体，生态系统各组成部分相互作用和相互影响，通过食物链网构成一个整体	以旅游地为主体，旅游地、居民、政府、旅游环境通过价值链构成一个整体
	关键性	优势物种维持系统平衡	核心景区把利益相关者联结成共同体
	开放性	开放系统，物质、能量和信息交换	开放系统，物质、信息交换

续表

<table>
<tr><th colspan="2">相似性</th><th>生物生态系统</th><th>旅游地生态系统</th></tr>
<tr><td>结构相似性</td><td>层级系统</td><td>生物体、种群、生物群落、自然生态系统</td><td>景点、景区、旅游地群落、旅游地生态系统</td></tr>
<tr><td rowspan="6">特征相似性</td><td>环境影响</td><td>自然选择、适应性，适者生存</td><td>优胜劣汰、适应性、适者生存</td></tr>
<tr><td>自适应</td><td>一定的自适应性</td><td>一定的自适应性</td></tr>
<tr><td>动态性</td><td>处于动态的生态平衡中</td><td>保持动态稳定</td></tr>
<tr><td>动态特征</td><td>发生、形成、发展、进化</td><td>产生、形成、发展、演化</td></tr>
<tr><td>空间结构</td><td>捕食、共生、竞争、寄生</td><td>阴影区、共生、竞争、寄生</td></tr>
<tr><td>生命周期</td><td>诞生、成长、成熟、死亡</td><td>探索期、参与期、发展期、巩固期、停滞期、衰落或复苏期</td></tr>
</table>

此外，旅游地生态系统与生物生态系统的相似性还体现在层次上。旅游地在其发展过程中形成了如物种与景点、种群与景区、生物群落与旅游地群落等与生物生态系统一一对应的类似特征及群体关系等明显的层次特征，如图 2-4 所示，因此，旅游地生态系统的分层次研究可以与生物生态系统的分层次研究结合起来。

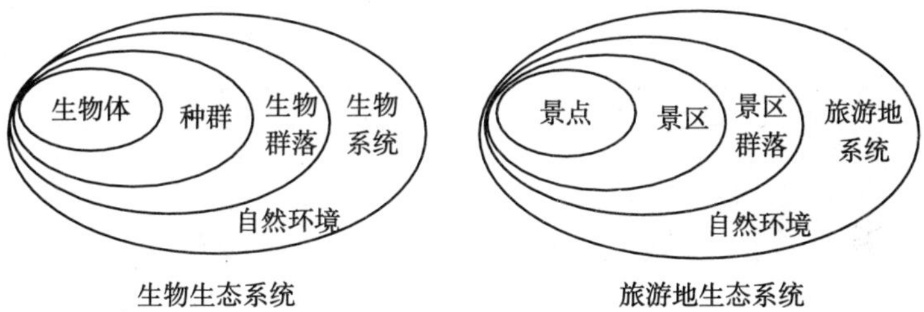

图 2-4 生物生态系统与旅游地生态系统

在旅游地生态系统中，可以称自然环境为旅游地生态系统的自然子集，用符号 N 表示，其元素为自然生态因子，用 N_α，$\alpha\in A$ 表示；称经济环境为旅游地生态系统的经济子集，用符号 E 表示，其元素称为经济生态因子，用 E_β，$\beta\in B$ 表示；称社会环境为旅游地生态系统的社会子集，用符号 S 表示，其元素称为社会生态因子，用 S_γ，$\gamma\in\Lambda$ 表示，这样可将旅游地生态系统表示为自然子集、经济子集和社会子集的并集，并由各子集的元素作为影响旅游地生存的变量组成，其表达式为：

$$\begin{aligned} NES &= N\cup E\cup S \\ &= \{N_\alpha\}_{\alpha\in A}\cup\{E_\beta\}_{\beta\in B}\cup\{S_\gamma\}_{\gamma\in\Lambda} \\ &= \{N_\alpha,\ N_\beta,\ N_\gamma\}_{\alpha\in A,\beta\in B,\gamma\in\Lambda} \end{aligned} \tag{2-1}$$

3. 旅游地的生态关系特征

在普通生态学中，研究生物个体与生态环境的同时，最为重要的是研究生物体间的相互关系。生物与生物之间存在竞争、寄生、捕食、互利共生和偏利共生（即附生）、中性、偏害等 8 种生态关系类型。[①] 生态学意义上的 8 种生物种间关系类型在旅游地生存发展中均可发现。旅游地（包括旅游景物、旅游景点、旅游景区、旅游区）与旅游地之间同样存在一种类似于生物关系的生态现象和生态关系，如捕食、竞争、共生、寄生等，表明旅游地明显具备与生物相似的生态关系特征，如表 2–2 所示。

表 2–2　旅游地生态关系

序号	关系类型	旅游地甲	旅游地乙	旅游关系特点
1	竞争关系	–	–	旅游地彼此互相抑制
2	捕食关系	+	–	旅游地甲屏蔽旅游地乙，造成旅游影区
3	寄生关系	+	–	旅游地甲寄生于旅游地乙，并有害于后者
4	中性关系	0	0	旅游地彼此互不影响
5	共生关系	+	+	旅游地彼此互相有利，专性
6	互惠关系	+	+	旅游地彼此互相有利，兼性
7	偏利关系	+	0	对旅游地甲有利，对旅游地乙无影响
8	偏害关系	–	0	对旅游地甲有害，对旅游地乙无影响

注："+" 表示其他旅游地对本旅游地有利；"–" 表示其他旅游地对本旅游地有害；"0" 表示两旅游地之间互不影响。

从表 2–2 可以看出，当旅游地甲和旅游地乙处于竞争关系时，表现为（–，–）；当旅游地甲和旅游地乙处于互相有利的共生关系，但尚未发展到彼此相互依存程度时，表现为（+，+）；当旅游地甲和旅游地乙的关系表现为互不影响、互不联系时，表现为（0，0）；当旅游地甲和旅游地乙存在对旅游地甲有利，对旅游地乙无影响的偏利关系时，表现为（+，0）；等等。

三、旅游生态位概念提出

旅游生态位概念最早是由祁新华于 2005 年提出，旅游生态位概念发展如表 2–3 所示。

① Aulay Mackenzie Andy S.Ball，Soia R.Virdee：《生态学》，孙儒泳译，科学出版社 2000 年版，第 86 页。

表 2–3　旅游生态位概念的演化

年份	研究者	定义
2005	祁新华	游客、经营者、当地居民与旅游地自然环境和社会环境关系的总和
2006	邹仁爱等	在一定社会经济环境下，旅游地在区域生态空间内所具有的生存位置、特定功能以及所发挥的群体效益作用，它集中反映了该旅游地在资源、市场、品牌、信息以及服务等旅游维度上所占据的特殊位置
2006	孟德友	在旅游地特定的区位和旅游资源环境背景下，旅游地参与旅游地群落分工协作体系的过程中所形成的功能地位和市场定位
2007	祁新华等	旅游生态单元的态和旅游生态单元的势的综合体现了特定旅游生态单元在旅游生态系统中的相对地位和作用
2007	李向明	旅游资源生态位是旅游资源在区域旅游系统中依据其特点、品位、市场开发潜力及需求状况而确立的发展地位及由此而致的开发序位和市场定位

基于上述认识，旅游生态位是指旅游地个体（包括旅游区、旅游景区、旅游景点和旅游景物等）在区域旅游发展过程中的地位、作用和功能以及与其他旅游地的相对关系。旅游生态位反映了一定时期内旅游地在特定旅游区域中所占用的空间、所处的地位和所具有的功能以及与其他旅游地相对关系。其中，该旅游地与区域内其他旅游地相互作用过程中所形成的相对地位和作用是研究重点。

旅游生态位是由包括旅游生物因子（旅游地、旅游者和当地居民）、旅游非生物因子（自然、经济和社会生态因子）等在内的多方面影响因子共同构成的综合指数。借鉴王刚（1988）提出的人类生态位域数学表达式，① 旅游生态位可用多元函数表达式表示为：

$$N = f(x_1, x_2, \cdots, x_n) \tag{2-2}$$

其中,N 为旅游生态位值，x_n 为旅游生态位因子（包括旅游生物因子、非生物因子等），f 为旅游生态位函数关系。

定义 F_r 为旅游地的旅游生态位域，表示旅游地对于 n 个旅游生态位因子的适应和利用范围，即 n 个旅游生态位资源，则：

$$F_r = \{X/f_r(x_1, x_2, \cdots, x_n) \geqslant 0, X = (x_1, x_2, \cdots, x_n)\} \tag{2-3}$$

对于某一旅游地空间范围（包括自然、社会和经济环境）的生境，定义 E 为该生境的旅游生态位因子域，则：

$$E = I_1, I_2, \cdots, I_j \tag{2-4}$$

其中，I_j 是第 j 个旅游地旅游生态位因子在该生境中的范围值，$I_j = [a_j, b_j]$。

则可得出如下结论：当 $E_r \cap E \neq \emptyset$ 时，旅游地能在此生境中生存；当 $E_r \cap E = \emptyset$ 时，旅游地无法在此生境中生存。

① 周鸿：《人类生态学》，高等教育出版社 2001 年版，第 96–97 页。

生物生态位和旅游生态位的区别如表 2–4 所示。

表 2–4 生物生态位[①] 和旅游生态位的区别

	生物生态位	旅游生态位
研究主体	生物个体、物种、种群、群落、生态系统中或一定区域内的所有生物	旅游景物、旅游景点、旅游点、旅游景区、旅游地、旅游区
主观能动性	研究主动性不强，能动选择能力弱。生态位的形成遵循自然法则，自然选择起主导作用	研究主动性强，旅游生态位形成主要是旅游竞争和旅游地自身能动性选择等因素
稳定性	生态位相对稳定，时效性不明显	旅游生态位相对不稳定，时效性明显
定量可测性	生态位及生态位因子定量测度比较容易	难以测度旅游生态位及旅游生态位因子
区域固定性	一般有比较固定的生态位区域	旅游生态位区域呈现动态变化趋势
容量可变性	除非生态系统发生颠覆性变化，否则生态位基本一般是固定的	旅游生态位是动态变化的
遗传性	生态位具有遗传性	旅游生态位可延续，也可学习、复制

资料来源：魏鸿雁：《基于生态位理论的黄山市旅游竞合研究》，安徽师范大学出版社 2006 年版。

从表 2–4 中可看出，旅游生态位研究主体是旅游生态系统中旅游地个体（包括旅游景物、旅游景点、旅游景区和旅游区等）或是与之非常相似的某一旅游地，与生物生态位存在一定差别。一是生物生态位在形成过程中，自然选择占主导作用，遵循“物竞天择、适者生存”的自然法则，而旅游生态位研究主体由于人的参与，具有一定主观能动性和思维性，其形成主要由旅游竞争、旅游合作等自主选择决定。二是生物生态位主要是自然规律起作用，其时效性较长，在一定时空范围内较为稳定，生物生态位较易测度，而旅游生态位则时效性短而明显，相对不稳定，旅游生态位相对不稳定，时效性明显，因而难以全面定量测度。三是生物生态位涉及区域生态系统一般比较固定，除非生态系统发生颠覆性变化，否则生物生态位基本保持不变；而旅游生态位往往呈动态变化趋势，处于不断变化之中，旅游生态位会随着旅游资源、旅游市场、旅游服务、旅游环境等变化而不断变化。

四、旅游生态位特征分析

旅游地是兼具自然、社会、经济等特性的复杂综合体，旅游地的旅游生态位具有明显的自然性、社会性、时空性和动态变化性。

1. 自然性

旅游地是自然的产物，旅游生态位具有一定的自然特性。旅游生态系统中的

① 张光明、谢寿昌：《生态位概念演变与展望》，《生态学杂志》1997 年第 6 期。

各个旅游地总是处于一定的自然环境中，离不开大自然这个大环境，这种客观存在方式决定了其旅游生态位的自然属性：每个旅游地均占有相应的旅游生态位，旅游生态位的存在都需要如水、空气、气候、土壤等一定的自然环境条件，以满足旅游地自身生存发展需要。

2. 社会性

由于旅游生态位与人的旅游活动存在密切关系，旅游是人类社会的活动，旅游生态位具有社会性。首先，旅游生态位的形成和变化决定于旅游竞争和旅游条件等社会因素，旅游生态位要相对于其他旅游地才能确定，反映了旅游地在旅游资源、旅游市场、旅游服务和旅游环境等旅游生态位维度上所占据的位置和功能。其次，旅游生态位的变化与人类社会发展关系密切，旅游生态位可以通过人的破坏而恶化，也可通过人的修复而得以改善。社会性是人类的本质属性，人们日常生活、活动及工作都具有社会性，因此，旅游这项依赖人类参与的活动自然也就具有明显的社会性，并且随着人类社会发展，旅游生态位会发生相应的调整与变化。

3. 时空性

旅游生态位由于其特有的社会性，具有较强的时空性。在一定时期和区域内，旅游地生态系统处于动态变化之中，导致旅游生态位也随时空变化而变化。此外，由于时间变化和空间分布不同，不同旅游地具有不同的旅游资源、旅游市场、旅游服务和旅游环境等，其要素存在差异性，从而形成了旅游生态位时空的差异性。如果旅游地不能随着旅游发展的时空变化而及时调整旅游资源、旅游市场、旅游服务、旅游环境等要素，改变其旅游生态位，旅游地就会因为不适应新形势的变化而对旅游地自身乃至整个旅游业可持续发展产生负面影响。因此，在研究旅游生态位时必须充分重视旅游生态位的时空性特征。

4. 动态可控性

旅游地是在旅游地本身发展进程中共同创造出旅游生态位的。旅游生态位是旅游地主动选择和旅游行为所决定的，随着旅游资源、旅游市场、旅游服务和旅游环境的变化与改善，旅游生态位呈现动态可控性变化。旅游生态位动态可控性恰好为进行更合理有效地控制和优化旅游生态位提供了可能，更好地解释了旅游生态位策略选择。

五、旅游生态位类型划分

1. 按旅游生态位研究范围划分

旅游地占有一定的地域空间，包括旅游景物、旅游景点、旅游景区、旅游区四个层次，如图 2-5 所示。

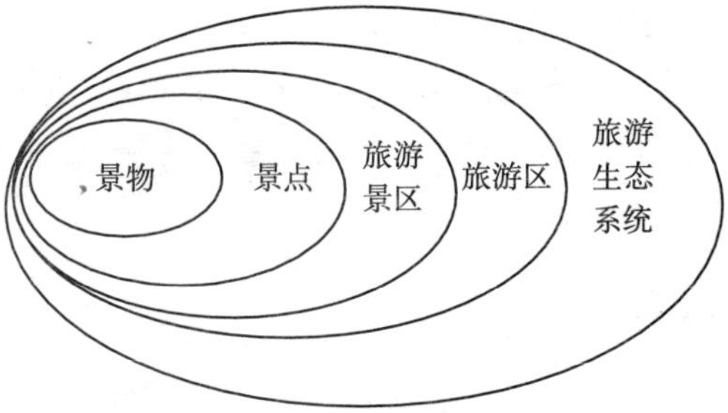

图 2–5 按不同尺度划分的旅游生态位

不同层次的旅游地可以看作是生态元，每个生态元在其旅游生态系统中都有各自的位置，扮演一定的角色。由此可见，小到旅游景物，大到旅游区，每个层次的旅游地都有其旅游生态位，分别形成旅游景物生态位、旅游景点生态位、旅游景区生态位、旅游区生态位，如表 2–5 所示。

表 2–5 不同层次的旅游生态位类型

范围	定义说明	旅游生态位类型
旅游景物	供游客短暂逗留、休息、静观的场所，是旅游区域分级系统中最小的组成要素	旅游景物生态位
旅游景点	旅游者进行游览、参观、访问和娱乐等旅游活动的直接场所与集结地点，是旅游区基本单位	旅游景点生态位
旅游景区	由一系列旅游点组合而成的，具有一定的美学特征和较明显界限的旅游地域	旅游景区生态位
旅游区	综合性的最高级地域单位，包含了一个或多个旅游景区	旅游区生态位

2. 按旅游生态位属性划分

旅游地及其旅游地生态系统受到包括旅游生态因子和非生态因子在内的各种因素的影响和制约，影响和制约旅游生态位的各种因子称为旅游生态位维度，每个旅游生态位维度都对旅游地发展具有不同程度的影响。借鉴哈钦森（1957）提出的生态位多维超体积模式，可以把旅游生态位分为一维旅游生态位、二维旅游生态位……多维旅游生态位等。

3. 按照旅游生态位实际情况划分

根据旅游实际情况，旅游生态位可分为理想旅游生态位、现实旅游生态位和潜在旅游生态位。区分理想旅游生态位和现实旅游生态位的目的既是为了强调它们之间存在差异，即潜在旅游生态位，也是为了强调一部分理想旅游生态位由于旅游竞争作用不能够成为现实旅游生态位。作为旅游地来说，需要辨识各自的理想旅游生态位和现实旅游生态位，认清和找准各自发展的潜在旅游生态位。

（1）理想旅游生态位。每个旅游生态位维度都有一个阈值，由旅游生态位维度所有阈值组合而成的阈构成理想旅游生态位。理想旅游生态位是旅游地生存发展最适宜、最充分的旅游条件，是区域旅游环境提供给旅游地生存发展的最大旅游生态位。在理想旅游生态位中，所有旅游条件都是最适合旅游地发展的，此时，单个或多个旅游地占据理想旅游生态位时最能发挥旅游地自身潜能。

（2）现实旅游生态位。实际上，旅游地受到各种旅游条件（如旅游资源、旅游市场、旅游服务和旅游环境等）的限制及其他相关旅游地的影响和制约，很少有旅游地能全部占据理想旅游生态位。现实旅游中被旅游地实际占据和利用的旅游生态位维度大小称为现实旅游生态位。

一般来说，由于不利旅游生态位维度和其他旅游地的影响，现实旅游生态位会小于理想旅游生态位。若将现实旅游生态位用集合{A}表示，理想旅游生态位用集合{B}表示，则{A}⊂{B}，说明现实旅游生态位是理想旅游生态位的一个亚集。它们之间存在下列数学关系：

$$N_x = F(E, N_1) \text{ 且 } N_x \leqslant N_1 \tag{2-5}$$

其中，E为特定旅游地所有变量，涵盖特定旅游生态位。

（3）理想旅游生态位与现实旅游生态位的变迁。生态位具有时间序列（Burges，1960；马世骏，1964）。随着时间的变化，旅游生态位存在时间变迁，即理想旅游生态位与现实旅游生态位的时间变迁。一般而言，当现实旅游生态位与理想旅游生态位间差距变大时，旅游地采取积极策略，扩充或改变自己的现实旅游生态位，增加旅游生态位，增强自身旅游竞争力，使旅游地现实旅游生态位不断接近其理想旅游生态位，实现理想旅游生态位和现实旅游生态位差异最小化。

第一，理想旅游生态位的动态变化。旅游地可实现理想旅游生态位扩充，随着时间的变化，旅游地原有理想旅游生态位可能会被弱化或淘汰，在旧的理想旅游生态位消失的同时，新的理想旅游生态位会产生。此时，旅游地就要进行旅游生态位转移（向上、向下或者平行跳跃），否则就会随着旧旅游生态位一起被淘汰。从某种意义上来说，理想旅游生态位是一个时间段变量，具有跳跃演化特征，如图2–6所示。

第二，现实旅游生态位的动态变化。由于旅游资源、旅游市场、旅游服务、旅游环境等旅游条件不断变化，理想旅游生态位范围与各旅游生态位维度匹配程度处于动态变化之中，随着时间变迁，现实旅游生态位也呈现不断变化。现实旅游生态位是时间的敏感变量，是一条连续光滑的曲线，具有连续变化特征，如图2–7所示。

（4）潜在旅游生态位。潜在旅游生态位是现时旅游空间内不存在或现存旅游生态位中没有被旅游地实际占据和利用的旅游生态位。由于旅游开发时间不同，

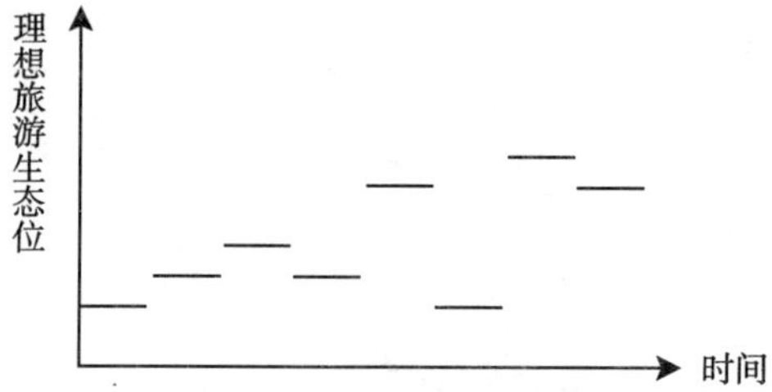

图 2-6 理想旅游生态位演化（参见钱辉，2005）

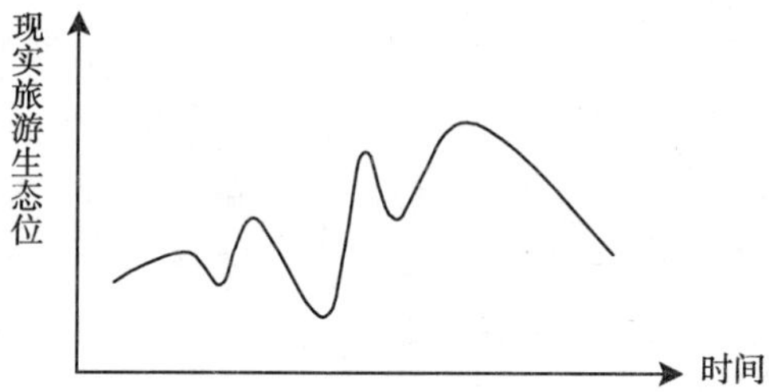

图 2-7 现实旅游生态位演化（参见钱辉，2005）

旅游生态位分化不完全也不一致，从而存在潜在旅游生态位。在旅游地发展过程中，应该大力开发潜在旅游生态位，扩展某一特定时刻不能完全占据的那部分旅游生态位以实现旅游生态位扩充，成功实现潜在旅游生态位向现实旅游生态位的转变。

第一，潜在旅游生态位与现实旅游生态位。潜在旅游生态位和现实旅游生态位在一定时间、环境等条件下会发生相互转化，如图 2-8 所示。在旅游竞争中，旅游地应分析现实旅游生态位，发挥自身的主动性和创造能力，摸清和捕捉不断变化的外部环境所隐藏的潜在旅游生态位，提高潜在旅游生态位的占有能力和适应能力，选择合适的时间将其转化为现实旅游生态位，实现旅游生态位合理配置。

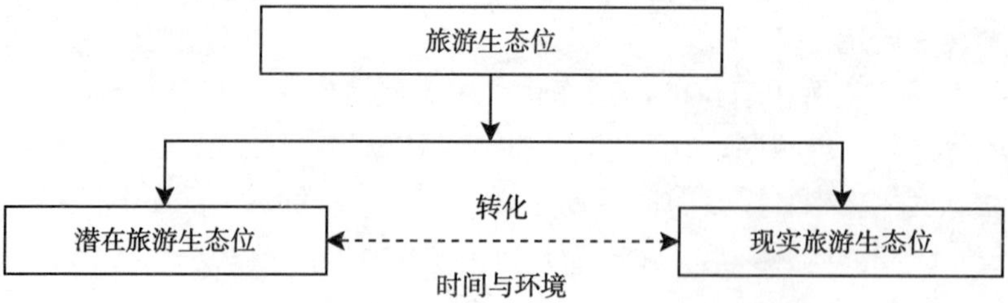

图 2-8 旅游生态位关系（参见刘小红，2002）

第二，理想旅游生态位、现实旅游生态位与潜在旅游生态位。旅游生态位是由旅游地主动选择决定的。在一定状态和策略下，理想旅游生态位、现实旅游生态位和潜在旅游生态位之间存在一定关系，如图 2–9 所示。

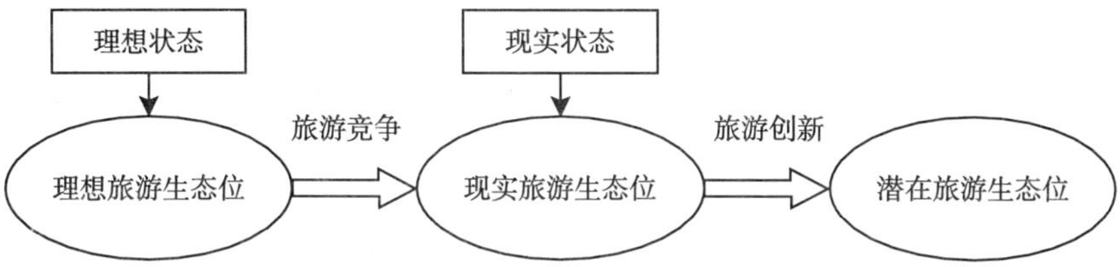

图 2–9 旅游生态位分类及其关系（参见梁晶，2002）

六、旅游生态位维度分析

维度是生态学上的一个重要概念，影响生物的每个条件和生物能够利用的每个资源都可被当作一个维度。生态位维度考虑的是对一个生物发生作用的生态因子和非生态因子的个数。旅游生态位是个多维度概念，研究旅游生态位时，要充分考虑旅游生态位的维度多样性。

1. 旅游生态位维度

大多数生态位理论首先都是建立在一维生态位基础之上进行研究的，一维旅游生态位研究同样是进行旅游生态位研究的基础。一维旅游生态位可以用坐标来表示，二维旅游生态位用面积表示，三维旅游生态位用体积来体现，如图 2–10 所示。旅游生态位可以借助直角坐标系去直观表述旅游地在多维空间中适合性的旅游生态位，即形成适合度明确的超体积旅游生态位。

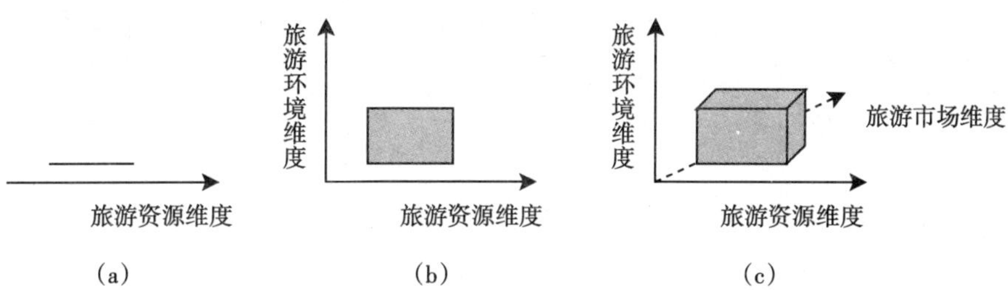

图 2–10 不同维度旅游生态位

旅游生态位的维超体积模型是个很好的模型，但在实际应用中显得太抽象，要构造这样一个维超体积，就必须了解有关旅游地的方方面面，但实际上不可能完全掌握影响旅游地的所有因素，所以理想旅游生态位只能是一个理论概念。即使是现实旅游生态位，它的维度之多也很难将其全部考虑在内。因此，研究旅游生态位时，旅游生态位维数一般控制在有限范围内。

2. 旅游生态位维度分解

（1）旅游生态位的多维性。假如仅考虑某种生物对某一生态因子（如水分）时，一个物种只能在该生态因子上生存和繁殖，这个范围就是该物种在一维上的生态位；假如同时考虑这个物种在另一生态因子（如大气）的适合范围时，生态位就成了两维的，并可以用面积表示；以此类推，物种的生存受到第三、第四……第n个环境因子的影响，亦即存在三维、四维……n维的生态位。①

由于影响旅游地的旅游生态位因子是多种多样的，旅游生态位呈现多维度特征，旅游生态位判断也是一个多维度判断的过程。如对旅游地旅游资源价值而言，旅游生态位可以从观赏游憩价值、历史文化科学价值、珍稀或奇特程度等维度来评价旅游生态位。

（2）旅游生态位维度分解。再以水分条件为例，还可从干旱、潮湿和淹水三个维度进行二级分解；淹水进一步可从周期性和非周期性两个维度进行三级分解；以此类推，可进行生物生态位的第四、第五……第n级维度分解；超空间的第四、第五……第n维度增加使生物生态位计算更为困难，但原理和步骤相同。

对于旅游地而言，旅游生态位可从旅游资源、旅游市场、旅游服务和旅游环境等维度进行分解；旅游资源可从资源价值、资源规模、资源区位等维度进行二级维度分解；再进一步，资源价值可从观赏游憩价值、历史文化科学价值、珍稀或奇特程度等维度进行三级维度分解；以此类推，可进行旅游生态位的四级、五级……n级维度分解。因此，清楚地了解旅游生态位维度结构是旅游生态位判断的基础。旅游生态位是一个多维的空间超体积，为了便于定量研究旅游生态位，仅挑选对旅游生存、旅游竞争和旅游发展有重要影响力的旅游资源、旅游市场、旅游服务和旅游环境等一级以及二级、三级相关变量指标对旅游生态位进行三级维度的分解，构建“主维度（一级指标）—次维度（二级指标）—子维度（三级指标）”旅游生态位维度结构。

第二节　旅游生态位内容研究

旅游生态位理论内容主要包括旅游生态位宽度、旅游生态位重叠、旅游生态位分离、旅游生态位态势、旅游生态位扩充与压缩、旅游生态位适宜度等。其

① 李博：《生态学》，高等教育出版社2003年版，第67-82页。

中，旅游生态位宽度、旅游生态位重叠、旅游生态位态势是描述和评价旅游生态位大小以及一个旅游地的旅游生态位与其他旅游地旅游生态位之间关系的重要数量指标，本书的研究重点主要集中在旅游生态位宽度、旅游生态位重叠和旅游生态位态势理论、方法及应用等研究内容。

一、旅游生态位宽度

旅游生态位宽度（Tourism Niche Breadth）是指某旅游地发展所有旅游生态位条件（包括旅游资源、旅游市场、旅游服务和旅游环境等）的总和或对所有旅游生态位条件的利用程度。旅游生态位宽度是考察一个旅游地旅游竞争力强弱的标志之一，反映了旅游地对旅游资源、旅游市场、旅游服务和旅游环境等的利用能力和具备的旅游竞争水平。通过计算每个旅游地的旅游生态位宽度，充分认识旅游地本身，实现整体把握和认识旅游地发展条件，为旅游地可持续发展提供依据。

将一定区域内的 S 个旅游地作为行，R 个旅游生态位资源维度作为列，便形成表示旅游生态位资源利用状况的旅游生态位资源矩阵，如表 2-6 所示。其中，N_{tj} 为第 t 个旅游地利用旅游生态位资源在 j 旅游生态位维度上的观测旅游地个体数；Y_t 是旅游地 t 的观测旅游地个体总数；X_j 为利用旅游生态位资源状态 j 的观测旅游地个体总数；Z 是观测旅游地个体总数。

表 2-6 旅游生态位资源矩阵

	旅游生态位资源状态					
旅游地	N_{1i}	…	N_{1j}	…	N_{1R}	Y_1
	N_{2i}	…	N_{2j}	…	N_{2R}	Y_2
	…	…	…	…	…	…
	N_{ti}	…	N_{tj}	…	N_{tR}	Y_t
	…	…	…	…	…	…
	N_{si}	…	N_{sj}	…	N_{sR}	Y_s
	X_i	…	X_j	…	X_R	Z

旅游生态位宽度反映了旅游竞争力大小。旅游生态位宽度大，说明所研究对象在旅游系统中发挥作用越大，具有强大的旅游竞争力；反之，旅游生态位宽度越小，则其在旅游系统中发挥作用越小，说明旅游竞争力小，旅游发展受到限制，需要开拓新的旅游生态位。

二、旅游生态位重叠

1. 旅游生态位重叠内涵

(1) 旅游生态位重叠。旅游生态位重叠（Tourism Niche Overlap）是指两个或两个以上旅游地的旅游生态位全部或部分相同。旅游生态位重叠可以表现在一个旅游生态位维度上，称为一维旅游生态位重叠；也可以同时表现在多个旅游生态位维度上，常称之为多维旅游生态位重叠。旅游生态位重叠所表征和研究的是旅游内在的旅游竞争关系，即旅游生态位重叠与旅游竞争关系。旅游生态位重叠范围从 0~1，0 表示旅游地之间没有发生旅游生态位重叠，1 表示旅游地之间旅游生态位完全重叠。

通过研究旅游生态位重叠可发现旅游竞争的内在表现，即具体表现在不同维度旅游生态位重叠时存在如旅游服务竞争、旅游市场竞争、旅游资源竞争和旅游环境竞争等，这方面的旅游竞争情况通常是不容易察觉发现的。当仅受一个旅游生态位维度影响时，则旅游竞争程度就可能比较大。但是，旅游地发展往往受到多重因素的影响，即在多维度旅游生态位影响下，由于不同旅游生态位维度之间可能发生互补，因此旅游地间的旅游竞争通常会适当减弱，受多维旅游生态位影响的旅游地发展往往呈现出复杂情况，随着旅游生态位维度的增加，虽然在某一个或几个旅游生态位维度上发生部分旅游生态位重叠或完全重叠，但是由于在另一个或几个维度上却是完全旅游生态位分离或相互邻接的，从而大大分散了旅游地间的旅游竞争强度。例如，两个旅游地间在旅游资源维度的旅游生态位重叠较多，而在旅游市场维度上却只有较少的旅游生态位重叠，甚至没有旅游生态位重叠，那么这两个旅游地间未必会产生真正的旅游竞争。

如图 2-11 所示，有 A、B、C、D、E、F 6 个旅游地，它们沿着第一、第二旅游生态位维度存在旅游生态位重叠，可以发现，这 6 个旅游地中，在第二旅游生态位维度上，A 和 F、E 和 B、D 和 C 三对旅游地分别是旅游生态位完全重叠的，但是在第一旅游生态位维度上则表现出很少的旅游生态位重叠或旅游生态位分离，结果是旅游地之间旅游生态位重叠很小或甚至没有发生旅游生态位重叠。

(2) 旅游生态位重叠变化形态。若存在旅游生态位部分或全部相同，则会发生旅游生态位重叠，那么，到底会发生怎样的旅游生态位重叠过程？为简化研究，这里仅分析两个旅游地旅游生态位重叠变化形态，如图 2-12 和图 2-13 所示。图 2-12 显示的是两个实力均衡旅游地的旅游生态位从小部分旅游生态位重叠到大部分旅游生态位重叠的旅游生态位变化过程；图 2-13 表示的是两个实力大小失衡旅游地的旅游生态位从小部分旅游生态位重叠直到其中一方完全融入另一方的旅游生态位变化过程。

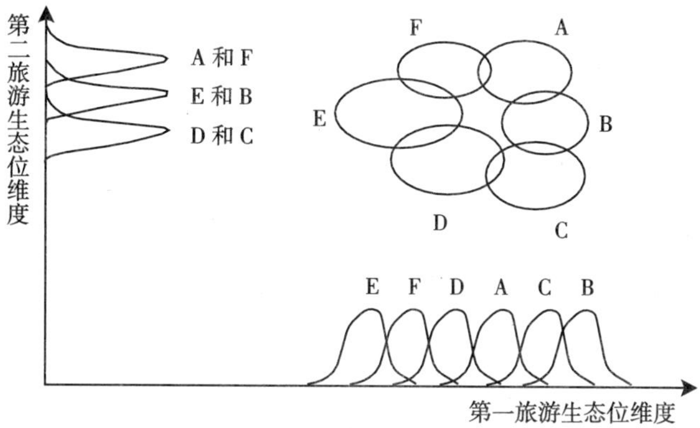

图 2-11　不同维度的旅游生态位重叠（参见尚玉昌，1992）

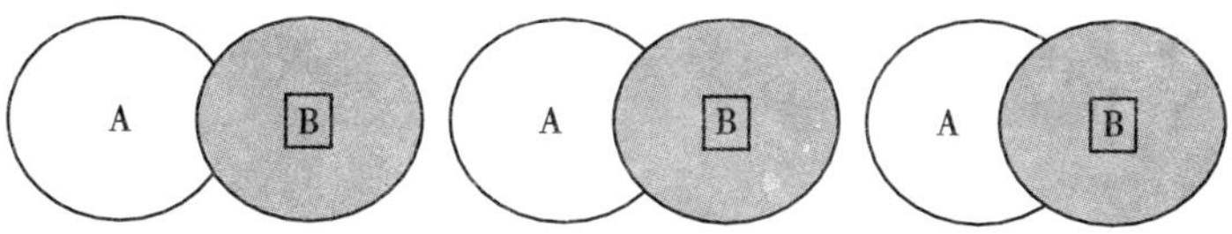

图 2-12　实力均衡旅游地旅游生态位重叠形态（参见钱言，2007）

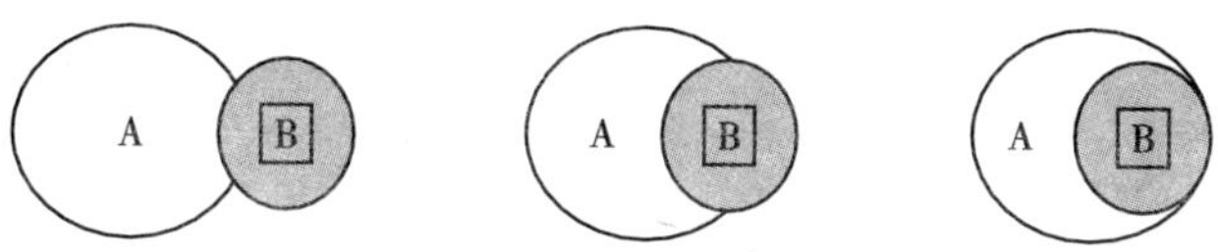

图 2-13　实力失衡旅游地旅游生态位重叠形态（参见钱言，2007）

2. 旅游生态位重叠关系

如图 2-14 所示，假设 A 和 B 两个旅游地，它们之间的旅游生态位重叠关系可能表现在旅游生态位重合、包含与交叉三种情况，这三种情况均属于旅游生态位重叠情况。

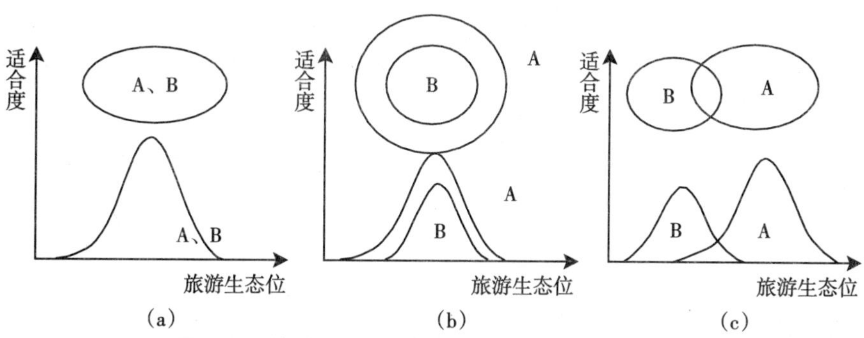

图 2-14　旅游生态位重叠关系（参见尚玉昌，2003）

（1）A＝B，旅游生态位重合。说明旅游地的一个或几个维度的旅游生态位同旅游地的旅游生态位完全重合，如图2-14（a）所示。A、B两个旅游地的旅游资源、旅游市场、旅游服务和旅游环境等旅游发展条件完全相同，由于旅游生态位完全重叠而产生的强烈旅游竞争。此种情况在现实生活中十分罕见，但一旦出现旅游生态位完全重合，由于旅游竞争，处于旅游竞争优势的旅游地就会把旅游生态位重叠中旅游竞争劣势的另一个旅游地完全排挤掉。

（2）A⊃B或A⊂B，旅游生态位包含。A或B旅游地的旅游生态位被完全包围在B或A旅游地的旅游生态位之内，如图2-14（b）所示。在这种情况下，旅游竞争结果将取决于两个旅游地在旅游生态位重叠上的旅游竞争实力。如果旅游竞争足够激烈，重叠的旅游生态位最终会被具有旅游竞争优势旅游地占有，处于竞争劣势的旅游地最终会被淘汰掉。如果旅游生态位被包在里面的旅游地处于旅游竞争劣势，它就会被淘汰；如果旅游生态位被包在里面的旅游地占有旅游竞争优势，它就会把外包的旅游地从发生旅游竞争的旅游生态位中排挤出去，从而实现两个旅游地共存，此时的共存形式仍然是一个旅游地的旅游生态位被包围在另一个旅游地的旅游生态位之中。但这种结果在现实中很难实现，原因在于现实旅游市场难以达到真正饱和的状态。

旅游生态位包含可能有两种情况：一是旅游地在旅游资源、旅游市场、旅游服务和旅游环境等旅游生态位维度上都包含旅游地的旅游生态位。二是旅游地与旅游地在部分旅游生态位维度（如旅游资源等）上是重合的，而在其他旅游生态位维度（如旅游市场、旅游服务和旅游环境等）上，旅游地的旅游生态位大于或小于旅游地的旅游生态位。

（3）A∩B≠0≠A≠B，旅游生态位交叉。旅游生态位交叉关系是旅游竞争中最为常见的，其含义是和旅游地只发生部分旅游生态位重叠，如图2-14（c）所示，即部分旅游生态位是被两个旅游地共同占有的，其余部分由旅游地单独分别占有。此时，每个旅游地除了都占有一部分存在旅游竞争的旅游生态位外，还各自占有没有旅游竞争的旅游生态位，因此两者可实现共存共生，但具有旅游竞争优势的旅游地最终将会占有那部分重叠的旅游生态位。

旅游生态位交叉可能有两种情况：一是旅游地在旅游资源、旅游市场、旅游服务和旅游环境等旅游生态位维度上都与旅游地的旅游生态位相交叉。二是旅游地与旅游地在部分旅游生态位维度上是重合的，而在其他旅游生态位维度上，旅游地与旅游的旅游生态位交叉或不重合。

三、旅游生态位分离

1. 旅游生态位分离内涵

旅游生态位分离（Tourism Niche Separation）是指两个或多个旅游地没有旅游生态位重叠或旅游生态位重叠部分逐渐减少，反映了利用旅游生态位资源的分离程度。旅游生态位分离用以测定旅游生态位的非相似性，即旅游生态位有多大程度上的偏差。在一定程度上，旅游生态位分离值与旅游生态位重叠值相互补充，当两个旅游地的旅游生态位分布一致时，旅游生态位分离值是最小值 0，旅游生态位重叠值达到最大值 1；而当两个旅游地的旅游生态位完全不同分布时，旅游生态位分离值表现为最大值 1，旅游生态位重叠值是最小值 0。

旅游生态位分离过程是动态变化的，通过旅游生态位分离，旅游地达到自身的最佳旅游生态位，获得与旅游竞争对手共存机会，如图 2–15 所示。x 轴代表旅游生态位资源随着时间变化而变化，y 轴代表对旅游地不利的旅游生态位方向。在旅游生态位资源随着时间变化过程中，旅游地总是在不断地调整自己的旅游生态位，每一个凹陷区都是一个局部最优的旅游生态位，旅游地在该旅游生态位上有较好的适应性。在图 2–15 所示的时间范围里，旅游地达到了最佳旅游生态位。在这个点上，若旅游生态位资源相对稳定，旅游生态位可向旅游生态位扩充、旅游生态位压缩和不利旅游生态位等方向变化。当旅游生态位资源再次发生变化时，旅游生态位状况向着不利的方向发展，这时旅游地通过自身调节来调整旅游生态位，企图达到新的局部最佳旅游生态位。

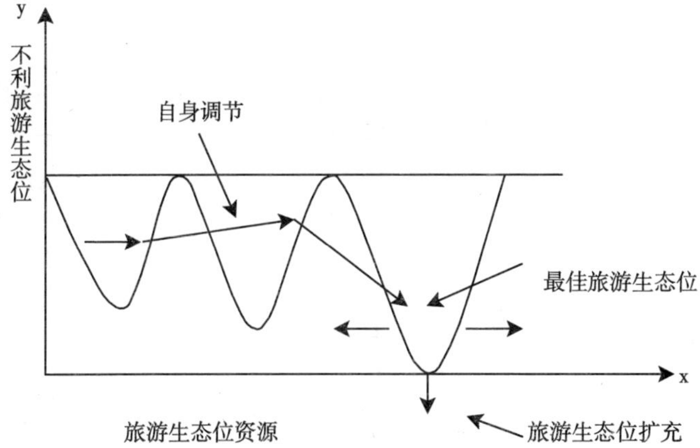

图 2–15　旅游生态位分离过程（参见田志虹，2008）

2. 旅游生态位分离关系

A 和 B 两个旅游地的旅游生态位分离关系表述如下：

（1）A∩B=0，旅游生态位邻接。这说明两旅游地没有发生旅游生态位重叠，彼此紧密相连，旅游生态位邻接可在每个旅游生态位维度上都相互连接，也可是部分旅游生态位维度上相互连接而其他旅游生态位维度上是分离的。旅游生态位邻接表明旅游地间不发生直接旅游竞争，也可能是回避旅游竞争的结果，但随着其中一方旅游生态位改变终究会打破这种旅游生态位邻接状态，如图 2–16（a）所示。

（2）A∩B = ϕ，旅游生态位分离。这说明两旅游地发生完全旅游生态位分离，即不存在任何旅游生态位重叠，此时两者之间不存在因旅游生态位重叠产生的旅游竞争，两个旅游地都占有自己的旅游生态位，毫不相关。但是，它们仍然可以通过旅游生态位扩充的威胁向其他旅游地施加旅游竞争压力，如图 2–16（b）所示。

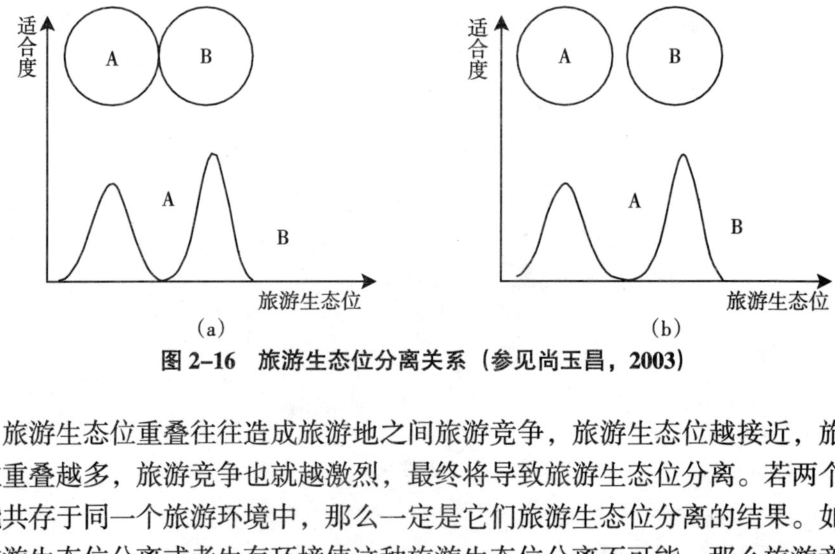

图 2–16 旅游生态位分离关系（参见尚玉昌，2003）

旅游生态位重叠往往造成旅游地之间旅游竞争，旅游生态位越接近，旅游生态位重叠越多，旅游竞争也就越激烈，最终将导致旅游生态位分离。若两个旅游地能共存于同一个旅游环境中，那么一定是它们旅游生态位分离的结果。如果没有旅游生态位分离或者生存环境使这种旅游生态位分离不可能，那么旅游竞争将无法避免，一个旅游地将消灭或排挤另一个旅游地，分别实现完全或部分旅游生态位分离，减少旅游生态位重叠。

图 2–17、图 2–18 表示，1、2 代表两个旅游地，（A）表示旅游地 1、2 之间旅游生态位重叠（见阴影部分）；（B）表示旅游地 1、2 通过旅游生态位分离，旅游生态位重叠部分缩小（见阴影部分）；（C）表示旅游地 1、2 通过旅游生态位分离，旅游生态位重叠部分完全消失。旅游竞争促使旅游生态位重叠的旅游地通过旅游生态位分离，旅游生态位重叠部分缩小或完全消失，实现旅游生态位差异，

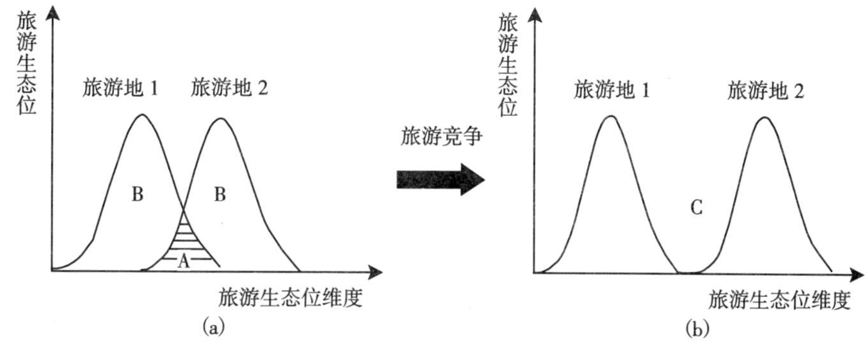

图 2–17　旅游生态位重叠与完全分离

有效地减少或排除旅游竞争，最终寻找到自己的旅游生态位，彼此相安无事，实现旅游共生。

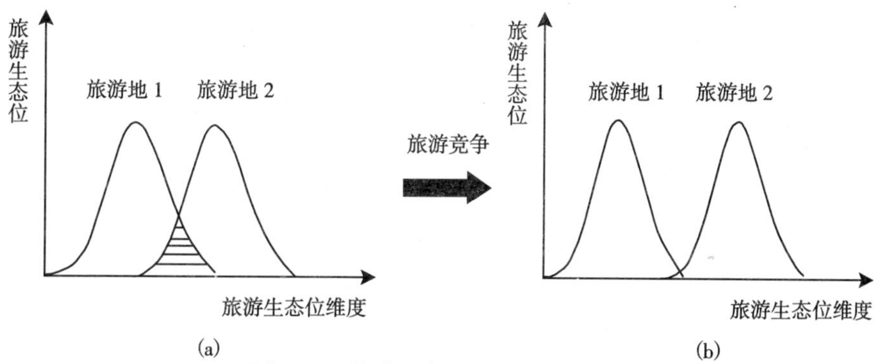

图 2–18　旅游生态位重叠与部分分离

再假设有 A、B 两个旅游地，旅游地 A 规模大于旅游地 B，它们发生旅游生态位重叠。如图 2–19 所示，圆圈代表旅游地的旅游生态位，阴影部分代表旅游生态位重叠。当旅游地 A 与旅游地 B 发生旅游生态位重叠时，存在两种旅游竞争结果：一是旅游地 A 通过改善旅游生态位资源等来实现旅游生态位扩充，最后完全取代旅游地 B。二是旅游地 B 通过不断改善旅游生态位，寻求自己新的旅游生态位，实现与旅游地 A 的旅游生态位分离，避免旅游竞争，得以生存和发展。

3. 旅游生态位分离类型

可采取泛化和特化两种策略来实现旅游生态位分离，在旅游发展过程中获得生存发展机会和保持旅游生态系统长期稳定和多样性，形成各具特色的旅游生态位和避免旅游竞争。当优良的旅游生态位资源不足时，旅游地往往产生泛化现象，即多样化战略，形成更宽的旅游生态位，利用广泛的旅游生态位资源来维持

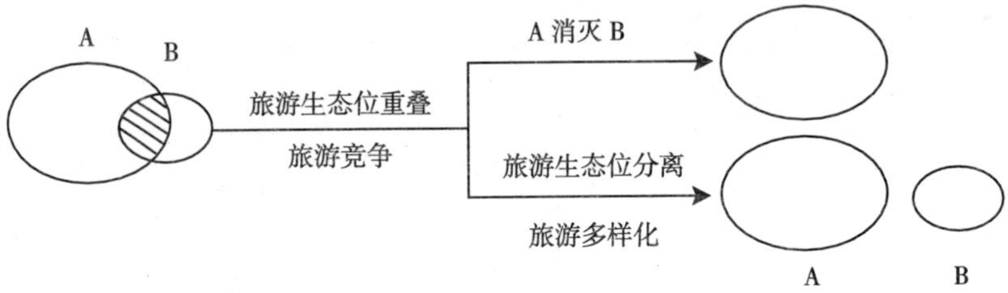

图 2-19 旅游生态位分离（参见梁晶，2007）

生存。相反，在旅游生态位资源丰富时，劣质的旅游生态位资源将被放弃，从而产生特化现象，即专业化策略，缩小旅游生态位宽度，形成狭窄的旅游生态位，利用较窄范围的旅游生态位资源，以维持自身的生存。泛化和特化的旅游生态位分离见图 2-20、图 2-21。

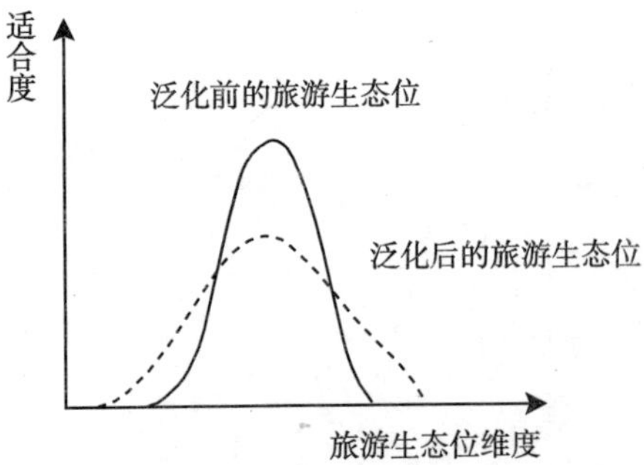

图 2-20 泛化前后旅游生态位变化（参见高江舟等，2007）

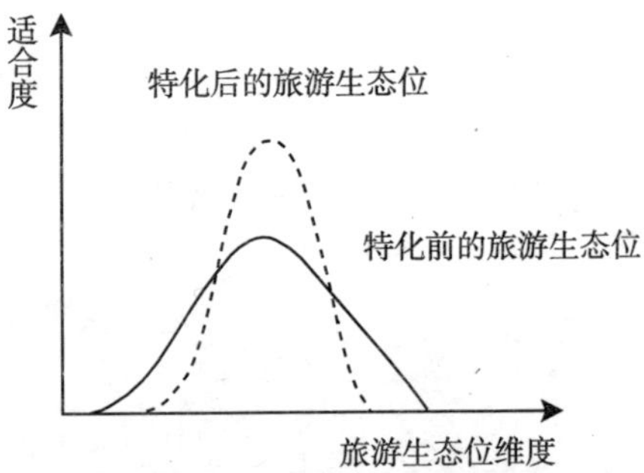

图 2-21 特化前后旅游生态位变化（参见高江舟等，2007）

旅游生态位分离的泛化和特化策略各有利弊，泛化可利用较多的旅游生态位资源，但旅游生态位宽度增加，容易造成旅游竞争；特化则与其他旅游地的旅游生态位重叠较小，可减少旅游竞争，但若所依赖的旅游生态位资源因某种原因急遽减少或枯竭，就会危及旅游地生存。总之，在变化频繁的旅游环境中，泛化有利于旅游地的生存和发展；而在长期稳定的旅游环境中，特化则能减少旅游竞争，也有利于旅游地的生存发展（如表 2-7 所示）。

表 2-7 旅游生态位分离的特化策略与泛化策略比较

类别	特化策略	泛化策略
适应性	旅游生态位宽度窄的旅游地	旅游生态位宽度宽的旅游地
类似于	专业化策略	多元化策略
可利用资源的范围	小	大
对资源的利用效率	大	小

续表

类别	特化策略	泛化策略
减少竞争程度	小	大
两策略的较量	旅游者多时优于泛化	旅游者不足时优于特化
旅游竞争风险	旅游竞争风险较大	旅游竞争风险较小

由于获取数据和计算困难，旅游生态位分离这里不做深入研究。

四、旅游生态位态势

旅游生态位包括旅游生态位的态和势，旅游生态位态势（Tourism Niche Ecostate-ecorole）综合体现了特定旅游地（生态元）在旅游生态系统中的相对地位和作用。其中，旅游地在过去的开发、发展以及与旅游环境相互作用积累的结果成为旅游生态位的态，如旅游资源开发数量、旅游发展水平（旅游收入、旅游人数等）、旅游资源占有情况等，反映旅游地的生存状态；旅游生态位的势主要指旅游资源数量变化量、旅游发展水平（旅游收入、旅游人数等）变化量、旅游地更新的速率、增长率等，是该旅游地对旅游环境、周边其他旅游地及区域旅游发展总体水平的现实影响力或支配力。在考虑一个旅游地发展因素时，不仅要了解该旅游地过去和现在的发展状态，还要全面考虑其对周边地区及整个区域旅游业发展水平的影响，综合了解其旅游生态位态和势变化规律，寻求区域旅游规划与旅游管理动态性，增加旅游决策的科学性与即时性，指导旅游管理者进行即时灵活地调整旅游政策。

五、旅游生态位扩充与压缩

旅游生态位扩充（Tourism Niche Expansion）是旅游地发展增长潜力所引起旅游生态位增加。新旅游地的出现和原来旅游地的发展必然影响到已开发旅游地的旅游生态位，迫使其调整或转移自身旅游生态位宽度，如图 2-22 所示。旅游生态位扩充是旅游地发展演变的动力源泉，是旅游生态位创新的内在动力。

任何旅游地都能无限扩充其旅游生态位能力，试图占据更大的旅游生态位。同时，由于旅游生态位重叠导致旅游竞争加剧，在某一或某些旅游地的旅游生态位扩充的同时，使得其他旅游地的旅游生态位被压缩，这样就存在旅游生态位压缩（Tourism Niche Impression），如图 2-23 所示。

旅游地可以通过发挥人们自己的主观能动性，在原来的铁旅游生态位基础上，人为地促成旅游生态位扩充，如开发新的旅游资源和旅游产品、改善旅游设

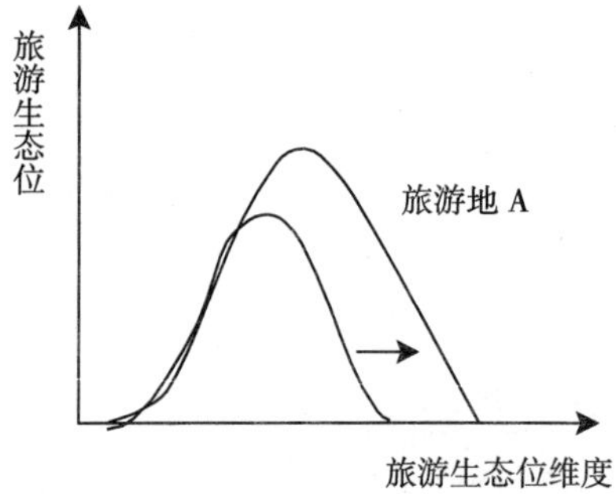

图 2-22　旅游地 A 旅游生态位扩充

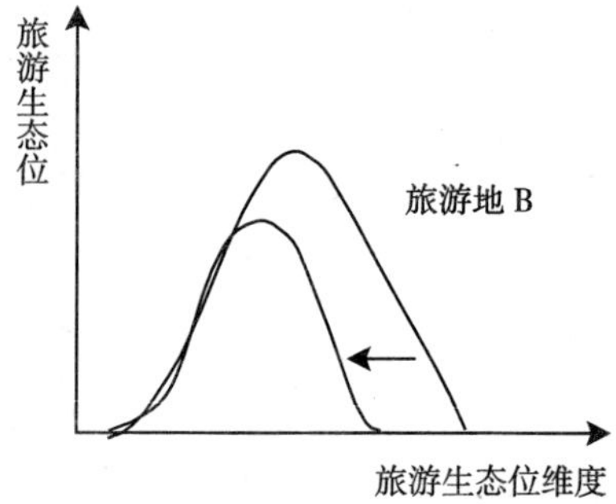

图 2-23　旅游地 B 旅游生态位压缩

施和旅游服务、加大旅游环境容量等，通过不断扩充自身的旅游生态位，寻找新的旅游生态位，在旅游发展中占据有利的生存位置，使得旅游生态位扩充成为可能和必然。同时，各个旅游地应通过旅游合作来实现旅游生态位扩充，解决旅游生态位重叠问题，实现旅游可持续发展。[①] 旅游生态位扩充后，旅游地成长的“旅游环境容纳量”将由原来的 K_1 变为 K_2，同理可由 K_2 变为 K_3，如图 2-24 所示。

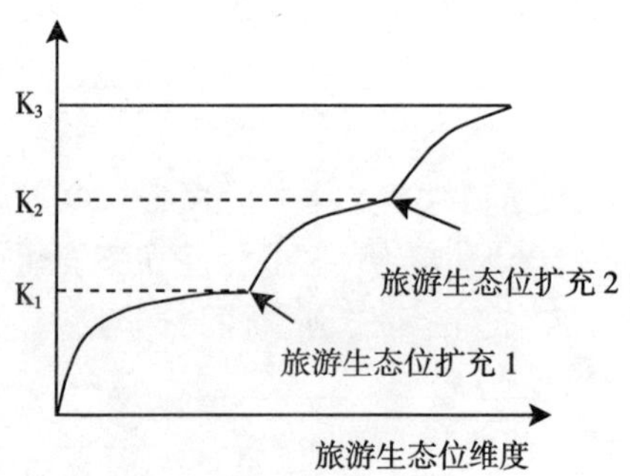

图 2-24　旅游生态位扩充

六、旅游生态位适宜度

旅游生态位适宜度（Tourism Niche Fitness）是现实旅游生态位与其理想旅游生态位的贴近程度，用于表征旅游地对其旅游环境条件的适宜程度，反映了旅游发展要求与现状之间的匹配关系。旅游生态位适宜度决定旅游发展方式选择。旅游生态位适宜度越好，说明所处的旅游环境越适宜于旅游地生存，旅游竞争力越

① 邹仁爱、陈俊鸿、陈绍愿等：《旅游地生态位的概念、原理及优化策略研究》，《人文地理》2006 年第 5 期。

大。旅游生态位适宜度理论及其定量分析是旅游生态位理论的深化和发展。

旅游生态位适宜度取值范围为［0，1］。当旅游现状条件完全满足旅游发展要求时，旅游生态位适宜度为1，说明现实旅游生态位与理想旅游生态位完全贴近；而当旅游现状条件完全不能满足旅游发展要求时，旅游生态位适宜度为0，表明现实旅游生态位与理想旅游生态位完全分离。

若考虑与旅游地相关的个旅游生态位维度，如旅游资源、旅游市场、旅游服务和旅游环境等，各旅游生态位维度实测值记作 x_1，x_2，…，x_n，则 $X_i=(x_1, x_2, \cdots, x_n)$ 表示现实旅游生态位；而与旅游需求有关的全部构成维资源空间中的一个“超体积”（E^n），其中存在某一点 $X_0=(x_{10}, x_{20}, \cdots, x_{n0})$ 达到旅游最佳需求，则称 X_0 为理想旅游生态位，则旅游生态位适宜度数学模型一般形式为：

$$NF=\phi(X_0, X_i) \tag{2-6}$$

其中，X_0，$X_i \in E^n$；$\phi(X_0, X_i)$ 表示 X_0 和 X_i 的贴近度，$NF \in [0, 1]$，其值越大表示旅游地对旅游条件的适宜程度越高；反之越低。

第三节 小 结

旅游生态位是指旅游地个体（包括旅游区、旅游景区、旅游景点和旅游景物等）在区域旅游发展过程中的地位、作用和功能以及与其他旅游地的相对关系，具有自然性、社会性、时空性和动态变化性等特征。按照不同划分标准，旅游生态位可以分为旅游景物生态位、旅游景点生态位、旅游景区生态位、旅游区生态位和一维旅游生态位、二维旅游生态位……多维旅游生态位以及理想旅游生态位、现实旅游生态位和潜在旅游生态位等类型。

旅游生态位理论内容包括旅游生态位宽度、旅游生态位重叠、旅游生态位分离、旅游生态位态势、旅游生态位扩充与压缩、旅游生态位适宜度等。旅游生态位宽度是指某旅游地发展所有旅游生态位条件（包括旅游资源、旅游市场、旅游服务和旅游环境等）的总和或对所有旅游生态位条件的利用程度。旅游生态位重叠是指两个或两个以上旅游地的旅游生态位全部或部分相同。旅游生态位分离是指两个或多个旅游地没有旅游生态位重叠或旅游生态位重叠部分逐渐减少。旅游生态位态势综合体现了特定旅游地在旅游生态系统中的相对地位和作用。旅游生态位扩充是旅游地发展增长潜力所引起旅游生态位增加。旅游生态位压缩是由于旅游生态位重叠导致旅游竞争加剧，在某一或某些旅游地的旅游生态位扩充的同时，使得其他旅游地的旅游生态位被压缩。旅游生态位适宜度是现实旅游生态位与其理想旅游生态位的贴近程度。

第三章　旅游生态位方法研究

第一节　旅游生态位评价指标研究

一、旅游生态位评价指标构建原则

由于区域旅游系统和旅游关系错综复杂，设计和确定灵敏、便于度量且内涵丰富的旅游生态位评价指标时应遵循五大原则。

1. 科学性与实用性原则

在设计旅游生态位评价指标体系时，要考虑旅游生态位评价指标概念必须明确，内涵必须科学，追求旅游生态位研究的科学性；以科学理论为基础，确定旅游生态位评价指标权重系数以及选取、确定旅游生态位评价指标，避免指标间的相互重叠和简单罗列；必须考虑指标的实用性，能够准确表达和描述旅游地旅游生态位和旅游发展状况。为了保证其科学性，可采用问卷调查法和 Delhpi 法咨询国内旅游学界、湖南省、张家界市、县旅游局及旅游景区管理人员和有关专家学者，不断修订和完善旅游生态位评价指标，确定旅游生态位评价指标体系。

2. 主成分性与独立性原则

旅游生态位评价指标选取既能准确表征旅游问题本质的主要成分，同时又能兼顾旅游生态位评价和旅游决策的方便性。主成分性原则即从众多旅游生态位指标中依其重要性大小，筛选出数目足够少的、却能表达旅游生态位的主要成分变量。所选旅游生态位评价指标如果太少，就有可能不足以或不能充分表述旅游系统的真实行为或真实行为轨迹；如旅游生态位评价指标过多，造成调查资料难以获取，难以展开旅游生态位评价，同时也不能很好地兼顾到旅游决策者应用上的方便，而且又大大增加了旅游生态位研究的复杂性和冗余度，这就是独立性原则。

3. 整体性与层次性原则

旅游生态位评价指标体系作为一个层次分明的系统，应比较全面地反映旅游地发展特征，既要有反映旅游市场、旅游服务、旅游资源、旅游环境等旅游地各子系统发展的主要特征和状态的评价指标，又要有反映以上各子系统相互竞争协调的动态变化和发展趋势的评价指标。旅游地及其旅游生态系统错综复杂，旅游生态位评价指标选择要尽量精细且具有层次性，从目标层、准则层、子准则层和最低层（指标层）等展开，体现整体性与层次性原则。

4. 定性与定量相结合原则

马克思说："一门科学只有成功地运用数学时，才算达到了真正完善的地步。"（拉法格）① 以定量指标为主，尽可能地量化旅游生态位评价指标，把复杂模糊的旅游生态位评价指标变化为可度量、计算和比较的数字。根据一定的评价标准和旅游生态位模型，予以客观量化处理关键的旅游生态位评价指标，定量分析旅游生态位，使其结果具有可比性。考虑到旅游生态位评价指标涉及面广泛、复杂，适当采用定性指标描述难以量化且意义重大的指标。定性研究使用方便，应用范围广，包含内容丰富，但缺乏可比性，主观色彩较浓，只能反映旅游生态位概要。在实际研究中，将定性与定量方法密切配合，能较好地达到预期效果。旅游生态位评价指标中同时含有定性、定量指标，从定性和定量的角度研究旅游生态位。

5. 可操作性和时空性原则

可操作性原则强调旅游生态位评价指标的可取性（具有一定的现实统计基础）、可比性（统一衡量、对比、评价各具特征的不同旅游地）、可测性（数据通过测量或科学方法获得）、可控性（充分认识旅游和识别旅游关系）等。在研究旅游生态位评价指标体系过程中尽量选取一些既能真实地反映旅游地旅游生态位状况又易于获得可靠评价信息的指标，力求具有较强的可操作性。考虑到旅游地存在与发展同样是个动态的时空耦合过程，旅游生态位在一定的时间和空间范围内发生变化。旅游生态位评价指标中除了有反映旅游地发展的静态指标，更要寻求动态指标，注重动态与静态指标的结合性；从时间和空间序列来评价和判定旅游生态位，充分考虑其时空性。

二、旅游生态位评价指标的提出

结合对张家界市主要旅游景区实地调研和问卷调查，将旅游生态位评价指标体系分为目标层、准则层、子准则层和最低层（指标层）四个层次，初步建立旅游生态位评价指标体系层次结构，如图 3-1 所示。目标层（A_i）：确立研究问题的预期目标或理想结果，确定旅游生态位评价目标，即旅游生态位。准则层

---

① 保尔·拉法格：《回忆马克思恩格斯》，人民出版社 1957 年版，第 72-73 页。

(B_i)：实现目标的中间环节，由所考虑的准则、子准则等层次组成，即旅游生态位一级、二级指标，由旅游生态位评价目标所决定。指标层（C_i）：实现旅游生态位评价目标的可供选择的各种措施、决策方案等，即三级指标。

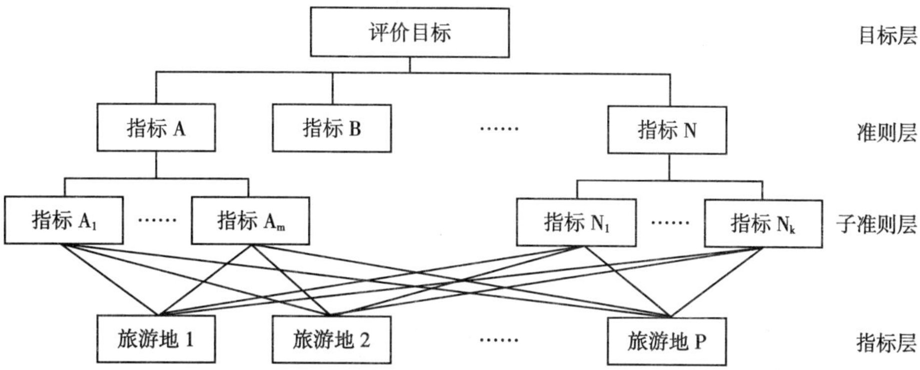

图 3–1　旅游生态位评价指标层次结构

三、旅游生态位评价指标的选取

旅游生态位评价指标的选取十分重要，因为指标选择的客观、全面与否直接影响到旅游生态位评价的科学性。研究旅游生态位时，往往不是仅考虑单一的旅游生态位维度，更重要的是充分综合考虑各种不同的旅游生态位维度，逐层细分和细化旅游生态位研究问题。

旅游生态位维度包括旅游资源、旅游市场、旅游服务和旅游环境一级维度，而在这些一级维度下面，还可分解为更加细致的二级维度、三级维度等。对旅游生态位多维度研究，可将旅游生态位概念赋予数学方法的抽象，尽可能地进行细致深入的定性和定量分析。在实际评价旅游生态位时，依据旅游生态位多维度的分解原则，运用旅游生态位宽度、旅游生态位重叠等数学模型对上述旅游生态位维度进行具体计算和分析，了解和计算旅游生态位和旅游发展状态。旅游生态位评价指标选取流程，如图 3–2 所示。

（1）第一次问卷调查。为了使选择的旅游生态位评价指标更具有科学性和代表性，首先对国内旅游学界、湖南省旅游局、张家界旅游局、吉首大学旅游学院的 20 名专家学者进行咨询和开放式问卷调查，成立专家组，分析旅游生态位评价指标，得到了近 60 个指标组成的旅游生态位评价指标集，调查问卷见附录 A，结果如表 3–1 所示。

（2）第二次问卷调查。在第一次问卷调查所选定的 20 名专家的基础上，扩大专家范围，选择 40 名专家学者，进行第二次背靠背的问卷调查，对初步建立

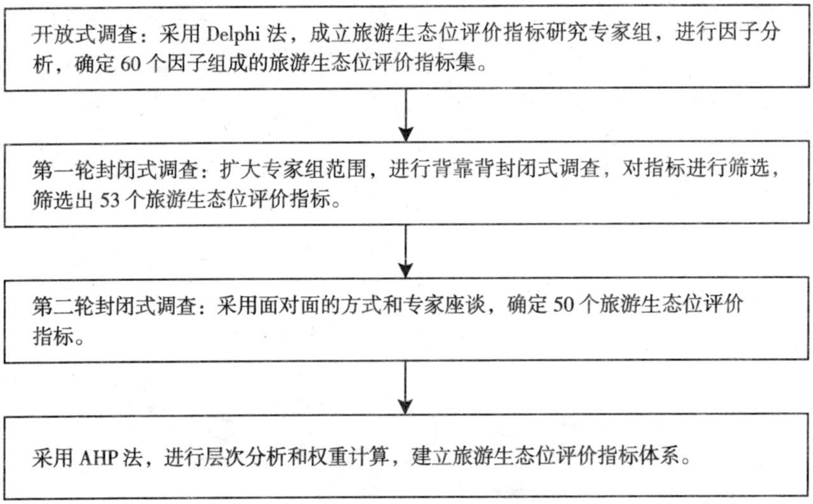

图 3–2 旅游生态位评价指标选取流程

表 3–1 初选指标重要性分析

序号	初选指标	分值	序号	初选指标	分值
1	观赏游憩价值	4.5	23	游客平均逗留时间	3.6
2	历史文化科学价值	4.2	24	旅游卫生	4.0
3	珍稀或奇特程度	4.0	25	旅游安全	3.9
4	规模与丰度	4.4	26	导游素质	4.1
5	完整性	4.3	27	服务态度	4.2
6	资源组合	4.2	28	服务效率	4.0
7	特色资源数量	4.0	29	技术的先进性	3.7
8	景点离散程度	3.8	30	旅游设施的规模度	3.6
9	区域经济发展状况	3.5	31	旅游设施的完备性	3.4
10	与客源地距离	4.2	32	设施的维修保养	3.3
11	外交通可进入性	4.3	33	娱乐	4.0
12	年接待境内外游客数	4.5	34	购物	4.0
13	年接待境外游客数	4.5	35	食宿	4.1
14	门票收入	4.5	36	内交通的畅通性	4.1
15	门票价格合理性	4.6	37	通信网络建设程度	4.3
16	知名度	4.4	38	宣传促销力度	4.0
17	美誉度	4.3	39	旅游解说系统	4.2
18	市场辐射力	3.8	40	空气质量	4.4
19	主题强化度	3.6	41	噪声指标	4.3
20	旅游开发时间顺序	3.2	42	水质	4.2
21	旅游经营时间	3.7	43	绿化率	4.3
22	适游期或使用范围	4.0	44	气候舒适度	4.1

续表

序号	初选指标	分值	序号	初选指标	分值
45	旅游资源保护状况	4.3	52	可观景点数量	2.9
46	旅游环境保护状况	4.1	53	著名景点数量	2.8
47	周边环境保护状况	3.6	54	游览设施建设数量	2.9
48	社区社会文化保护状况	3.3	55	经营管理水平	2.7
49	日容量	4.4	56	游览设施建设水平	2.5
50	年容量	4.1	57	日设施容量	2.8
51	旅游容量合理性	4.0			

的旅游生态位评价指标进行筛选、调整、合并、增补和删减。选择旅游生态位评价指标时，专家调查问卷评分采取五分制，各指标分值及对应意义为：1—非常不重要，2—比较不重要，3——般重要，4—比较重要，5—非常重要，调查问卷见附录 B，最后将这 40 位专家的评分进行加权平均计算，结果如表 3–1 所示。

为了便于旅游生态位研究，综合专家评分情况以及反馈意见，剔除和合并上述部分初选指标。

（1）根据专家评分情况筛选指标。对于加权平均分值低于 3 分的指标，即指标重要程度非常小或者比较小，将其剔除，如表 3–2 所示。

表 3–2 剔除指标

序号	初选指标	分值	序号	初选指标	分值
1	可观景点数量	2.9	4	经营管理水平	2.7
2	著名景点数量	2.8	5	游览设施建设水平	2.5
3	游览设施建设数量	2.9	6	日设施容量	2.76

（2）根据专家反馈意见合并部分指标，如表 3–3 所示。

表 3–3 合并指标

序号	合并前的影响因素	合并后的影响因素	备注
1	旅游设施的规模度	旅游设施的规模度与完备性	
2	旅游设施的完备性		

（3）经过剔除和合并，最终筛选得出 50 个旅游生态位评价指标，如表 3–4 所示。

表 3–4 旅游生态位评价最终指标

序号	最终指标	分值	序号	最终指标	分值
1	观赏游憩价值	4.5	26	导游素质	4.1
2	历史文化科学价值	4.2	27	服务态度	4.2
3	珍稀或奇特程度	4.0	28	服务效率	4.0
4	规模与丰度	4.4	29	技术的先进性	3.7
5	完整性	4.3	30	旅游设施的规模度与完备性	3.6
6	资源组合	4.2	31	设施的维修保养	3.3
7	特色资源数量	4.0	32	娱乐	4.0
8	区域经济发展状况	3.8	33	购物	4.0
9	与客源地距离	3.5	34	食宿	4.1
10	外交通可进入性	4.2	35	内交通的畅通性	4.1
11	年接待境内外游客数	4.3	36	通信网络建设程度	4.3
12	年接待境外游客数	4.5	37	宣传促销力度	4.0
13	景点离散程度	4.5	38	旅游解说系统	4.2
14	门票收入	4.5	39	空气质量	4.4
15	门票价格合理性	4.6	40	噪声指标	4.3
16	知名度	4.4	41	水质	4.2
17	美誉度	4.3	42	绿化率	4.3
18	市场辐射力	3.8	43	气候舒适度	4.1
19	主题强化度	3.6	44	旅游资源保护状况	4.3
20	旅游开发时间顺序	3.2	45	旅游环境保护状况	4.1
21	旅游经营时间	3.7	46	周边环境保护状况	3.6
22	适游期或使用范围	4.0	47	社区社会文化保护状况	3.3
23	游客平均逗留时间	3.6	48	日容量	4.4
24	旅游卫生	4.0	49	年容量	4.1
25	旅游安全	3.9	50	旅游容量合理性	4.0

四、旅游生态位评价指标的确定

最后确定旅游生态位评价指标，如表 3–5 所示。

表 3–5 旅游生态位评价指标

一级指标		二级指标		三级指标	
序号	指标	序号	指标	序号	指标
A_1	旅游资源	B_1	旅游资源价值	C_1	观赏游憩价值
				C_2	历史文化科学价值
				C_3	珍稀或奇特程度

续表

一级指标		二级指标		三级指标	
序号	指标	序号	指标	序号	指标
A_1	旅游资源	B_2	旅游资源规模	C_4	规模与丰度
				C_5	完整性
				C_6	资源组合
				C_7	特色资源数量
				C_8	景点离散程度
		B_3	旅游资源区位	C_9	区域经济发展状况
				C_{10}	与客源地距离
				C_{11}	外交通可进入性
A_2	旅游市场	B_4	旅游人数	C_{12}	接待境内外游客数
				C_{13}	接待境外游客数
		B_5	门票收入与价格	C_{14}	门票收入
				C_{15}	门票价格合理性
		B_6	旅游形象	C_{16}	知名度
				C_{17}	美誉度
		B_7	市场影响力	C_{18}	市场辐射力
				C_{19}	主题强化度
		B_8	旅游时间	C_{20}	旅游开发时间顺序
				C_{21}	旅游经营时间
				C_{22}	适游期或使用范围
				C_{23}	游客平均逗留时间
A_3	旅游服务	B_9	服务质量	C_{24}	旅游卫生
				C_{25}	旅游安全
				C_{26}	导游素质
				C_{27}	服务态度
				C_{28}	服务效率
		B_{10}	基础设施服务	C_{29}	技术的先进性
				C_{30}	旅游设施的规模度与完备性
				C_{31}	设施的维修保养
				C_{32}	娱乐
				C_{33}	购物
				C_{34}	食宿
				C_{35}	内交通的畅通性
		B_{11}	旅游信息服务	C_{36}	通信网络建设程度
				C_{37}	宣传促销力度
				C_{38}	旅游解说系统

续表

一级指标		二级指标		三级指标	
序号	指标	序号	指标	序号	指标
A_4	旅游环境	B_{12}	生态环境质量	C_{39}	空气质量
				C_{40}	噪声指标
				C_{41}	水质
				C_{42}	绿化率
		B_{13}	环境保护状况	C_{43}	气候舒适度
				C_{44}	旅游资源保护状况
				C_{45}	旅游环境保护状况
				C_{46}	周边环境保护状况
				C_{47}	社区社会文化保护状况
		B_{14}	旅游容量	C_{48}	日容量
				C_{49}	年容量
				C_{50}	旅游容量合理性

五、旅游生态位评价指标的说明与评分

1. 评价指标的量化

旅游生态位评价指标包括技术型、定性和定量三种类型。为了便于研究，使之具有可比性，根据旅游生态位评价指标作用性质及表现形式，我们采取以下三种方法进行量化处理，如表 3-7 所示。

（1）定量指标：可对年接待境内外游客数、年接待境外游客数、门票收入、旅游开发时间、旅游经营时间、适游期或使用范围、日容量、年容量和绿化率等进行直接调查。调查数据分为五、四、三、二、一 5 个等级，每个等级分别赋予 9~10、7~8、5~6、3~4、1~2 的分值。如年接待境内外游客数大于 60 万人次的分别赋值 9~10 分，50 万~60 万人次的赋值 7~8 分，30 万~50 万人次的赋值 5~6 分，10 万~30 万人次的赋值 3~4 分，10 万人次以下的赋值 1~2 分。调查对象主要是张家界市旅游局和统计局、慈利县、桑植县、武陵源区旅游局以及各旅游景区管理部门。

（2）技术性指标：空气质量、噪声、水质等指标可去县市环保局、旅游景区进行调查，调查数据分为五、四、三、二、一 5 个等级，每个等级分别赋予 9~10、7~8、5~6、3~4、1~2 的分值。如水环境质量符合《GB3838—88 地面水环境质量标准》（国家环境保护总局，2002 年）、空气质量符合《GB3095—1996 环境空气质量标准》（国家环境保护总局，1996 年）、噪声符合《GB3096—1993 城市区域环境噪声标准》，达到国家一级标准以上的赋值 9~10 分，达到国家一级标准

的赋值 7~8 分，达到国家二级标准的赋值 5~6 分，达到国家三级标准的赋值 3~4 分，国家三级标准以下的赋值 1~2 分。

（3）定性指标：调查数据分为五级（非常好、非常高）、四级（比较好、比较高）、三级（一般）、二级（比较差、比较低）、一级（非常差、非常低）5 个等级，每个等级分别赋予 9~10 分、7~8 分、5~6 分、3~4 分、1~2 分的分值。如气候舒适度这项指标，达到非常好的赋值 9~10 分，达到比较好的赋值 7~8 分，达到一般的赋值 5~6 分，达到比较差的赋值 3~4 分，达到非常差的赋值 1~2 分。调查对象：张家界市旅游局、政府机关人员用通用性调查问卷（见附录 E），调查样本约 20%；慈利县、桑植县和武陵源旅游局、旅游景区管理人员、游客、当地居民用单一旅游景区调查问卷（见附录 F、附录 G），调查样本约 80%。

2. 指标评分与分级

在旅游生态位评价指标评分过程中，将每个指标分为 5 个等级，分别进行分级打分，满分为 10 分，如表 3–6、表 3–7 所示。

表 3–6　旅游生态位评价指标评分等级

旅游生态位评价指标分值	1~2	3~4	5~6	7~8	9~10
旅游生态位评价指标等级说明	非常差	比较差	一般	比较好	非常好
	非常低	比较低	一般	比较高	非常高

3. 旅游生态位指标说明

旅游生态位评价指标由旅游资源、旅游市场、旅游服务和旅游环境等 4 个一级（A1~A4）、14 个二级（B1~B14）和 50 个三级旅游生态位指标（C1~C50）构成。

（1）旅游资源指标。旅游资源是旅游生态位评价第一要素，是旅游地生存发展基础和参与旅游竞争的资本，旅游资源质量高低直接影响旅游发展。旅游资源评价复杂而重要，涉及范围广泛，结合 Delphi 法，主要参照《国家旅游资源分类、调查与评价》（GB/T18972—2003）进行旅游资源评价。

A_1 旅游资源，即自然界和人类社会能对旅游者产生吸引力，可以为旅游业开发利用，并可产生经济效益、社会效益和环境效益的各种事物和因素。①

B_1 旅游资源价值，即旅游资源能够满足旅游者需求程度及旅游者从中所能获得的价值大小。

B_2 旅游资源规模，即指已开发旅游资源规模大小或数量多少。

B_3 旅游资源区位，即旅游资源所在区域的经济状况、交通条件及景区可进入

①《国家旅游资源分类、调查与评价》（GB/T18972–2003）。

表 3–7　旅游生态位评价指标测度依据、方法及赋分标准

指标层	测度依据	测度方法	指标评价标准				
			1~2	3~4	5~6	7~8	9~10
观赏游憩价值	观赏、游憩、使用价值；GB/18972—2003	问卷调查	非常低	比较低	一般	比较高	非常高
历史文化科学价值	历史、文化、科学价值；GB/18972—2003	问卷调查	非常低	比较低	一般	比较高	非常高
珍稀或奇特程度	物种、景观、资源实体级别；GB/18972—2003	问卷调查	珍稀奇特很低、县级	珍稀奇特比较低、地区级	珍稀奇特一般、省级	珍稀奇特比较高、国家级	异常珍稀奇特、世界级
规模与丰度	资源实体体量、疏密度；GB/18972—2003	问卷调查	体量很少、疏密度很差	体量较小、疏密度较差	体量中等、疏密度一般	体量较大、疏密度较好	体量巨大、疏密度优良
完整性	资源实体完整程度；GB/18972—2003	问卷调查	重大变化	少量变化	基本完整	比较完整	非常完整
资源组合	资源组合功能优势	问卷调查	非常差	比较差	一般	比较好	非常好
特色资源数量	特色资源数量	调研由景区提供	<20 个	21~30	31~40	41~50	>50 个
景点离散程度	景点距离	调研	<2km	3~5	5~10	10~50	>50km
区域经济发展状况	区域经济发展程度、人民生活水平和可支配收入	问卷调查	非常落后	比较落后	一般	发达	极发达
与客源地距离	游客与景点距离	问卷调查	<150km	150~300	300~500	500~800	>800km
外交通可进入性	景区进入的便捷程度	问卷调查	非常差	比较差	一般	较好	非常好
年接待境内外游客数		旅游部门提供	<10 万人次	10~30	30~50	50~60	>60 万人次
年接待境外游客数		旅游部门提供	<1 万人次	1~2	2~3	3~5	>5 万人次
门票收入		旅游部门提供	<5000 万	5000 万~1 亿	1~2	2~3	>3 亿元

续表

指标层	测度依据	测度方法	指标评价标准				
			1~2	3~4	5~6	7~8	9~10
门票价格合理性	门票价格合理程度	问卷调查	非常不合理	比较合理	一般	比较合理	非常合理
知名度	知名程度与品牌；GB/18972—2003	问卷调查	县内知名	地市知名	省内知名	全国知名	世界知名
美誉度	声誉与赞美程度；GB/18972—2003	问卷调查	非常低	比较低	一般	比较高	非常高
市场辐射力	游客市场情况；GB/18972—2003	问卷调查	地市游客	省内游客	国内游客	洲内游客	洲际游客
主题强化度	主题、特色和独创性；GB/18972—2003	问卷调查	非常低	比较低	一般	比较高	非常高
旅游开发时间	旅游开发时间顺序	调研	<5 年	6~10	11~15	16~20	>20 年
旅游经营时间	旅游营业时间	调研	<7 小时	7~8	9~10	10~12	>12 小时
适游期或使用范围	一年内适合旅游天数；GB/18972—2003	调研	<150 天	150~200	200~250	250~300	>300 天
游客平均逗留时间	游客游览时间	调研	<1 天	1~1.5	1.5~2	2~2.5	>2.5 天
旅游卫生	清洁卫生程度；GB/T1775—2003	问卷调查	非常差	比较差	一般	比较干净	非常干净
旅游安全	安全状况；GB/T1775—2003	问卷调查	非常差	比较差	一般	比较好	非常好
导游素质	导游素质高低程度；GB/T1775—2003	问卷调查	非常低	比较低	一般	比较高	非常高
服务态度	旅游服务态度好坏；GB/T1775—2003	问卷调查	非常不满意	比较不满意	一般	比较满意	非常满意
服务效率	旅游服务效率高低；GB/T1775—2003	问卷调查	非常低	比较低	一般	比较高	非常高

续表

指标层	测度依据	测度方法	指标评价标准				
			1~2	3~4	5~6	7~8	9~10
技术先进性	设施性能优越程度和技术水平	问卷调查	非常不稳定	比较不稳定	一般、国内中上水平	比较优越、国内领先水平	非常优越、世界水平
旅游设施规模度与完备性	旅游设施的齐全程度和功能完善程度	问卷调查	非常不齐全、运转非常差	比较不齐全、运转差	一般	比较齐全、运转比较好	非常齐全、运转良好
设施的维修保养	旅游基础设施的维修保养程度	问卷调查	非常差	比较差	一般	比较好	非常好
娱乐	娱乐设施与条件；GB/T1775—2003	问卷调查	非常差	比较差	一般	比较好	非常好
购物	购物设施与便捷性；GB/T1775—2003	问卷调查	非常差	比较差	一般	比较好	非常好
食宿	食宿条件；GB/T1775—2003	问卷调查	非常差	比较差	一般	比较好	非常好
内交通的畅通性	游览线路的合理、便捷性	问卷调查	非常差	比较差	一般	比较合理顺畅	非常合理顺畅
通信网络建设程度	通信网络建设状况与信息化程度	问卷调查	非常差	比较差	一般	比较齐全、信息化程度比较高	非常齐全、信息化程度高
宣传促销力度	引导标识和公众信息资料建设情况	问卷调查	非常差	比较差	一般	比较好	非常好
旅游解说系统	讲解员人数、语种及讲解词内容	问卷调查	非常差	比较差	一般	比较好	非常好
空气质量	GB3095—1996	环保部门提供	国家三级以下	国家三级	国家二级	国家一级	国家一级以上
噪声指标	GB12941—91	环保部门提供	国家三级以下	国家三级	国家二级	国家一级	国家一级以上
水质	GB3838—2002	环保部门提供	国家三级以下	国家三级	国家二级	国家一级	国家一级以上
绿化率	GB/T18005—1999	林业部门提供	<80%	80%~85%	85%~90%	90%~95%	□95%
气候舒适度		问卷调查	非常差	比较差	一般	比较好	非常好

续表

指标层	测度依据	测度方法	指标评价标准				
			1~2	3~4	5~6	7~8	9~10
旅游资源保护状况		问卷调查	非常差	比较差	一般	比较好	非常好
旅游环境保护状况		问卷调查	非常差	比较差	一般	比较好	非常好
周边环境保护状况		问卷调查	非常差	比较差	一般	比较好	非常好
社区社会文化保护状况		问卷调查	非常差	比较差	一般	比较好	非常好
日容量		旅游部门提供	<0.1 万人	0.1 万~0.5 万人	0.5 万~1 万人	1 万~1.5 万人	>1.5 万人
年容量		旅游部门提供	<100 万人	100 万~150 万人	150 万~200 万人	200 万~250 万人	>250 万人
旅游容量合理性		问卷调查	非常不合理	比较不合理	一般	比较合理	非常合理

性等，决定了旅游区的可进入性和旅游资源开发的难易程度，影响着旅游地发展。

C_1 观赏游憩价值，即旅游资源能提供给旅游者美感的种类、强度及旅游休闲功能。

C_2 历史文化科学价值，即旅游资源能提供的历史考古、文化艺术继承和科研价值。

C_3 珍稀或奇特程度，即旅游资源的特色和个性，是各类旅游资源最重要的自然指标和旅游资源珍贵性及其吸引游客的魅力所在。

C_4 规模与丰度，即旅游资源的规模大小和类型丰富充裕程度。

C_5 完整性，即旅游资源得以开发后对旅游资源保护的完好程度。

C_6 资源组合，即旅游资源的组合协调程度，主要从旅游资源组合功能、旅游产品互补性、旅游文化承接性和旅游市场关联性等加以体现。

C_7 特色资源数量，即旅游区域内具有特色旅游资源数量多少及其集中程度，特指一、二级旅游景点数量。

C_8 区域经济发展条件，即旅游资源所在区域经济发展状况与条件，决定了区域经济和社会环境对旅游者活动有多大的包容和承受能力。

C_9 与客源地距离，即旅游资源所在地与多数旅游者来源地之间的距离远近。

C_{10} 外交通可进入性，即连接客源地和旅游地之间交通线路的通畅程度和便利程度。

C_{11} 景点离散程度，即旅游景点资源集中分散程度。

（2）旅游市场指标。

A_2 旅游市场，即旅游竞争外部表现和旅游经济活动的集中体现，旅游市场分析关系到旅游地对旅游客源的有效竞争和最终经济效益的实现。

B_4 旅游形象，即旅游地通过旅游产品（总体特征）呈现在游客面前传播给世人的总体特征，是社会对某种旅游地特点的概括和总体评价，也是公众的识别标志。① 旅游形象评价就是评价旅游者对旅游地了解和喜欢程度，即评价旅游地的知名度和美誉度、认可度。

B_5 旅游人数，即旅游地在一定时期内（通常以年为单位）所接待全部旅游人数。

B_6 门票收入与价格，门票价格是旅游者购买旅游产品的价格，是旅游产品价值的货币表现。门票收入是旅游地在一定时期内（通常以年为单位）通过销售旅游产品所获得的全部货币收入。

B_7 市场影响力，即旅游地或旅游资源在旅游市场上产生的影响能力。

B_8 旅游时间，即旅游地发展过程中的与时间相关的因素，如旅游开发序位、

① 金颖若：《旅游地形象定位及形象口号设计的要求》，《北京第二外国语大学学报》2003 年第 1 期。

旅游经营时间、适游期等。

C_{12} 年接待境内外游客数，即在一年内旅游地所接待的所有旅游者人数，反映了旅游地的旅游经济活动在一定时间、地点条件下的规模与水平。

C_{13} 年接待境外游客数，即旅游地在一年内所接待的所有外国旅游者人数，反映了旅游地国际旅游事业的发展水平，表明国际旅游市场对旅游地旅游需求规模大小。

C_{14} 门票收入，即以货币为单位，一定时期内（通常是一年）旅游者在旅游地的总消费额。

C_{15} 门票价格合理性，即旅游地门票价格合理程度。

C_{16} 知名度，即旅游地的知名程度。知名度来源于旅游地自然、历史文化等的含量，以及宣传的历史积累。

C_{17} 美誉度，即旅游者（包括潜在旅游者）对旅游景点褒奖、赞赏、喜爱情况，反映了旅游地在游客心目中印象的好坏程度。

C_{18} 市场辐射力，即旅游地在旅游市场上辐射效应和影响能力。

C_{19} 旅游主题强化，即旅游地旅游产品或核心旅游产品所形成鲜明特色和独特个性的灵魂，[①] 是旅游者基本旅游行为和旅游地魅力在游客心目中所激发的旅游欲望。

C_{20} 旅游资源开发时序，即旅游资源在区域旅游开发中时间先后顺序，反映了旅游资源开发时间动态轨迹。

C_{21} 旅游经营时间，即一天内所接纳游客旅游或营业开放的时间。

C_{22} 适游期或使用范围，即一定时期内（通常是一年）旅游地适合旅游的时间范围。

C_{23} 游客平均逗留时间，即游客在旅游地进行旅游活动所花费的时间，综合反映旅游者对一个国家或地区旅游产品的满意程度。

（3）旅游服务指标。

A_3 旅游服务，即旅游部门和相关部门在旅游过程中为满足游客各种消费需要而向其提供各种服务的总和，是旅游业的生命线。

B_9 服务质量，即旅游服务活动所能达到的规定效果和满足游客需求的能力与程度。

B_{10} 旅游基础设施服务，即向旅游者提供或旅游者必须依赖的基础设施服务，包括住宿、交通、饮食与零售商业的服务。

B_{11} 旅游信息服务，即为旅游开发与引导旅游者消费所设计的信息项目与计划、通信网络建设。

---

① 董观志：《旅游主题公园管理与实务》，广东旅游出版社 2000 年版。

C_{24} 旅游卫生，即旅游地满足卫生标准状况以及旅游环境清洁程度。

C_{25} 旅游安全，即旅游活动中各相关主体的安全系数情况。

C_{26} 导游素质，即旅游地导游提供旅游服务质量高低好坏程度。

C_{27} 服务效率，即旅游地对旅游者提供旅游服务效率大小。

C_{28} 服务态度，即旅游服务人员对旅游者和旅游服务态度好坏恶劣情况。

C_{29} 技术先进性，即旅游基础设施服务技术的先进和落后情况。

C_{30} 规模度与完备性，即旅游基础设施建设规模大小和完善情况。

C_{31} 基础设施维修保养，即旅游基础设施的日常维护及保养情况。

C_{32} 娱乐，即旅游地为了游客娱乐而建设的各种设施和组织的各种活动，如歌舞厅、跑马场、斗牛场、晚会等，以增强游客视觉及身心的愉悦、满足游客参与的欲望，从而吸引更多的旅游者。

C_{33} 购物，即旅游期内旅游者在旅游地所发生的如购买纪念品、礼品、工艺品、土特产以及生活必需品等活动。

C_{34} 食宿，即旅游地各种定期或临时为旅游者提供食物和住宿的条件。

C_{35} 内交通的畅通性，即连接旅游地内部各旅游景点的游览线路方便程度。

C_{36} 通信网络建设，即旅游地区域范围内电子通信、网络建设情况。

C_{37} 宣传促销力度，即旅游地为招徕游客和促使游客增加旅游消费所进行的一系列旅游信息传递和情报沟通活动，通常表现为宣传材料、旅游导游信息等。

C_{38} 旅游解说系统，即运用媒体或其他表达方式，使特定信息传播并到达旅游者，帮助旅游者了解旅游地相关事物的性质和特点，起到服务和教育功能。

（4）旅游环境指标。

A_4 旅游环境，即以旅游地为中心，影响其产生与发展的各种自然因素和社会因素的综合总体，包括气候、水环境、噪声、绿化、资源与环境保护、人文环境等。

B_{14} 旅游容量，即在可持续发展前提下，旅游区在某一时间段内，其自然环境、人工环境和社会经济环境所能承受的旅游及相关活动在规模和强度上最小极限值。

C_{39} 空气质量，即依据国家《环境空气质量标准》（GB3095—1996）对旅游环境空气质量划分标准进行评价。

C_{40} 噪声，即反映旅游地空气噪声污染情况，参照《噪声质量标准》（GB3096—1993）中噪声标准进行评价。

C_{41} 水质，即地表水的水质状态，主要依据《地表水的环境质量标准》（GB3838—2002）评价水质量。

C_{42} 绿化率，即旅游地植被绿化比率。

C_{43} 气候舒适度，即适宜旅游季节或无明显限制旅游活动天气和气候等。

C_{48} 日容量，即一定时期内（以日为单位）旅游地所接待游客的最大允许量。
C_{49} 年容量，即旅游地每年所能承受的旅游者数量的最大允许量。

第二节　旅游生态位评价指标权重研究

一、层次分析法原理

指标权重是一种用数量的方法来反映指标对目标的实现所具有的不同程度的影响，即用来反映指标对目标的相对重要性。1973 年美国匹兹堡大学教授、著名运筹学家萨蒂提出了著名的层次分析法（Analytical Hierarchy Process，AHP 法）。AHP 法有机地结合了定性和定量分析方法，灵活有效地解决处理复杂的社会、政治、经济和技术等决策问题，其主要步骤，如图 3–3 所示。

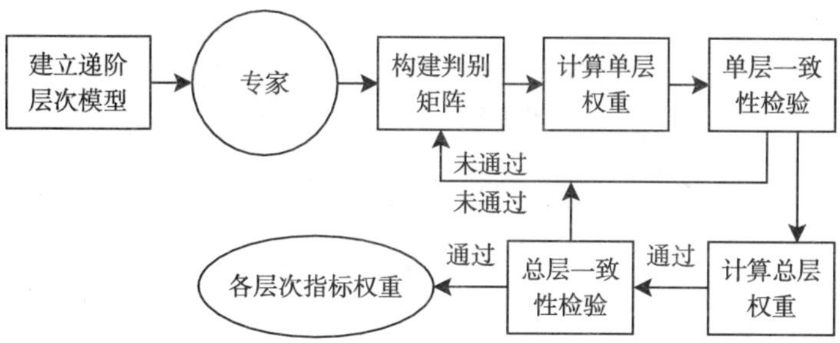

图 3–3　层次分析法步骤

现实生活中，人们常常采用两两比较法从一堆同样大小的物品中挑选出最优物品。假设有个物品，其真实品质为 w_1，w_2，…，w_n，便构成物品品质向量 $W^T = |w_1, w_2, \cdots, w_n|$；若可以精确判断两两物品的品质，则得到品质比较矩阵 A。

$$A = \begin{vmatrix} w_1/w_1, & w_1/w_2, & \cdots, & w_1/w_n \\ w_2/w_1, & w_2/w_2, & \cdots, & w_2/w_n \\ \cdots & \cdots & \cdots & \cdots \\ w_n/w_1, & w_n/w_2, & \cdots, & w_n/w_n \end{vmatrix}$$

若用品质比较矩阵乘以物品品质向量 $W^T = |w_1, w_2, \cdots, w_n|$，则有：

$$AW=\begin{vmatrix} w_1/w_1, & w_1/w_2, & \cdots, & w_1/w_n \\ w_2/w_1, & w_2/w_2, & \cdots, & w_2/w_n \\ \cdots & \cdots & \cdots & \cdots \\ w_n/w_1, & w_n/w_2, & \cdots, & w_n/w_n \end{vmatrix}\begin{vmatrix} w_1 \\ w_2 \\ \cdots \\ w_n \end{vmatrix}=nW$$

其中，n 是矩阵 A 的特征值，W 是矩阵 A 的特征向量，说明可以利用求品质判断矩阵 A 的特征向量方法来求得物品真实的品质向量 W。若是精确比较矩阵，则其特征值 $\lambda_{max}=n$，即 $AW=\lambda W$。

运用 AHP 法确定评价指标体系中各指标权重须完成下列流程，如图 3–4 所示。

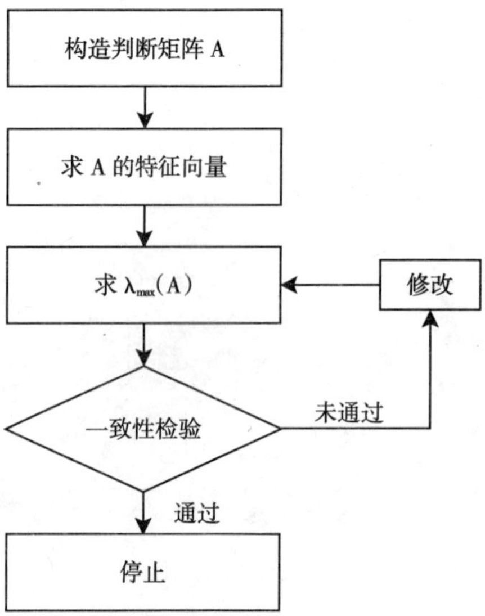

图 3–4　特征值法的流程

1. 确定评价目标、决策因素、考量要点后，建立层级架构

运用 AHP 法时，首先，确定评价目标；其次，运用 Delphi 法确定所有可能的评价因素；最后，按照实际研究所需建立合适的递阶层次架构，将复杂的问题简单化、层次化。把复杂问题分解为元素的各组成部分，把这些元素按属性不同分成若干组，以形成不同层次。同一层次的元素作为准则，对下一层次的某些元素起支配作用，同时它又受上一层次元素的支配，从而形成了一个上下支配关系的包括目标层、准则层和指标层在内的递阶层次。递阶层次结构的层次数和每一层次的元素一般不受限制，它与问题的复杂程度有关，但层次过为繁复、元素过多会给问题的解决带来困难。因此，在建立递阶层次结构时，一定要明确各个层次及其元素的作用和意义，构建出科学合理的递阶层次结构。

2. 建立判断矩阵

任何系统分析都需要以一定的信息作为基础，AHP 法的信息基础就是判断矩阵。判断矩阵表示在以上一层元素为判断准则的条件下，对本层次与之相关的各元素进行两两比较所获得的相对重要性。构建判断矩阵是 AHP 法应用中关键的一步，也是计算各元素优先级权重的重要依据。在 AHP 法中，为了使评价判断定量化，形成数值判断矩阵，可以使用 1~9 标度法判断两两指标的重要性。一般情况下，至多需要 9 个标度点来区分事物之间差别或重要程度的不同。判断矩阵标度及含义如表 3-8 所示。

表 3-8　层次分析法判断矩阵标度

间隔尺度	相对的名词尺度	说明
1	相同重要	参数 i 与参数 j 之重要性一样
3	稍微重要	有理由支持，参数 i 较参数 j 重要但并非决定性
5	颇为重要	有很足够的理由及合理的准则支持，参数 i 较参数 j 重要
7	极为重要	有很确定的理由或根据支持，参数 i 较参数 j 重要
9	绝对重要	有最高程度的确定性支持，参数 i 较参数 j 重要
2、4、6、8	中间程度的重要（介于相邻的尺度间）	当两相邻的尺度需要折中时
倒数	参数 i 与参数 j 比较得到 b_{ij}，则与因素 j 与 i 相比得判断 $b_{ji} = 1/b_{ij}$	

AHP 法考虑到社会经济系统难以进行定量测度的特征，提出了相对重要性的比例标度，这样两个元素相对重要性的比较可变换到一个数，如表 3-9 所示。一般采用专家打分方法，客观科学地判断每一层次各元素的相对重要性，并用数值形式将判断结果表现出来，就形成 n（n－1)/2 个两两比较的判断矩阵。在比较判断时，常常可以用一些问题来帮助获得一个相对标度。例如，在比较元素 A 和 B 时，可以问：你认为 A 和 B 中，哪个更为重要，或哪个有更大的影响？

表 3-9　重要性程度比较

重要程度	绝对重要	相邻值	极为重要	相邻值	颇为重要	相邻值	稍微重要	相邻值	相同重要	相邻值	稍微不重要	相邻值	颇为不重要	相邻值	极为不重要	相邻值	绝对不重要
分数	9	8	7	6	5	4	3	2	1	1/2	1/3	1/4	1/5	1/6	1/7	1/8	1/9

假设有 n 个方案 C_1，C_2，…，C_n 给定一个准则，利用 1~9 标度法，对元素 C_i 和 C_j 作相互比较判断，便可获得一个表示相对重要度的数字 a_{ij}，由此构成阶判断矩阵：

$$A = \begin{vmatrix} a_{11}, & a_{12}, & \cdots, & a_{1n} \\ a_{21}, & a_{22}, & \cdots, & a_{2n} \\ \vdots & \vdots & & \vdots \\ a_{n1}, & a_{n2}, & \cdots, & a_{n3} \end{vmatrix}$$

根据相互比较特征，显然有：A_{ij}; $a_{ij} = 1/a_{ij}$; $a_{ij} = 1$；i，j = 1，2，3，…，n，因此判断矩阵是一个正反举证。实际上，在构成判断矩阵时，只需做n(n−1)/2 次判断即可。

若调查问卷指标较多，直接使用两两比较的 AHP 法显得较为复杂，被调查人员如果不熟悉 AHP 法，也会在填写问卷时有很大难度。为了更有效地得到专家评价，只要求专家评价各个因素，然后再将其转换成判断矩阵。重要性程度比较如表 3-9 所示。

收集到各专家的评价后，取其平均值，按照下面的公式转化成判断矩阵：

$$a_{ij} = \begin{cases} a_i - a_j + 1, & \text{if} a_i - a_j \geqslant 0 \\ \dfrac{1}{a_j - a_i + 1}, & \text{if} a_i - a_j < 0 \end{cases} \tag{3-1}$$

其中，a_{ij} 为各指标专家重要性程度得分。

显然，对于判断矩阵有：

$$b_{ii} = 1,\ b_{ji} = \frac{1}{b_{ij}}(i,\ j = 1,\ 2,\ \cdots,\ n) \tag{3-2}$$

判断矩阵中的数值是根据数据资料、专家意见和评判者的认识加以综合平衡后得出的。衡量判断矩阵标准是矩阵中的判断是否具有一致性。

一般如果判断矩阵有：

$$b_{ji} = \frac{b_{ik}}{b_{jk}}(i,\ j,\ k = 1,\ 2,\ \cdots,\ n) \tag{3-3}$$

假定判断给出 $b_{12} = 3$，$b_{23} = 2$，$b_{13} = 6$，即 $b_{12} = \frac{b_{13}}{b_{23}} = 3$，则称判断矩阵具有完全一致性。为检查 AHP 法结果是否基本合理，还需要对判断矩阵进行一致性检验。

3. 层次单排序

层次单排序是针对上一层某指标而言，根据判断矩阵计算本层次与之有联系的各指标之间重要性次序的权值。计算判断矩阵的特征根和特征向量是层次单排序的基础。由于判断矩阵本身存在一定误差范围，一般来说，计算判断矩阵的最大特征根及特征向量并不需要追求较高的精确度，应用 AHP 法中给出的层次排序值在于表达某种定性的概念，所以可采用和积近似算法计算判断矩阵。即对判断矩阵 A，计算满足的 AW = λW 特征根和特征向量（式中 λmax 为 A 的最大特征根，W 为对应于 λ_{max} 规范化特征向量）。把 w 的分量作为对应指标单排序的权值。

（1）将判断矩阵按列进行归一化处理（使列之和为 1）：

$$\bar{b}_{ij}=\frac{b_{ij}}{\sum_{k=1}^{n}b_{kj};\ (i,\ j=1,\ 2,\ \cdots,\ n)} \tag{3-4}$$

（2）每一列归一化后的判断矩阵按行相加求和：

$$\bar{w}_i=\sum_{k=1}^{n}\bar{b}_{ij};\ (i,\ j=1,\ 2,\ \cdots,\ n) \tag{3-5}$$

（3）对向量 $C.R.=\frac{C.I.}{R.I.}$ 按列进行归一化处理：

$$W=\frac{\bar{w}_i}{\sum_{j=1}^{n}\bar{w}_j;\ (i,\ j=1,\ 2,\ \cdots,\ n)} \tag{3-6}$$

所得到的 $W=(W_1,\ W_2,\ \cdots,\ W_n)^T$ 即为所求特征根向量。

（4）计算判断矩阵的最大特征根 λ_{max}：

$$\lambda_{max}=\frac{1}{n}\sum_{j=1}^{n}\frac{(AW)_i}{w_i} \tag{3-7}$$

式（3-7）中 $(AW)_i$ 表示向量 AW 的第 i 个元素。求 λ_{max} 的值的目的是为了保证 AHP 法分析结论合理性，对构造的判断矩阵进行一致性检验。

4. 一致性检验

若一个人要对苹果、橘子、香蕉进行喜好排序，他说就苹果和橘子而言，他比较喜欢吃苹果；就橘子和香蕉而言，更喜欢橘子；就苹果和香蕉来说，他更喜欢香蕉。如此这般，该排序则出现了矛盾，存在着不一致性。在 AHP 法中，出现不一致性是正常现象，尤其是当对比要素较多时。在比较判断结果时，必须进行一致性检验，分别计算它的一致性指标 C.I.、平均随机一致性指标 R.I.与随机一致性比率 C.R.。

$$C.R.=\frac{C.I.}{R.I} \tag{3-8}$$

$$C.I.=\frac{\lambda_{max}-n}{n-1} \tag{3-9}$$

$$\lambda_{max}=\frac{1}{n}\sum_{j=1}^{n}\frac{(AW)_i}{w_i} \tag{3-10}$$

式中：n 为判断矩阵的阶数。

显然当判断矩阵具有完全一致性时，C.I. = 0；根据 C.I. = 0、λ_{max} = n 判断矩阵具有完全一致性。

为了度量不同阶判断矩阵是否具有满意的一致性，需要引入判断矩阵的平均随机一致性指标值 R.I.，它可以根据阶数 n 大小查表获得，对于 1~20 阶矩阵，R.I.值如表 3–10 所示。

表 3–10　R.I.平均随机一致性指标

矩阵阶数 n	1	2	3	4	5	6	7	8	9	10
R.I.	0	0	0.58	0.90	1.12	1.24	1.32	1.41	1.46	1.49
矩阵阶数 n	11	12	13	14	15	16	17	18	19	20
R.I.	1.53	1.54	1.56	1.58	1.59	1.62	1.64	1.65	1.67	1.68

从表 3–10 可以看出：对于 1、2 阶判断矩阵，均为 0，理由是根据判断矩阵定义，1、2 阶判断矩阵总是具有完全一致性的。当阶数大于 2 时，判断矩阵的一致性指标与同阶平均随机一致性指标 C.I.的比称为判断矩阵的随机一致性比率，记做 C.R.。

（1）当 $C.R. = \frac{C.I.}{R.I.} < 0.10$ 时，可认为判断矩阵有满意的一致性，即权向量可靠合理；否则需要调整判断矩阵，重新赋值，仔细修正，直到具有满意的一致性。

（2）当 $C.R. = \frac{C.I.}{R.I.} > 0.10$ 时，应该对判断矩阵进行适当修正，对一阶和二阶矩阵总是一致的。

（3）当 $C.R. = \frac{C.I.}{R.I.} = 0$ 时，一阶和二阶矩阵可以省略一致性检验。

5. *层次总排序*

利用同一层次中所有层次单排序结果，可计算层次总排序，即针对上一层次而言本层次所有指标重要性的权值。层次总排序需要从上到下，逐层顺序进行。对于最高层，其层次单排序即为层次总排序。假定上一层次所有单元 A_1，A_2，…，A_m 的层次排序已经完成，权重值分别为 W_1，W_2，…，W_m。与 W_i 对应的本层次单元 B_1，B_2，…，B_n，但排序的结果为$(W_1^i, W_2^i, \cdots, W_n^i)^T$，则有总排序，如表 3–11 所示。

由表 3–11 可看出，显然有 $\sum_{j-1}^{n}\sum_{i=1}^{m} W_iW_j^i = 1$。

表 3-11　层次总排序

层次 A 层次 B	A_1 W_1	A_2 W_2	… …	A_m W_m	B 层次 总排序
B_1	W_1^1	W_2^1	…	W_1^m	$\sum_{i=1}^{m} W_iW_1^i$
B_2	W_2^1	W_2^2	…	W_2^m	$\sum_{i=1}^{m} W_iW_2^i$
⋮	⋮	⋮		⋮	⋮
B_n	W_n^1	W_n^2	…	W_n^m	$\sum_{i=1}^{m} W_iW_n^i$

6. 评价层次总排序的一致性

同样可用一致性率 C.R.评价层次总排序结果的一致性，分别计算与层次单排序类似检验量。

C.I.：层次总排序的一致性指标。

R.I.：层次总排序的随机一致性指标。

C.R.：层次总排序的随机一致性比率。

上述检验量的计算公式分别为：

$$C.I. = \sum_{i=1}^{m} W_i\,(C.I.)_i \tag{3-11}$$

式（3-11）中 $(C.I.)_i$ 为与 W_i 对应的 B 层次中判断矩阵的一致性指标。

$$R.I. = \sum_{i=1}^{m} W_i\,(R.I.)_i \tag{3-12}$$

式（3-12）中 $(R.I.)_i$ 为与 W_i 对应的 B 层次中判断矩阵的随机一致性指标。

$$C.R. = \frac{C.I.}{R.I.} \tag{3-13}$$

（1）当 $C.R. = \frac{C.I.}{R.I.} < 0.10$ 时，层次总排序的计算结果具有满意的一致性。

（2）$C.R. = \frac{C.I.}{R.I.} = 0.10$ 是最理想状态，即层次总排序的计算结果具有满意的完全一致。

（3）当 $C.R. = \frac{C.I.}{R.I.} > 0.10$ 时，需要对本层次的各判断矩阵进行调整修正或被拒绝采用，以使层次总排序具有满意的一致性。

7. 权重计算

每一个层级 n 个元素各有其重要性之权重值，以上一层 n 个重要性加权值和本层级之特征向量相乘，再做合成加权，便可求出本层级的合成优先向量，这些合成向量的权数值即为重要性权重值。

AHP 法能够结合定量和定性分析多元化、多目标的复杂问题所包含因素及其相互关系，将问题分解为不同要素，并将这些要素归并为不同层次，形成一个多层次的递阶结构模型。在每一层次可按某一规定准则，对该层要素逐一两两进行对比，构成并建立判断矩阵。通过计算判断矩阵的最大特征及其特征向量，得出该层次要素对于该准则的权重，进而计算出各层次要素对于总体目标的组合权重，得出不同方案的权值，为选择最优方案提供依据。

基于此，AHP 法对于系统性较强、目标较多、难以直接量化和测定的旅游生态位研究是适用的。旅游生态位评价需要建立一个完备、科学、严密的评价指标体系，定量地分析难以精确定量的旅游生态位问题方便决策，分析旅游生态位问题，使之系统化、数学化和模型化。旅游生态位评价指标体系权重的评判采取 AHP 法来确定。

二、旅游生态位评价指标重要程度问卷调查

采用问卷调查法和 Delphi 法将旅游生态位评价指标按层级间两两因素间的重要程度进行比较，以确定其权重，向全国旅游学界、湖南省旅游局、吉首大学旅游学院和张家界市旅游局和旅游景区管理部门的 100 位专家、教授、学者、政府官员和旅游景区管理人员发放旅游生态位指标重要程度问卷（见附录 C），收回有效问卷 100 份。填答调查问卷的 100 位专家之职称、学历以及在相关岗位工作的年限如图 3–5 所示。

三、旅游生态位评价指标比较矩阵

根据回收的旅游生态位评价指标重要性调查问卷，整理得到旅游生态位评价指标影响的比较结果表，建立两两比较的旅游生态位评价指标比较矩阵（见附录 D）。两两比较数据是将回收的 100 份有效问卷中的数据取其平均值而得，如旅游资源中的资源价值与资源规模两指标相互比较，将 100 份问卷中的 100 个数据取平均值所得。

四、旅游生态位评价指标权重计算

旅游生态位评价指标权重体现了每个旅游生态位指标在旅游生态位指标体系中的重要程度，因此权重的确定是否科学合理适用，将直接影响旅游生态位评价结果的准确性。旅游生态位评价指标权重确定可通过对所有指标重要性问卷调查结果运用 AHP 法计算而得。

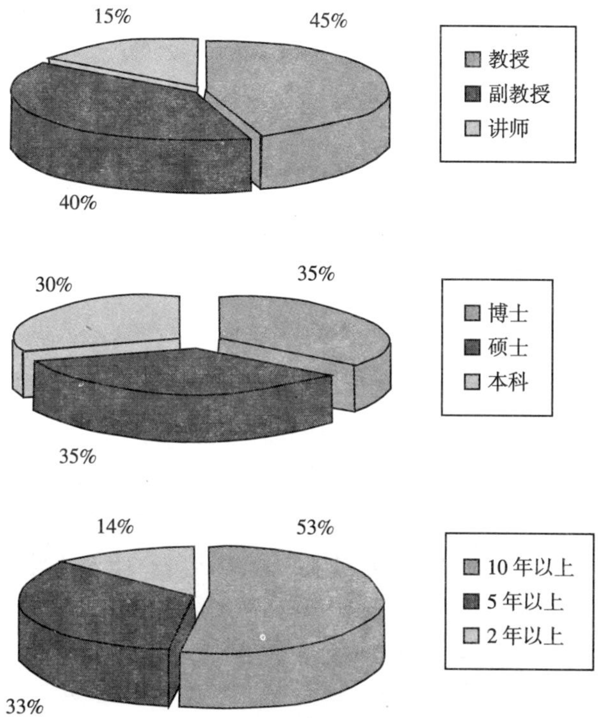

图 3-5 专家职称、学历和工作年限比例

1. 一级旅游生态位评价指标判别矩阵

（1）比较矩阵 $A = \begin{vmatrix} 1.0000 & 1.1130 & 1.1210 & 1.0710 \\ 0.8985 & 1.0000 & 1.0420 & 0.9730 \\ 0.8921 & 0.9597 & 1.0000 & 0.9620 \\ 0.9337 & 1.0278 & 1.0395 & 1.0000 \end{vmatrix}$

（2）$B = \begin{vmatrix} 0.2685 & 0.2714 & 0.2667 & 0.2674 \\ 0.2413 & 0.2439 & 0.2479 & 0.2429 \\ 0.2395 & 0.2340 & 0.2380 & 0.2401 \\ 0.2507 & 0.2507 & 0.2474 & 0.2496 \end{vmatrix}$

（3）$V = \begin{vmatrix} 1.0740 \\ 0.9760 \\ 0.9516 \\ 0.9984 \end{vmatrix}$

(4) $W = \begin{vmatrix} 0.2685 \\ 0.2440 \\ 0.2379 \\ 0.2496 \end{vmatrix}$

(5) $AW = \begin{vmatrix} 1.0748 \\ 0.9760 \\ 0.9517 \\ 0.9984 \end{vmatrix}$

(6) $\lambda_{max} = \frac{1}{n}\sum_{i}\frac{(AW)_i}{w_i} = 4.00085$

$CI = (4.00085 - 4)/(4 - 1) = 0.000283$

$CR = 0.000283/0.90 = 0.000315 < 0.10$

(7) 旅游生态位评价指标判别矩阵。

旅游生态位	旅游资源	旅游市场	旅游服务	旅游环境
旅游资源	1.0000	1.1130	1.1210	1.0710
旅游市场	0.8985	1.0000	1.0420	0.9730
旅游服务	0.8921	0.9597	1.0000	0.9620
旅游环境	0.9337	1.0278	1.0395	1.0000

优先级权重
0.2685
0.2440
0.2379
0.2496

2. 二级旅游生态位评价指标判别矩阵

(1) A1 旅游资源评价指标判别矩阵。

①比较矩阵 $A = \begin{vmatrix} 1.0000 & 1.4532 & 1.3745 \\ 0.6881 & 1.0000 & 0.9786 \\ 0.7275 & 1.0219 & 1.0000 \end{vmatrix}$

②$B = \begin{vmatrix} 0.4140 & 0.4181 & 0.4100 \\ 0.2848 & 0.2878 & 0.2918 \\ 0.3012 & 0.2941 & 0.2982 \end{vmatrix}$

③$V = \begin{vmatrix} 1.2421 \\ 0.8644 \\ 0.8935 \end{vmatrix}$

④$W = \begin{vmatrix} 0.4140 \\ 0.2882 \\ 0.2978 \end{vmatrix}$

⑤$AW = \begin{vmatrix} 1.2421 \\ 0.8645 \\ 0.8935 \end{vmatrix}$

⑥$\lambda_{max} = \frac{1}{n}\sum_i \frac{(AW)_i}{w_i} = 3.000077$

$CI = (3.000077 - 3)/(3 - 1) = 0.0000385$

$CR = 0.0000385/0.58 = 0.000066 < 0.10$

⑦旅游资源评价指标判别矩阵。

旅游资源	旅游价值	旅游规模	旅游区位	优先级权重
旅游价值	1.0000	1.4532	1.3745	0.4140
旅游规模	0.6881	1.0000	0.9786	0.2882
旅游区位	0.7275	1.0219	1.0000	0.2978

（2）A_2 旅游市场评价指标判别矩阵。

①比较矩阵 $A = \begin{vmatrix} 1.0000 & 1.0037 & 1.0211 & 1.0237 & 1.0287 \\ 0.9963 & 1.0000 & 1.0206 & 1.0228 & 1.0245 \\ 0.9793 & 0.9708 & 1.0000 & 1.0228 & 1.0046 \\ 0.9768 & 0.9777 & 0.9967 & 1.0000 & 1.0017 \\ 0.9721 & 0.9761 & 0.9954 & 0.9983 & 1.0000 \end{vmatrix}$

②$B = \begin{vmatrix} 0.2031 & 0.2033 & 0.2029 & 0.2028 & 0.2033 \\ 0.2023 & 0.2025 & 0.2027 & 0.2026 & 0.2025 \\ 0.1989 & 0.1985 & 0.7987 & 0.1987 & 0.1986 \\ 0.1983 & 0.1980 & 0.1980 & 0.1981 & 0.1980 \\ 0.1974 & 0.1977 & 0.1977 & 0.1978 & 0.1976 \end{vmatrix}$

③$V = \begin{vmatrix} 1.0154 \\ 1.0126 \\ 0.9934 \\ 0.9904 \\ 0.9882 \end{vmatrix}$

$$④W=\begin{vmatrix}0.2031\\0.2025\\0.1987\\0.1981\\0.1976\end{vmatrix}$$

$$⑤AW=\begin{vmatrix}1.0153\\1.0127\\0.9933\\0.9905\\0.9882\end{vmatrix}。$$

$$⑥\lambda_{max}=\frac{1}{n}\sum_i\frac{(AW)_i}{w_i}=5.000002$$

$CI=(5.000002-5)/(5-1)=0.0000005$

$CR=0.0000005/1.12=0.000000446<0.10$

⑦旅游市场评价指标判别矩阵。

旅游市场	旅游人数	收入和价格	旅游形象	市场影响力	旅游时间	优先级权重
旅游人数	1.0000	1.0037	1.0211	1.0237	1.0287	0.2031
收入和价格	0.9963	1.0000	1.0206	1.0228	1.0245	0.2025
旅游形象	0.9793	0.9798	1.0000	1.0033	1.0046	0.1987
市场影响力	0.9768	0.9777	0.9967	1.0000	1.0017	0.1981
旅游时间	0.9721	0.9761	0.9954	0.9983	1.0000	0.1976

（3）A_3 旅游服务评价指标判别矩阵。

$$①比较矩阵\ A=\begin{vmatrix}1.0000&1.1284&1.2025\\0.8862&1.0000&1.1731\\0.8316&0.8524&1.0000\end{vmatrix}$$

$$②B=\begin{vmatrix}0.3679&0.3785&0.3563\\0.3261&0.3355&0.3475\\0.3060&0.2860&0.2962\end{vmatrix}$$

③$V=\begin{vmatrix}1.1027\\1.0091\\0.8882\end{vmatrix}$

④$W=\begin{vmatrix}0.3675\\0.3364\\0.2961\end{vmatrix}$

⑤$AW=\begin{vmatrix}1.1032\\1.0094\\0.8885\end{vmatrix}$

⑥$\lambda_{max}=\frac{1}{n}\sum_{i}\frac{(AW)_i}{w_i}=3.001058$

CI = (3.001058 − 3)/(3 − 1) = 0.000529

CR = 0.000529/0.58 = 0.000912 < 0.10

⑦旅游服务评价指标判别矩阵。

旅游服务	服务质量	基础设施服务	信息服务
服务质量	1.0000	1.1284	1.2025
基础设施服务	0.8862	1.0000	1.1731
信息服务	0.8316	0.8524	1.0000

优先级权重
0.3675
0.3364
0.2961

(4) A_4 旅游环境评价指标判别矩阵。

①比较矩阵 $A=\begin{vmatrix}1.0000 & 0.9864 & 0.9716\\1.0138 & 1.0000 & 0.9917\\1.0292 & 1.0084 & 1.0000\end{vmatrix}$

②$B=\begin{vmatrix}0.3286 & 0.3294 & 0.3279\\0.3332 & 0.3339 & 0.3349\\0.3382 & 0.3367 & 0.3375\end{vmatrix}$

③$V=\begin{vmatrix}0.9859\\1.0017\\1.0124\end{vmatrix}$

④$W=\begin{vmatrix}0.3286\\0.3339\\0.3375\end{vmatrix}$

⑤$AW=\begin{vmatrix}0.9859\\1.0017\\1.0124\end{vmatrix}$

⑥$\lambda_{max}=\frac{1}{n}\sum_{i}\frac{(AW)_i}{w_i}=3.000003$

CI = (3.000003 − 3)/(3 − 1) = 0.0000015

CR = 0.0000015/0.58 = 0.0000026 < 0.10

⑦旅游环境评价指标判别矩阵。

旅游环境	资源与环境保护状况	旅游容量	生态环境质量	优先级权重
资源与环境保护状况	1.0000	0.9864	0.9716	0.3286
旅游容量	1.0138	1.0000	0.9917	0.3390
生态环境质量	1.0292	1.0084	1.0000	0.3375

3. 三级旅游生态位评价指标判别矩阵

(1) B_1资源价值评价指标判别矩阵。

①比较矩阵 $A=\begin{vmatrix}1.0000&1.2317&1.1542\\0.8119&1.0000&0.9836\\0.8664&1.0167&1.0000\end{vmatrix}$

②$B=\begin{vmatrix}0.3734&0.3792&0.3678\\0.3031&0.3078&0.3135\\0.3235&0.3130&0.3187\end{vmatrix}$

③$V=\begin{vmatrix}1.1204\\0.9244\\0.9552\end{vmatrix}$

④$W=\begin{vmatrix}0.3735\\0.3081\\0.3184\end{vmatrix}$

⑤$AW=\begin{vmatrix}1.1204\\0.9245\\0.9552\end{vmatrix}$

⑥$\lambda_{max} = \frac{1}{n}\sum_{i}\frac{(AW)_i}{w_i} = 3.000127$

CI = (3.000127 - 3)/(3 - 1) = 0.0000635

CR = 0.0000635/0.58 = 0.0001094 < 0.10

⑦资源价值评价指标判别矩阵。

资源价值	观赏游憩使用价值	历史文化科学艺术价值	珍稀奇特程度	优先级权重
观赏游憩使用价值	1.0000	1.2317	1.1542	0.3735
历史文化科学艺术价值	0.8119	1.0000	0.9836	0.3081
珍稀奇特程度	0.8664	1.0167	1.0000	0.3184

（2）B_2资源规模判别矩阵。

$$①比较矩阵\ A = \begin{vmatrix} 1.0000 & 1.2514 & 1.2293 & 1.2343 & 1.3179 \\ 0.7991 & 1.0000 & 0.9739 & 0.9677 & 1.1083 \\ 0.8135 & 1.0268 & 1.0000 & 1.0138 & 1.1282 \\ 0.8102 & 1.0334 & 0.9864 & 1.0000 & 1.1297 \\ 0.7588 & 0.9023 & 0.8864 & 0.8852 & 1.0000 \end{vmatrix}$$

$$②B = \begin{vmatrix} 0.2391 & 0.2400 & 0.2422 & 0.2420 & 0.2319 \\ 0.1911 & 0.1918 & 0.1919 & 0.1897 & 0.1950 \\ 0.1945 & 0.1969 & 0.1970 & 0.1987 & 0.1985 \\ 0.1938 & 0.1982 & 0.1943 & 0.1961 & 0.1987 \\ 0.1815 & 0.1731 & 0.1746 & 0.1735 & 0.1759 \end{vmatrix}$$

$$③V = \begin{vmatrix} 1.1952 \\ 0.9595 \\ 0.9856 \\ 0.9811 \\ 0.8786 \end{vmatrix}$$

$$④W = \begin{vmatrix} 0.2390 \\ 0.1919 \\ 0.1972 \\ 0.1962 \\ 0.1757 \end{vmatrix}$$

⑤$AW=\begin{vmatrix}1.1953\\0.9595\\0.9858\\0.9812\\0.8787\end{vmatrix}$

⑥$\lambda_{max}=\frac{1}{n}\sum_{i}\frac{(AW)_i}{w_i}=5.00048$

$CI=(5.00048-5)/(5-1)=0.00012$

$CR=0.00012/1.12=0.0001<0.10$

⑦资源规模判别矩阵。

资源规模	规模、丰度与几率	完整性	资源组合	景点数量	景点离散程度	优先级权重
规模、丰度与几率	1.0000	1.2514	1.2293	1.2343	1.3179	0.2390
完整性	0.7991	1.0000	0.9739	0.9677	1.1083	0.1919
资源组合	0.8135	1.0268	1.0000	1.0138	1.1282	0.1972
特色资源数量	0.8102	1.0334	0.9864	1.0000	1.1297	0.1962
景点离散程度	0.7588	0.9023	0.8864	0.8852	1.0000	0.1757

（3）B_3资源区位判别矩阵。

①比较矩阵 $A=\begin{vmatrix}1.0000&1.1687&1.1214\\0.8557&1.0000&0.9863\\0.8917&1.0139&1.0000\end{vmatrix}$

②$B=\begin{vmatrix}0.3640&0.3672&0.3608\\0.3114&0.3142&0.3174\\0.3246&0.3186&0.3218\end{vmatrix}$

③$V=\begin{vmatrix}1.0920\\0.9430\\0.9650\end{vmatrix}$

④$W=\begin{vmatrix}0.3640\\0.3143\\0.3217\end{vmatrix}$

⑤$AW = \begin{vmatrix} 1.0921 \\ 0.9431 \\ 0.9649 \end{vmatrix}$

⑥$\lambda_{max} = \frac{1}{n}\sum_{i}\frac{(AW)_i}{w_i} = 3.000096$

$CI = (3.000096 - 3)/(3 - 1) = 0.000048$

$CR = 0.000048/0.58 = 0.0000828 < 0.10$

⑦资源区位判别矩阵。

资源规模	区域经济状况	与客源地距离	外交通的可进入性	优先级权重
区域经济状况	1.0000	1.1687	1.1214	0.3640
与客源地距离	0.8557	1.0000	0.9863	0.3143
外交通的可进入性	0.8917	1.0139	1.0000	0.3217

（4）B_4 旅游人数评价指标判别矩阵。

①比较矩阵 $A = \begin{vmatrix} 1.0000 & 0.9794 \\ 1.0210 & 1.0000 \end{vmatrix}$

②$B = \begin{vmatrix} 0.4948 & 0.4948 \\ 0.5052 & 0.5052 \end{vmatrix}$

③$V = \begin{vmatrix} 0.9896 \\ 1.0104 \end{vmatrix}$

④$W = \begin{vmatrix} 0.4948 \\ 0.5052 \end{vmatrix}$

⑤$AW = \begin{vmatrix} 0.9896 \\ 1.0104 \end{vmatrix}$

⑥$\lambda_{max} = 2$

$CR = 2$

⑦旅游人数评价指标判别矩阵。

旅游人数	年接待境内外游客总数
年接待境内外游客总数	1.0000
年接待境外游客总数	1.1143

年接待境外游客总数	优先级权重
0.8974	0.4730
1.0000	0.5270

（5）B_5旅游形象评价指标判别矩阵。

①比较矩阵 $A = \begin{vmatrix} 1.0000 & 1.0758 \\ 0.9295 & 1.0000 \end{vmatrix}$

②$B = \begin{vmatrix} 0.5183 & 0.5183 \\ 0.4817 & 0.4817 \end{vmatrix}$

③$V = \begin{vmatrix} 1.0366 \\ 0.9634 \end{vmatrix}$

④$W = \begin{vmatrix} 0.5183 \\ 0.4817 \end{vmatrix}$

⑤$AW = \begin{vmatrix} 1.0365 \\ 0.9635 \end{vmatrix}$

⑥$\lambda_{max} = 2.000007$

CR = 0

⑦旅游形象评价指标判别矩阵。

旅游形象	知名度	美誉度	优先级权重
知名度	1.0000	1.0758	0.5183
美誉度	0.9295	1.0000	0.4817

（6）B_6门票收入和价格评价指标判别矩阵。

①比较矩阵 $A = \begin{vmatrix} 1.0000 & 1.0078 \\ 0.9923 & 1.0000 \end{vmatrix}$

②$B = \begin{vmatrix} 0.5019 & 0.5019 \\ 0.4981 & 0.4981 \end{vmatrix}$

③$V = \begin{vmatrix} 1.0038 \\ 0.9962 \end{vmatrix}$

④$W = \begin{vmatrix} 0.5019 \\ 0.4981 \end{vmatrix}$

⑤$AW = \begin{vmatrix} 1.0039 \\ 0.9961 \end{vmatrix}$

⑥$\lambda_{max} = 1.999999$

CR = 0

⑦门票收入和价格评价指标判别矩阵。

门票收入和价格	门票收入	门票价格合理性	优先级权重
门票收入	1.0000	1.0078	0.5019
门票价格合理性	0.9923	1.0000	0.4981

（7）B_7 市场影响力评价指标判别矩阵。

①比较矩阵 $A = \begin{vmatrix} 1.0000 & 1.0318 \\ 0.9692 & 1.0000 \end{vmatrix}$

②$B = \begin{vmatrix} 0.5078 & 0.5078 \\ 0.4922 & 0.4922 \end{vmatrix}$

③$V = \begin{vmatrix} 1.0156 \\ 0.9844 \end{vmatrix}$

④$W = \begin{vmatrix} 0.5078 \\ 0.4922 \end{vmatrix}$

⑤$AW = \begin{vmatrix} 1.0157 \\ 0.9843 \end{vmatrix}$

⑥$\lambda_{max} = 1.999997$

CR = 0

⑦市场影响力评价指标判别矩阵。

旅游形象	市场辐射力	主题强化度	优先级权重
市场辐射力	1.0000	1.0318	0.5078
主题强化度	0.9692	1.0000	0.4992

（8）B_8 旅游时间判别矩阵。

①比较矩阵 $A = \begin{vmatrix} 1.0000 & 0.9956 & 0.9934 & 0.9963 \\ 1.0044 & 1.0000 & 0.9921 & 1.0005 \\ 1.0066 & 1.0080 & 1.0000 & 1.0036 \\ 1.0037 & 0.9995 & 0.9964 & 1.0000 \end{vmatrix}$

②$B = \begin{vmatrix} 0.2491 & 0.2487 & 0.2495 & 0.2490 \\ 0.2502 & 0.2498 & 0.2492 & 0.2501 \\ 0.2507 & 0.2518 & 0.2511 & 0.2509 \\ 0.2500 & 0.2497 & 0.2502 & 0.2500 \end{vmatrix}$

③$V = \begin{vmatrix} 0.9963 \\ 0.9993 \\ 1.0045 \\ 0.9999 \end{vmatrix}$

$$④W=\begin{vmatrix}0.2491\\0.2498\\0.2511\\0.2500\end{vmatrix}$$

$$⑤AW=\begin{vmatrix}0.9972\\1.0014\\1.0054\\1.0008\end{vmatrix}$$

$$⑥\lambda_{max}=\frac{1}{n}\sum_{i}\frac{(AW)_i}{w_i}=4.010741$$

$CI=(4.010741-4)/(4-1)=0.00358$

$CR=0.00358/0.90=0.003978<0.10$

⑦旅游时间判别矩阵。

旅游时间	旅游开发时序	旅游经营时间	适游期或使用范围	游客逗留天数	优先级权重
旅游开发时序	1.0000	0.9956	0.9934	0.9963	0.2491
旅游经营时间	1.0044	1.0000	0.9921	1.0005	0.2498
适游期或使用范围	1.0066	1.0080	1.0000	1.0036	0.2511
游客逗留天数	1.0037	0.9995	0.9964	1.0000	0.1500

(9) B_9 服务质量判别矩阵。

$$①比较矩阵\ A=\begin{vmatrix}1.0000 & 0.9879 & 1.0037 & 1.0029 & 1.0064\\1.0122 & 1.0000 & 1.0172 & 1.0116 & 1.0209\\0.9963 & 0.9831 & 1.0000 & 0.9934 & 1.0229\\0.9971 & 0.9885 & 1.0066 & 1.0000 & 1.0313\\0.9936 & 0.9795 & 0.9776 & 0.9696 & 1.0000\end{vmatrix}$$

$$②B=\begin{vmatrix}0.2000 & 0.2000 & 0.2005 & 0.2015 & 0.1981\\0.2025 & 0.2025 & 0.2033 & 0.2032 & 0.2009\\0.1993 & 0.1991 & 0.1998 & 0.1996 & 0.2012\\0.1995 & 0.2001 & 0.2011 & 0.2009 & 0.2030\\0.1987 & 0.1983 & 0.1953 & 0.1984 & 0.1968\end{vmatrix}$$

③$V = \begin{vmatrix} 1.0001 \\ 1.0124 \\ 0.9990 \\ 1.0046 \\ 0.9839 \end{vmatrix}$

④$W = \begin{vmatrix} 0.2000 \\ 0.2025 \\ 0.1998 \\ 0.2009 \\ 0.1968 \end{vmatrix}$

⑤$AW = \begin{vmatrix} 1.0001 \\ 1.0123 \\ 0.9990 \\ 1.0046 \\ 0.9840 \end{vmatrix}$

⑥$\lambda_{max} = \frac{1}{n}\sum_{i}\frac{(AW)_i}{w_i} = 5.000002$

CI = (5.000002 − 5)/(5 − 1) = 0.0000005

CR = 0.0000005/1.12 = 0.000000446 < 0.10

⑦服务质量判别矩阵。

服务质量	旅游卫生	旅游安全	导游素质	服务态度	服务效率	优先级权重
旅游卫生	1.0000	0.9879	1.0037	1.0029	1.0064	0.2000
旅游安全	1.0122	1.0000	1.0172	1.0116	1.0209	0.2025
导游素质	0.9963	0.9831	1.0000	0.9934	1.0229	0.1998
服务态度	0.9971	0.9885	1.0066	1.0000	1.0313	0.2009
服务效率	0.9936	0.9795	0.9776	0.9696	1.0000	0.1968

（10）B_{10} 基础设施服务评价指标判别矩阵。

①比较矩阵 $A=\begin{vmatrix} 1.0000 & 0.9457 & 0.9987 & 0.9438 & 0.9875 & 0.7513 & 0.9657 \\ 1.0574 & 1.0000 & 1.0036 & 0.9968 & 1.0635 & 1.0079 & 1.0436 \\ 1.0013 & 0.9964 & 1.0000 & 0.9431 & 0.9772 & 0.9445 & 0.9552 \\ 1.0595 & 1.0032 & 1.0603 & 1.0000 & 1.0378 & 1.0098 & 1.0213 \\ 1.0127 & 0.9403 & 1.0233 & 0.9636 & 1.0000 & 0.9643 & 0.9837 \\ 1.0512 & 0.9922 & 1.0588 & 0.9903 & 1.0370 & 1.0000 & 1.0123 \\ 1.0355 & 0.9582 & 1.0469 & 0.9791 & 1.0166 & 0.9878 & 1.0000 \end{vmatrix}$

②$B=\begin{vmatrix} 0.1386 & 0.1383 & 0.1389 & 0.1385 & 0.1387 & 0.1386 & 0.1383 \\ 0.1465 & 0.1463 & 0.1396 & 0.1462 & 0.1494 & 0.1468 & 0.1495 \\ 0.1387 & 0.1458 & 0.1390 & 0.1383 & 0.1373 & 0.1376 & 0.1368 \\ 0.1468 & 0.1468 & 0.1474 & 0.1467 & 0.1458 & 0.1471 & 0.1463 \\ 0.1403 & 0.1376 & 0.1423 & 0.1414 & 0.1405 & 0.1404 & 0.1409 \\ 0.1456 & 0.1451 & 0.1472 & 0.1453 & 0.1455 & 0.1456 & 0.1450 \\ 0.1435 & 0.1402 & 0.1456 & 0.1436 & 0.1428 & 0.1439 & 0.1432 \end{vmatrix}$

③$V=\begin{vmatrix} 0.9699 \\ 1.0243 \\ 0.9735 \\ 1.0269 \\ 0.9834 \\ 1.0193 \\ 1.0028 \end{vmatrix}$

④$W=\begin{vmatrix} 0.1386 \\ 0.1463 \\ 0.1391 \\ 0.1467 \\ 0.1405 \\ 0.1456 \\ 0.1433 \end{vmatrix}$

$$⑤AW = \begin{vmatrix} 0.9700 \\ 1.0244 \\ 0.9737 \\ 1.0270 \\ 0.9835 \\ 1.0200 \\ 1.0029 \end{vmatrix}$$

$$⑥\lambda_{max} = \frac{1}{n}\sum_{i}\frac{(AW)_i}{w_i} = 7.00077$$

CI = (7.00077 − 7)/(7 − 1) = 0.000128

CR = 0.000128/1.32 = 0.000097 < 0.10

⑦基础设施服务评价指标判别矩阵。

基础设施服务	技术先进性	设施规模度与完备性	设施维修保养	娱乐	购物	食宿	内交通的畅通性
技术先进性	1.0000	0.9457	0.9987	0.9438	0.9875	0.9513	0.9657
设施规模度与完备性	1.0574	1.0000	1.0036	0.9968	1.0635	1.0079	1.0436
设施维修保养	1.0013	0.9964	1.0000	0.9431	0.9772	0.9445	0.9552
娱乐	1.0595	1.0032	1.0603	1.0000	1.0378	1.0098	1.0213
购物	1.0127	0.9403	1.0233	0.9636	1.0000	0.9643	0.9837
食宿	1.0512	0.9922	1.0588	0.9903	1.0370	1.0000	1.0123
内交通的畅通性	1.0355	0.9582	1.0469	0.9791	1.0166	0.9878	1.0000

优先级权重
0.1386
0.1463
0.1391
0.1467
0.1405
0.1456
0.1433

(11) B_{11} 信息服务评价指标判别矩阵。

①比较矩阵 $A = \begin{vmatrix} 1.0000 & 0.9671 & 1.0171 \\ 1.0340 & 1.0000 & 1.0372 \\ 0.9832 & 0.9641 & 1.0000 \end{vmatrix}$

②$B = \begin{vmatrix} 0.3314 & 0.3299 & 0.3330 \\ 0.3427 & 0.3412 & 0.3396 \\ 0.3259 & 0.3289 & 0.3274 \end{vmatrix}$

③$V = \begin{vmatrix} 0.9934 \\ 1.0235 \\ 0.9822 \end{vmatrix}$

④$W = \begin{vmatrix} 0.3314 \\ 0.3412 \\ 0.3274 \end{vmatrix}$

⑤$AW = \begin{vmatrix} 0.9944 \\ 1.0234 \\ 0.9822 \end{vmatrix}$

⑥$\lambda_{max} = \frac{1}{n} \sum_i \frac{(AW)_i}{w_i} = 3.000006$

$CI = (3.000006 - 3)/(3 - 1) = 0.000003$

$CR = 0.000003/0.58 = 0.00000517 < 0.10$

⑦信息服务评价指标判别矩阵。

信息服务	通信网络建设程度	宣传促销力度	旅游解说系统	优先级权重
通信网络建设程度	1.0000	0.9671	1.0171	0.3314
宣传促销力度	1.0340	1.0000	1.0372	0.3412
旅游解说系统	0.9832	0.9641	1.0000	0.3274

（12） B_{12} 生态环境判别矩阵。

①比较矩阵 $A = \begin{vmatrix} 1.0000 & 1.0031 & 1.0029 & 1.0013 & 0.9975 \\ 0.9969 & 1.0000 & 0.9983 & 0.9993 & 0.9878 \\ 0.9971 & 1.0017 & 1.0000 & 0.9995 & 0.9901 \\ 0.9987 & 1.0007 & 1.0005 & 1.0000 & 0.9934 \\ 1.0025 & 1.0124 & 1.0100 & 1.0066 & 1.0000 \end{vmatrix}$

② $B = \begin{vmatrix} 0.2002 & 0.1999 & 0.2001 & 0.2000 & 0.2007 \\ 0.1996 & 0.1993 & 0.1992 & 0.1996 & 0.1988 \\ 0.1996 & 0.1996 & 0.1995 & 0.1996 & 0.1993 \\ 0.1999 & 0.1994 & 0.1997 & 0.1997 & 0.1999 \\ 0.2007 & 0.2018 & 0.2015 & 0.2001 & 0.2013 \end{vmatrix}$

③ $V = \begin{vmatrix} 1.0009 \\ 0.9965 \\ 0.9976 \\ 0.9986 \\ 1.0064 \end{vmatrix}$

④ $W = \begin{vmatrix} 0.2002 \\ 0.1993 \\ 0.1995 \\ 0.1997 \\ 0.2013 \end{vmatrix}$

⑤ $AW = \begin{vmatrix} 1.0010 \\ 0.9964 \\ 0.9977 \\ 0.9987 \\ 1.0063 \end{vmatrix}$

⑥ $\lambda_{max} = \frac{1}{n}\sum_{i}\frac{(AW)_i}{w_i} = 5.000102$

$CI = (5.000102 - 5)/(5 - 1) = 0.0000255$

$CR = 0.0000255/1.12 = 0.0000223 < 0.10$

⑦生态环境判别矩阵。

生态环境	空气	水质量	噪声污染	绿化	气候舒适度	优先级权重
空气	1.0000	1.0031	1.0029	1.0013	0.9975	0.2002
水质量	0.9969	1.0000	0.9983	0.9993	0.9878	0.1993
噪声污染	0.9971	1.0017	1.0000	0.9995	0.9901	0.1995
绿化	0.9987	1.0007	1.0005	1.0000	0.9934	0.1997
气候舒适度	1.0025	1.0124	1.0100	1.0066	1.0000	0.2013

（13）B_{13} 环境保护状态判别矩阵。

①比较矩阵 $A = \begin{vmatrix} 1.0000 & 1.0027 & 1.0119 & 1.0218 \\ 0.9973 & 1.0000 & 1.0102 & 1.0201 \\ 0.9882 & 0.9899 & 1.0000 & 1.0189 \\ 0.9787 & 0.9803 & 0.9815 & 1.0000 \end{vmatrix}$

②$B = \begin{vmatrix} 0.2523 & 0.2524 & 0.2527 & 0.2516 \\ 0.2516 & 0.2517 & 0.2523 & 0.2512 \\ 0.2493 & 0.2492 & 0.2498 & 0.2509 \\ 0.2468 & 0.2467 & 0.2452 & 0.2463 \end{vmatrix}$

③$V = \begin{vmatrix} 1.0090 \\ 1.0068 \\ 0.9992 \\ 0.9850 \end{vmatrix}$

④$W = \begin{vmatrix} 0.2523 \\ 0.2517 \\ 0.2498 \\ 0.2462 \end{vmatrix}$

⑤$AW = \begin{vmatrix} 1.0090 \\ 1.0068 \\ 0.9991 \\ 0.9851 \end{vmatrix}$

⑥$\lambda_{max} = \frac{1}{n}\sum_i \frac{(AW)_i}{w_i} = 4.000006$

CI = (4.000006 − 4)/(4 − 1) = 0.000002

CR = 0.000002/0.90 = 0.0000022 < 0.10

⑦资源与环境保护状态判别矩阵。

资源与环境保护	旅游资源保护状况	旅游环境保护状况	周边环境保护状况	社区社会文化保护状况	优先级权重
旅游资源保护状况	1.0000	1.0027	1.0119	1.0218	0.2523
旅游环境保护状况	0.9973	1.0000	1.0102	1.0201	0.2517
周边环境保护状况	0.9882	0.9899	1.0000	1.0189	0.2498
社区社会文化保护状况	0.9787	0.9803	0.9815	1.0000	0.2462

(14) B_{14} 旅游容量评价指标判别矩阵。

①比较矩阵 $A = \begin{vmatrix} 1.0000 & 1.0123 & 0.9924 \\ 0.9878 & 1.0000 & 0.9876 \\ 1.0077 & 1.0125 & 1.0000 \end{vmatrix}$

②$B = \begin{vmatrix} 0.3338 & 0.3347 & 0.3330 \\ 0.3298 & 0.3306 & 0.3314 \\ 0.3364 & 0.3347 & 0.3356 \end{vmatrix}$

③$V = \begin{vmatrix} 1.0015 \\ 0.9918 \\ 1.0067 \end{vmatrix}$

④$W = \begin{vmatrix} 0.3338 \\ 0.3306 \\ 0.3356 \end{vmatrix}$

⑤$AW = \begin{vmatrix} 1.0015 \\ 0.9918 \\ 1.0067 \end{vmatrix}$

⑥$\lambda_{max} = \frac{1}{n}\sum_i \frac{(AW)_i}{w_i} = 3.000001$

CI = (3.000001 − 3)/(3 − 1) = 0.0000005

CR = 0.0000005/0.58 = 0.000000862 < 0.10

⑦旅游容量评价指标判别矩阵。

旅游容量	日容量	年容量	旅游容量合理性	优先级权重
日容量	1.0000	1.0123	0.9924	0.3338
年容量	0.9897	10000	0.9876	0.3306
旅游容量合理性	1.0077	1.0125	1.0000	0.3356

五、旅游生态位评价指标权重总排序

1. 旅游生态位评价指标权重计算结果汇总

汇总上述计算结果，得到旅游生态位评价指标权重表，如表 3–12 所示。

表 3–12　旅游生态位评价指标权重

一级指标	权重	二级指标	权重	总排序权重	三级指标	权重	总排序权重
旅游资源	0.2685	资源价值	0.4140	0.1112	观赏游憩价值	0.3735	0.0415
					历史文化科学价值	0.3081	0.0343
					珍稀或奇特程度	0.3184	0.0354
		资源规模	0.2882	0.0774	规模与丰度	0.2390	0.0184
					完整性	0.1919	0.0149
					资源组合	0.1972	0.0153
					特色资源数量	0.1962	0.0152
					景点离散程度	0.1757	0.0136
		资源区位	0.2978	0.0799	区域经济发展状况	0.3640	0.0291
					与客源地距离	0.3143	0.0251
					外交通可进入性	0.3217	0.0257
旅游市场	0.2440	旅游人数	0.2031	0.0496	年接待境内外游客数	0.4948	0.0245
					年接待境外游客数	0.5052	0.0251
		门票收入与价格	0.2025	0.0494	门票旅游收入	0.5019	0.0248
					门票价格合理性	0.4981	0.0246
		旅游形象	0.1987	0.0485	知名度	0.5183	0.0251
					美誉度	0.4817	0.0234
		市场影响力	0.1981	0.0483	市场辐射力	0.5078	0.0245
					主题强化度	0.4922	0.0238
		旅游时间	0.1976	0.0482	旅游开发时间顺序	0.2491	0.0120
					旅游经营时间	0.2498	0.0120
					适游期或使用范围	0.2511	0.0121
					游客平均逗留时间	0.2500	0.0121

续表

<table>
<tr><th>一级指标</th><th>权重</th><th>二级指标</th><th>权重</th><th>总排序权重</th><th>三级指标</th><th>权重</th><th>总排序权重</th></tr>
<tr><td rowspan="5">旅游服务</td><td rowspan="5">0.2379</td><td rowspan="5">服务质量</td><td rowspan="5">0.3675</td><td rowspan="5">0.0874</td><td>旅游卫生</td><td>0.2000</td><td>0.0175</td></tr>
<tr><td>旅游安全</td><td>0.2025</td><td>0.0177</td></tr>
<tr><td>导游素质</td><td>0.1998</td><td>0.0174</td></tr>
<tr><td>服务态度</td><td>0.2009</td><td>0.0176</td></tr>
<tr><td>服务效率</td><td>0.1968</td><td>0.0172</td></tr>
<tr><td rowspan="15">旅游环境</td><td rowspan="15">0.2496</td><td rowspan="7">基础设施服务</td><td rowspan="7">0.3364</td><td rowspan="7">0.0800</td><td>技术先进性</td><td>0.1386</td><td>0.0111</td></tr>
<tr><td>旅游设施规模度与完备性</td><td>0.1463</td><td>0.0117</td></tr>
<tr><td>设施的维修保养</td><td>0.1391</td><td>0.0112</td></tr>
<tr><td>娱乐</td><td>0.1467</td><td>0.0117</td></tr>
<tr><td>购物</td><td>0.1405</td><td>0.0112</td></tr>
<tr><td>食宿</td><td>0.1456</td><td>0.0116</td></tr>
<tr><td>内交通的畅通性</td><td>0.1433</td><td>0.0115</td></tr>
<tr><td rowspan="3">旅游信息服务</td><td rowspan="3">0.2961</td><td rowspan="3">0.0705</td><td>通信网络建设程度</td><td>0.3314</td><td>0.0234</td></tr>
<tr><td>宣传促销力度</td><td>0.3412</td><td>0.0240</td></tr>
<tr><td>旅游解说系统</td><td>0.3274</td><td>0.0231</td></tr>
<tr><td rowspan="5">生态环境质量</td><td rowspan="5">0.3375</td><td rowspan="5">0.0842</td><td>空气质量</td><td>0.2002</td><td>0.0169</td></tr>
<tr><td>噪声指标</td><td>0.1993</td><td>0.0168</td></tr>
<tr><td>水质</td><td>0.1995</td><td>0.0168</td></tr>
<tr><td>绿化率</td><td>0.1997</td><td>0.0168</td></tr>
<tr><td>气候舒适度</td><td>0.2013</td><td>0.0169</td></tr>
<tr><td rowspan="7">旅游环境</td><td rowspan="7">0.2496</td><td rowspan="4">环境保护状况</td><td rowspan="4">0.3286</td><td rowspan="4">0.0820</td><td>旅游资源保护状况</td><td>0.2523</td><td>0.0207</td></tr>
<tr><td>旅游环境保护状况</td><td>0.2517</td><td>0.0206</td></tr>
<tr><td>周边环境保护状况</td><td>0.2498</td><td>0.0205</td></tr>
<tr><td>社区社会文化保护状况</td><td>0.2462</td><td>0.0202</td></tr>
<tr><td rowspan="3">旅游容量</td><td rowspan="3">0.3339</td><td rowspan="3">0.0834</td><td>日容量</td><td>0.3338</td><td>0.0278</td></tr>
<tr><td>年容量</td><td>0.3306</td><td>0.0276</td></tr>
<tr><td>旅游容量合理性</td><td>0.3356</td><td>0.0280</td></tr>
</table>

2. *旅游生态位评价指标总排序权重计算*

为了方便研究，利用一级指标权重乘以二级指标权重计算二级旅游生态位评价指标相对于一级指标的相对权重值，即总排序权重；再利用二级指标权重乘以三级指标权重计算三级指标总排序权重。如表 3-12 所示。

3. 旅游生态位评价指标总排序一致性检验

$$C_r = \frac{\sum_{j=1}^{m} a_j C_{ij}}{\sum_{j=1}^{m} a_j R_{ij}} \tag{3-14}$$

当 $C_r < 0.10$ 时，认为层次总排序结果具有满意一致性。

旅游生态位评价指标权重总排序一致性检验如下：

$$C_r = \frac{0.2685 \times 0 + 0.2440 \times 0 + 0.2379 \times 0 + 0.2496 \times 0.000283}{0.2685 \times 0 + 0.2440 \times 0 + 0.2379 \times 0 + 0.2496 \times 0.90}$$

$$= 0.000315 < 0.10$$

由此可见，旅游生态位评价指标层次总排序具有满意一致性，说明总排序的旅游生态位评价指标权重可以应用。

4. 旅游生态位评价指标权重分析

（1）对于一级旅游生态位评价指标，旅游生态位评价指标权重大小依次为旅游资源、旅游环境、旅游市场和旅游服务，分别为 0.2685、0.2496、0.2440 和 0.2379，说明影响旅游生态位的主导因素是旅游资源，其次是旅游环境、旅游市场和旅游服务。

（2）在二级旅游生态位评价指标中，旅游资源维度指标权重依次为资源价值、资源区位和资源规模，分别为 0.4140、0.2978 和 0.2882；旅游市场维度指标权重依次为旅游人数、门票收入与价格、旅游形象、市场影响力和旅游时间，分别为 0.2031、0.2025、0.1987、0.1981 和 0.1976；旅游服务维度指标权重依次为服务质量、基础设施服务和旅游信息服务，分别为 0.3675、0.3364 和 0.2961；旅游环境维度指标权重依次为生态环境质量、旅游容量和环境保护状况，分别为 0.3375、0.3339 和 0.3286，说明旅游生态位评价指标影响程度不同。

（3）对于三级旅游生态位评价指标，在总排序权重中，观赏游憩价值、珍稀或奇特程度和历史文化科学价值权重值最大，分别为 0.0415、0.0354、0.0343，说明它们是旅游生态位的主要影响因素。

第三节　旅游生态位模型研究

一、旅游生态位宽度模型

旅游生态位宽度测度不仅要在单一的旅游生态位维度测度，而且还应在两个或两个维度以上测度旅游生态位。应该强调的是，旅游生态位宽度大小主要是在旅游地之间的旅游生态位比较意义上进行计算，而单独地说明某个旅游地的旅游生态位有多大或多小通常是没有实际意义的。旅游生态位宽度变动范围从 0 到 1，0 表示完全没有占有旅游生态位，1 表示完全占有旅游生态位。以个旅游地作为行，个旅游生态位评价指标作为列，形成旅游生态位资源矩阵。

$$\left|\begin{matrix} p_{11} & \cdots & p_{1j} & \cdots & p_{1m} \\ \cdots & \cdots & \cdots & \cdots & \cdots \\ p_{i1} & \cdots & p_{ij} & \cdots & p_{im} \\ \cdots & \cdots & \cdots & \cdots & \cdots \\ p_{n1} & \cdots & p_{nj} & \cdots & p_{nm} \end{matrix}\right| \begin{matrix} \sum p_{1j}r_j \\ \cdots \\ \sum p_{ij}r_j \\ \cdots \\ \sum p_{nj}r_j \end{matrix}$$

其中，p_{ij} 为第 i 个旅游地个体在第 j 个旅游生态位维度上的具体占有分值，r_j 为第 j 个旅游生态位维度所占的权重。

建立旅游生态位宽度模型：

$$N_i = \left(\sum_{i=1}^{n} p_j r_j\right)_i \Bigg/ \sum_{i=1}^{n}\left(\sum_{j=1}^{m} p_j r_j\right)_i \tag{3-15}$$

其中，N_i 表示旅游地 i 旅游生态位宽度，$N_i \in [0, 1]$，$N_i = 0$ 时，旅游生态位宽度最小，$N_i = 1$ 时，旅游生态位宽度最大；r 表示旅游生态位评价指标权重，通过层次分析法获得；p 表示旅游生态位评价指标评分加权平均值，按照标准化处理，采用问卷调查和实地调查法给出旅游生态位评价指标评分值；j 表示旅游生态位评价指标序号 j = 1，2，3，…，m；i 表示旅游地序号，i = 1，2，3，…，n。

二、旅游生态位重叠模型

旅游生态位重叠模型包括一维度旅游生态位重叠和多维度旅游生态位重叠模型。

1. 一维旅游生态位重叠模型

一维度旅游生态位重叠模型是旅游生态位重叠计算的基本模型，是定量识别和计算旅游地在某一个旅游生态位维度（如旅游资源、旅游市场、旅游服务和旅游环境及其子维度等）上旅游生态位重叠。

根据生物的生态位资源矩阵，构建一个 m × n 的矩阵来表示旅游生态位资源矩阵（见式（3-16））。其中，m 代表所测旅游地的 m 个旅游生态位资源状态，n 代表所测旅游地数量。旅游生态位资源状态是指一个旅游生态位维度可利用范围划分的等级，如旅游资源中的旅游价值维度可以划分为非常高、比较高、一般、比较低、非常低 5 个旅游生态位资源状态。旅游生态位资源矩阵表示旅游生态位资源 m 被每个旅游地 n 的利用量，从旅游生态位资源矩阵可以得到所有各对旅游地之间的旅游生态位重叠矩阵 n × n（见式（3-17））。旅游生态位重叠矩阵对角线上的各个元素都是 1，代表旅游地自身的旅游生态位重叠，对角线外的各元素值都小于 1，代表旅游地之间的旅游生态位重叠。

$$\begin{vmatrix} x_{11} & x_{12} & \cdots & x_{1n} \\ x_{21} & x_{22} & \cdots & x_{2n} \\ \cdots & \cdots & \cdots & \cdots \\ x_{m1} & x_{m2} & \cdots & x_{mn} \end{vmatrix} \tag{3-16}$$

$$\begin{vmatrix} 1 & y_{12} & \cdots & y_{1n} \\ y_{21} & 1 & \cdots & y_{2n} \\ \cdots & \cdots & \cdots & \cdots \\ y_{n1} & y_{n2} & \cdots & y_{nn} \end{vmatrix} \tag{3-17}$$

根据生物生态位重叠公式，可以推导一维旅游生态位重叠计算模型：

$$\alpha_{ij} = \frac{\sum_{i,j=1}^{n} P_{iu}P_{ju}}{\sqrt{\sum P_{iu}^2 \times \sum P_{ju}^2}} \tag{3-18}$$

其中，α_{ij} 代表旅游地 i 和 j 的旅游生态位重叠，P_{iu} 和 P_{ju} 分别代表旅游地和对旅游生态位资源 u(u = 1→n) 的利用部分，旅游生态位重叠值范围是 0~1，0 表示旅游生态位完全不重叠，1 表示旅游生态位完全重叠。该公式反映了旅游生态位重叠程度和由于旅游生态位重叠而产生的旅游竞争压力。

若将旅游地在旅游生态系统中 u 个旅游生态位资源维度上所占比例看作维向量，则旅游地 i 和 j 所形成的两个向量分别为 u(u = 1→n) 和 $P_j = (P_{j1}, P_{j2}, \cdots, P_{ju})$，旅游生态位重叠模型即为此两个向量的夹角余弦值。旅游生态位重叠具有较为直观的几何解释，能较为客观地反映出旅游地间对旅游生态位资源利用或旅游生态系统的相似性，并且由该模型计算得出的旅游生态位重叠值不超过 1，便于客观比较不同旅游地旅游生态位重叠。

需要注意的是，当一个旅游生态位维度又可以分成若干个子（次）旅游生态位维度来考察时，旅游环境维度上的旅游生态位重叠可以综合旅游地的生态环境质量、环境保护状况、旅游容量等子维度旅游生态位重叠来计算得出，其计算方法同多维旅游生态位重叠计算。

2. 多维旅游生态位重叠模型

多维旅游生态位重叠计算是建立在一维旅游生态位重叠模型基础上。多维旅游生态位重叠计算有助于准确了解某两个或两个以上的旅游地是否在争夺同一维度的旅游生态位。在进行多维旅游生态位重叠计算时，根据不同维度之间的关系，可以采用积 α 法和和 α 法。

（1）积 α 法。当每个旅游生态位维度之间关系互为独立时，旅游地之间的多维旅游生态位重叠值为每个一维旅游生态位重叠矩阵相同位置元素的乘积：

$$\alpha_{ij}^{p} = \prod_{k=1}^{k} \alpha_{ij}(A_k) \tag{3-19}$$

式（3–19）中，α_{ij}^{p}是旅游地 i 和 j 的旅游生态位 α 乘积；$\alpha_{ij}(A_k)$ 是第 k 个 A 旅游生态位的 α_{ij}。

从式（3–19）可看出：由于一维旅游生态位 α_{ij} 的取值范围为［0，1］，所以，旅游地的 m 维旅游生态位宽度随着旅游生态位数量的增加而降低。这一结果，能够很好地解释旅游地多样性越高，对旅游地生存的限制条件越多，旅游生态位宽度就越窄，旅游地数量也就可能越少。也就是说，在区域旅游中，旅游地多样性程度越高，旅游地受到的限制因素就越多，每一个类型的旅游地数量就会越低，并且其数量变动就越趋于稳定，整个区域旅游系统就会越稳定。

（2）和 α 法。当每个旅游生态位维度不独立时，旅游地之间的 m 维旅游生态位重叠值为所有维度的旅游生态位重叠矩阵的算术平均值：

$$\alpha_{ij}^{p} = \left[\sum_{k=1}^{k} \alpha_{ij}(A_k)\right]/m \tag{3-20}$$

式（3–20）中，α_{ij}^{p}是旅游地 i 和 j 的旅游生态位 α 之和；α_{ij}（A_k）是第 k 个 A 旅游生态位的。

在计算旅游生态位重叠时具体选用积 α 法还是和 α 法，主要根据旅游生态位选取的旅游生态位维度之间关系是否独立来进行判断。如果旅游生态位维度之间关系是独立的，选用积 α 法；如果旅游生态位维度彼此不独立，适用积α 法。在本书的研究中，包括旅游资源维度、旅游市场维度、旅游服务维度和旅游环境维度等在内的 4 个旅游生态位主维度、14 个次维度和 50 个子维度，彼此不独立，主要运用和 α 法进行旅游生态位重叠计算。

三、旅游生态位分离模型

旅游生态位分离测度可采用 Hutchinson 的算法：

$$S_{ij} = \sum_{k=1}^{k} D_k \left| P_{ik} - P_{jk} \right| \tag{3-21}$$

式（3-21）中，P_{ik} 和 P_{jk} 分别指旅游地 i 和 j 在旅游生态位资源 k 上的利用比例。D_k 为到旅游生态位空间中点的距离。若第 μ 个资源维划分梯度数为 m，则有 $h = \prod_{u=1}^{n} mu$。S_{ij} 的值大于或等于 0，当两个旅游地具有一致的分布时，S_{ij} 值最小，为 0 值；当两个旅游地具有完全不同分布时，S_{ij} 具有最大值。

四、旅游生态位态势模型

为了定量比较不同旅游地的旅游生态位态势，必须分别测定旅游地的旅游生态位态和势，即它们的状态、影响力和支配力，一定区域内 n 个旅游地中某一旅游地的旅游生态位态势计算公式为：

$$N_i = \frac{S_i + A_i P_i}{\sum_{j=1}^{n} (S_j + A_j P_j)} \tag{3-22}$$

在式（3-22）中，i，j = 1，2，…，n，N_i 为旅游地 i 的旅游生态位态势，S_i 为旅游地 i 旅游生态位中的态，P_i 为旅游地 i 旅游生态位中的势，S_j 为旅游地 j 旅游生态位中的态（如旅游收入、游客接待量等），P_j 为旅游地 j 旅游生态位中的势（如旅游收入、游客接待量年平均变化量），$S_i + A_iP_i$ 称为旅游地 i 的绝对旅游生态位，A_i 和 A_j 为量纲转换系数。以 1 年为时间尺度，为量纲转换系数 A_i 和 A_j 为 1 年，则并且据此公式 $S_i + A_iP_i \leqslant \sum (S_j + A_jP_j)$，可测算出旅游生态位态势的取值范围为 0~1 之间，当旅游生态位态势值越接近 1，说明旅游地在区域旅游中发挥的作用越大，重要程度越明显；相反越接近 0，说明旅游地在区域旅游中所发挥的作用越小，重要程度越微弱。

五、旅游生态位扩充压缩度模型

旅游生态位扩充与压缩可以发生在任何一个旅游生态位维度上，也可以只发生在两个旅游生态位维度上，有时甚至发生在多个旅游生态位维度上。为了表示旅游生态位扩充压缩程度，可用旅游生态位的势（可为正值、零和负值）与态（初始态）的比值进行量度。其模型构建在于研究旅游地旅游生态位的态在特定时段内的扩充或压缩率（以百分率表示），P 为研究旅游地旅游生态位在特定时段内的势，S 为研究特定时段旅游地旅游生态位的态。

$$T = \frac{P}{S} \times 100\% \tag{3-23}$$

T 实质上表征了在特定时段内旅游生态位扩充或压缩的方向和速度。一般而言：当 $T > 0$ 时，表示旅游生态位扩充，T 越大，旅游生态位扩充速度越大；当 $T < 0$ 时，表示旅游生态位压缩，T 越小，旅游生态位压缩速度越大；当 $T = 0$ 时，表示旅游生态位保持稳定状态。

六、旅游生态位适宜度模型

参考欧阳志云、王如松等（1996）的研究，多维旅游生态位适宜度可用下列模型估计：

$$X_j = \left(\prod_{i=1}^{n} X_{ij}\right)^{1/n} \tag{3-24}$$

式（3-24）中，X_j 为 j 旅游地发展的旅游生态位适宜度，X_{ij} 为 i 旅游生态位资源对 j 旅游地发展的旅游生态位适宜度。

旅游发展对旅游生态位资源的要求通常分为三类：

（1）第一类是对于旅游地发展方式，旅游生态位资源必须满足其最低要求，且有：

$$X_i = \begin{cases} 0 & 当\ S_i < D_{imin} \\ \dfrac{S_i}{D_{iopt}} \cdot R_i & 当\ D_{imin} < S_i < D_{iopt} \\ R_i & 当\ S_i > D_{iopt} \end{cases} \tag{3-25}$$

式（3-25）中，X_i 为 i 旅游地的旅游生态位适宜度，S_i 为 i 旅游地的旅游生态位资源状态的测度，D_i 为旅游地 i 的旅游生态位资源要求测度，D_{imin} 为 i 旅游地的旅游生态位资源要求的最小值，D_{iopt} 为旅游地 i 旅游生态位资源的要求值，R_i 为旅游地 i 的旅游生态位资源的风险性测定，常用保证率来测度。

（2）第二类是在旅游生态位资源可供给的范围内存在一个适宜区间，即既不能低于某一定值，也不能高于某个值，旅游生态位资源供给过少及过多均将成为限制因素，如旅游容量。此时有：

$$X_i=\begin{cases}0 & 当\ S_i\leqslant D_{imin}\ 与\ S_i\geqslant D_{imax}\\ \dfrac{S_i-D_{imin}}{D_{iopt}-D_{imin}}\cdot R_i & 当\ D_{imin}<S_i\leqslant D_{iopt}\\ \dfrac{D_{imax}-S_i}{D_{imax}-D_{iopt}}\cdot R_i & 当\ D_{iopt}<S_i<D_{imax}\end{cases} \tag{3-26}$$

式（3–26）中，D_{imax} 为旅游生态位资源要求的最大值，其他符号同式（3–25）。

（3）第三类即现状值越低越好，如旅游事故越少越好，即属于此类。因此，可以有下列模型估计旅游生态位适宜度。此时有：

$$X_i=\begin{cases}\left(1-\dfrac{S_i-D_{imax}}{D_{imin}-D_{imax}}\right)\cdot R_i & 当\ D_{imin}<S_i\leqslant D_{iopt}\\ 0 & 当\ S_i>D_{imin}\end{cases} \tag{3-27}$$

式（3–27）中的符号意义均与式（3–25）、式（3–26）相同。

在多维旅游生态位资源需求的旅游生态空间中，只要有一种旅游生态位资源不能满足旅游需求的最低要求，即有一种旅游生态位资源的旅游生态位适宜度为0，则整个旅游生态位适宜度为0。因此，多维旅游生态位适宜度指数可用下式估计：

$$X_j=\left(\prod_{i=1}^{n}X_{ij}\right)^{1/n} \tag{3-28}$$

式（3–28）中，X_j 为 j 旅游地的旅游生态位适宜度，X_{ij} 为 i 旅游生态位资源对 j 旅游地旅游生态位适宜度。旅游生态位适宜度大小反映了旅游区域资源条件对旅游发展需求的适宜性程度，有助于建立初步的区域旅游发展方案与措施。

假设对某旅游地进行了 m 次调查实验，每次调查实验条件下对个旅游生态位因子进行观测，其标准化与最适值构成如表 3–13 所示。

表 3–13　旅游生态位因子观测值

旅游生态位观测指标				
序号	x_1	x_2	…	x_n
1	x_{11}	x_{12}	…	x_{1n}
2	x_{21}	x_{22}	…	x_{2n}
⋮	⋮	⋮		⋮
m	x_{m1}	x_{m2}	…	x_{mn}
最适值	x_{a1}	x_{a2}	…	x_{an}

由此建立测度旅游生态位适宜度模型：

$$F_i=\frac{1}{n}\sum_{j=1}^{n}\frac{\min\{|x_{ij}-x_{aj}|\}+\alpha\cdot\max\{|x_{ij}-x_{aj}|\}}{\{|x_{ij}-x_{aj}|\}+\alpha\cdot\max\{|x_{ij}-x_{aj}|\}}(i=1,\ 2,\ \cdots,\ m) \tag{3-29}$$

式（3–29）中，F_i 表示第 i 次调查实验下的旅游生态位适宜度，α 为模型参数（0≤α≤1）。关于参数 α 的估算，可以假定当 $\delta_{ij} = \overline{\delta_{ij}}$ 时，$F_i = 0.5$，即用下式估算。

计算 x_{ij} 与 x_{aj} 之间的绝对差：

$$\delta_{ij} = |x_{ij} - x_{aj}|(i = 1, 2, \cdots, m; j = 1, 2, \cdots, n)$$

即 δ_{ij} 的最大值和最小值分别为：

$$\delta_{max} = \max\{\delta_{ij}\} = \max\{|x_{ij} - x_{aj}|\}$$

$$\delta_{min} = \min\{\delta_{ij}\} = \min\{|x_{ij} - x_{aj}|\}$$

$$\overline{\delta_{ij}} = \frac{1}{m \cdot n}\sum_{i=1}^{m}\sum_{j=1}^{n}\delta_{ij}$$

取 $\frac{\delta_{min} + \alpha \cdot \delta_{max}}{\delta_{ij} + \alpha \cdot \delta_{max}} = 0.5$，由此式解出值。

由于旅游生态位适宜度计算具有一定难度，这里不做深入研究。

第四节　小　结

第一，旅游生态位评价指标包括旅游资源、旅游市场、旅游服务和旅游环境等 4 个一级指标，资源价值、资源规模等 14 个二级指标，观赏游憩价值、规模与丰度等 50 个三级指标。

第二，采用 AHP 法分别赋予旅游生态位指标权重，建立了旅游生态位评价指标体系。对于一级旅游生态位评价指标，旅游生态位评价指标权重大小依次为旅游资源、旅游环境、旅游市场和旅游服务，分别为 0.2685、0.2496、0.2440 和 0.2379，说明影响旅游生态位的主导因素是旅游资源，其次是旅游环境、旅游市场和旅游服务。在二级旅游生态位评价指标中，旅游资源维度指标权重依次为资源价值、资源区位和资源规模，分别为 0.4140、0.2978 和 0.2882；旅游市场维度指标权重依次为旅游人数、门票收入与价格、旅游形象、市场影响力和旅游时间，分别为 0.2031、0.2025、0.1987、0.1981 和 0.1976；旅游服务维度指标权重依次为服务质量、基础设施服务和旅游信息服务，分别为 0.3675、0.3364 和 0.2961；旅游环境维度指标权重依次为生态环境质量、旅游容量和环境保护状况，分别为 0.3375、0.3339 和 0.3286。这说明旅游生态位评价指标影响程度不同。对于三级旅游生态位评价指标，在总排序权重中，观赏游憩价值、珍稀或奇特程度和历史文化科学价值权重值最大，分别为 0.0415、0.0354、0.0343，说明它们是旅游生态位主要影响因素。

第三，从旅游生态位宽度模型、旅游生态位重叠模型、旅游生态位态势模型、旅游生态位扩充压缩度模型和旅游生态位适宜度模型等研究了旅游生态位模型。

第四章 旅游生态位应用研究
——以张家界市为例

第一节 研究区域

一、地理位置与范围

张家界市位于湖南省西北部，地处云贵高原隆起与洞庭湖沉降区接合部。地理位置是北纬28°52′~29°48′，东经109°40′~111°20′。东与湖南省石门县、桃源县交界，南与湖南省沅陵县毗连，西与湖南省永顺县、龙山县接壤，北与湖北省鹤峰县、宣恩县为邻，总面积9563平方千米，东西最长167千米，南北最宽96千米，辖慈利县、桑植县、武陵源区、永定区，占湖南省面积的4.5%。

二、自然环境

张家界市气候适中，地处北中纬度，属中亚热带山原型季风湿润气候，四季分明。因此，雨量丰沛（历年平均降水量为1400毫升），阳光充足，无霜期长，严寒期短，年平均气温16℃左右，夏季最热月平均气温为27℃，冬季最冷月平均气温为4.3℃（1月最冷，极端气温在0~4℃），这样的气候，不仅适合动物繁衍与植物生长，更适合旅游。张家界市的森林总覆盖率达66.98%，市城区空气质量优良率达90.1%，饮用水水源水质达标率为99.6%，90%的地表水水质达到了Ⅱ类标准以上，主要污染物排放量均低于国家控制标准；建立各类自然保护区8个，其中国家级2个、省级3个，有娃娃鱼（Andrias Davianus）、“中国鸽子花”珙桐（Davidia Involucrate）等国家一、二级珍稀保护动、植物81种，保护小区23个，保护面积702平方千米。张家界市资源丰富，有流域面积10平方千米、长度5千米以上的河流212条，共3131千米，水力资源理论蕴藏量为156.9万千瓦，可开发量达104万千瓦；有煤、铁矿石、镍钼等矿产60多种，已探明储量和可开发利用的为28种；物种丰富，木本植物有110科、1409种，脊椎动物有190余种。①

三、社会经济状况

张家界市为少数民族聚居区，2007年人口总数为162.39万人，共有少数民族33个，其中以土家族、白族、苗族为主，少数民族人口117.68万，占总人口的77.19%。2007年张家界国民生产总值151.34亿元、财政收入11.12亿元（按可比价计算），分别是建市之初（1989年）的5.18倍和13.22倍，年均增长分别为10.15%和16.4%。三大产业比重由2006年的16.4：24.2：59.4调整为2007年的16.8:23.8:59.4，农民人均纯收入2607元、城镇居民人均可支配收入9484元，"十五"以来年均增长分别为5.52%和9.57%；城、乡居民恩格尔系数分别为36.3%和51.8%，呈逐年下降趋势；"十五"以来城镇化率每年提高2%以上，达到了35.61%。②

四、旅游发展状况

张家界市以其得天独厚的旅游资源闻名于世，也因旅游建市，是国内重点旅游城市。武陵源风景名胜区拥有世界罕见的石英砂岩峰林峡谷地貌，是中国首批入选的世界自然遗产、世界首批地质公园、国家首批5A级旅游景区；"武陵之魂"天门山国家森林公园、"世界罕见的物种基因库"八大公山国家级自然保护区、"楚南盛景"道教圣地、"南武当"五雷山、"百里画廊"茅岩河、"亚洲第一洞"九天洞、万福温泉等景区景色秀美、风光独特；贺龙故居、湘鄂川黔革命根据地省委旧址是全国重点文物保护单位，普光禅寺、玉皇洞石窟群、老院子等8处人文古迹是省级重点文物保护单位；土家风情园、秀华山馆等民族风情景点和魅力湘西等演艺节目，全面展现了土家族、白族、苗族等少数民族传统习俗和民族文化。③

到目前为止，张家界市已建成国家级旅游区点12处，其中5A级景区1处，4A级7处，已开辟游览线30多条，10余条同属石英砂岩峰柱地貌景观旅游线、6条同是漂流旅游线（如茅岩河漂流、澧江漂流、激流回旋）、4处同是石灰岩溶洞旅游线（如黄龙洞、九天洞、龙王洞等），旅游交通和旅游接待服务设施日趋

---

①③ http：//114.zjj.gov.cn/qj/a01/a02.htm（张家界黄页），2009年3月10日。

②《张家界市统计年鉴》（2008）。

完善，旅游日接待能力可达 3.62 万人。2007 年，张家界市各旅游景区景点共接待国内外游客 1878 万人次，实现旅游收入 91.25 亿元，其中境外游客 125.9 万人次，在国内同类旅游城市中处于领先水平。[①]

五、主要旅游景区

张家界市旅游资源丰富，以武陵源景区、天门山景区、茅岩河景区、八大公山景区和五雷山景区最为主要和有代表性。这五大旅游景区大体为山、水、洞这三类自然旅游资源重复组合，也具备民俗风情和佛教色彩。为了研究方便，本书主要以武陵源景区、天门山景区、茅岩河景区、八大公山景区和五雷山景区等旅游景区作为研究对象，其分布图见附录 K。

1. 武陵源景区

武陵源景区位于张家界市武陵源区内，核心景区由我国第一个国家森林公园——张家界国家森林公园、索溪峪自然保护区、天子山自然保护区和杨家界景区组成，景区的范围为北纬 29°16′25″~29°24′25″，东经 110°22′30″~110°41′15″，东西长 31 千米，南北宽 15.5 千米，武陵源景区范围面积为 397.5 平方千米（含宝峰湖、黄龙洞景区），其中核心景区面积 264 平方千米。

武陵源景区是中国最具有特色的自然风景区之一，境内岩溶地貌发达，石英砂岩峰林峡谷地貌世界罕见。1988 年 10 月，国务院公布武陵源为国家级重点风景名胜区。1992 年 12 月 7 日，联合国教科文组织世界遗产委员会批准将武陵源作为世界自然遗产列入《世界遗产名录》。国内外专家学者赞誉武陵源是“大自然的迷宫”和不可思议的“地球纪念物”。《国际自然与自然资源保护聪明技术评价报告》中指出：“武陵源在风景上可以和美国最好的几个国家森林公园及纪念物相比。”2002 年，武陵源景区被列入世界地质公园网络名录。[②]

2. 天门山景区

天门山景区距张家界市区仅 8 千米，位于永定城区南面，海拔 1518.6 米，东经 110°29′~110°59′，北纬 29°08′~110°58′，距世界旅游胜地武陵源景区仅 40 千米。森林资源丰富，森林面积 80 公顷，有 33.33 公顷原始次生林，天然分布植物有 134 科、532 种，覆盖率达 80%以上。天门山以其独特的喀斯特岩溶地质结构、秀美的自然风景名扬三湘，于高绝奇险中更见秀丽宜人，历来成为名人宦仕的景仰之地，文化底蕴极为深厚，是张家界市文化圣地，被尊为“张家界之魂”，天门山在人们心目中有着神圣而崇高的地位，被当地老百姓奉为神山、圣

① 《张家界市统计年鉴》（2008）。
② http：//www.zhangjiajie.me/folk/folk_585.html（张家界市旅游网），2009 年 3 月 12 日。

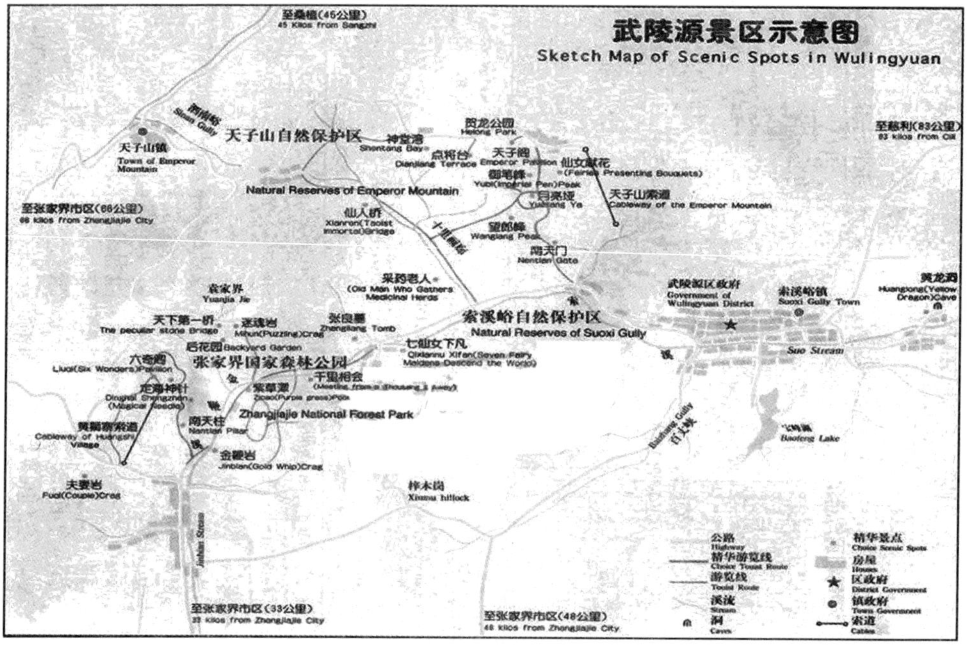

图 4-1 武陵源景区示意图

资料来源：http：//www.sc666.com，2008-8-3。

山，有“湘西第一神山”的美誉。天门山是张家界市除武陵源之外的又一旅游资源富集区；与武陵源（石英砂岩峰林）所不同的是它属伟岸挺拔（雄浑）的台形孤山（四周皆为绝壁），巍然耸立于城市边沿，与之隔河相望，遥相呼应，天门山雄伟险峻，有“拔地通天之势，擎天捧日之姿”，宛如张家界的天然画屏，成为张家界市最具代表性的自然景观之一，其天际线之美，使每位光临张家界的艺术家和游客们为之倾倒，他们认为“天门山堪称山的典型，山的代表”。[①]

天门山景区横跨崇山绝壁之上的天门山高山客运观光索道以 7455 米世界罕见的长度和世界第一流的技术著称于世；蜿蜒迂回的通天大道以其穿行于山体绝壁之天险而成为天下第一公路奇观；蜿蜒于怪石林立、植被苍翠的原始空中花园中的游道更显曲径通幽的芬芳魅力；还有天门山寺、后山索道、天门洞、天门书院、上天梯、灵泉院、樱桃湾、赤松门、鬼谷洞、云梦仙顶、野拂藏宝、李娜小屋等 54 处景点，如图 4-2 所示。

3. *茅岩河景区*

茅岩河景区是集自然景观、融峡谷风光、洞天美景、水上漂流、人文景观、

① http：//www.tianmenshan.com.cn/webinfo/tmshome.asp（张家界天门山国家森林公园网），2009 年 5 月 3 日。

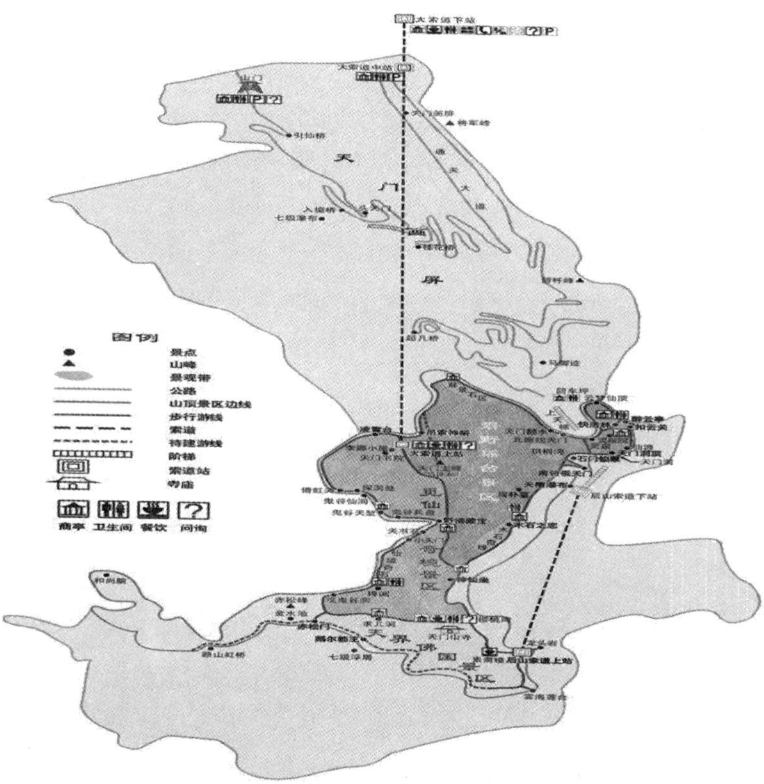

图 4-2　天门山景区示意图

资料来源：http：//maps.mipang.com/small-map/Resources-china-zhangjiajie-map-map_3-405. html，2008-8-7。

历史文化、民俗风情等为一体的湖南省级风景名胜区、国家 4A 级风景区，位于张家界市永定区澧水流域上游，地处张家界市西部，距张家界市区 35 千米，北与武陵源风景名胜区相隔 65 千米，西与苦竹寨、九天洞毗邻，从苦竹寨至大溪坎陈家河，两岸全是峭壁悬崖，名茅岩河。茅岩河景区地处中纬度，属中亚热带山原型季风湿润气候。平均气温为 16.8℃，最冷月（1 月）平均气温为 5.1℃，最热月（7 月）平均气温为 28℃，多年极端高温为 40.7℃，多年极端低温为-15.5℃，年降雨量为 1381.9 毫升，降雨天数为 154.5 天，其中白天降雨在 110 天左右，受季风影响，山麓四季分明，冬长夏短，轻寒微暖，无霜期为 268 天，适合游览天数在 260 天左右。茅岩河森林覆盖率达到 80%，沿河流泉飞瀑数十处，按照负氧离子的空间分布规律，沿河空气中的负氧离子含量在 100000~500000 个/平方厘米，为各种自然环境中含量最高的类型。①

茅岩河景区有血门沟、洞子坊、茅岩滩、夹儿沟、温塘温泉、麻阳古渡、百里画廊——茅岩河峡、水洞子瀑布、索影潭、枞槐滩、五马头、合五滩、中国最大和最安全的旅游漂流地带茅岩河漂流、亚洲第一洞——九天洞、神奇的苦竹河大峡谷、两边都是高山的神秘小寨苦竹寨、珍贵历史文化遗产、湖南省重点文物保护单位——玉皇石窟等 30 余处景点。其中，贺龙故居、九天洞至苦竹河大峡谷是张家界主要的红色旅游线路。贺龙故居被列入国家 30 条红色旅游精品线之一，茅岩河景区入选湖南“潇湘百景”，为张家界 5 条旅游精品游览线之一，是张家界旅游的重要组成部分，如图 4–3 所示。

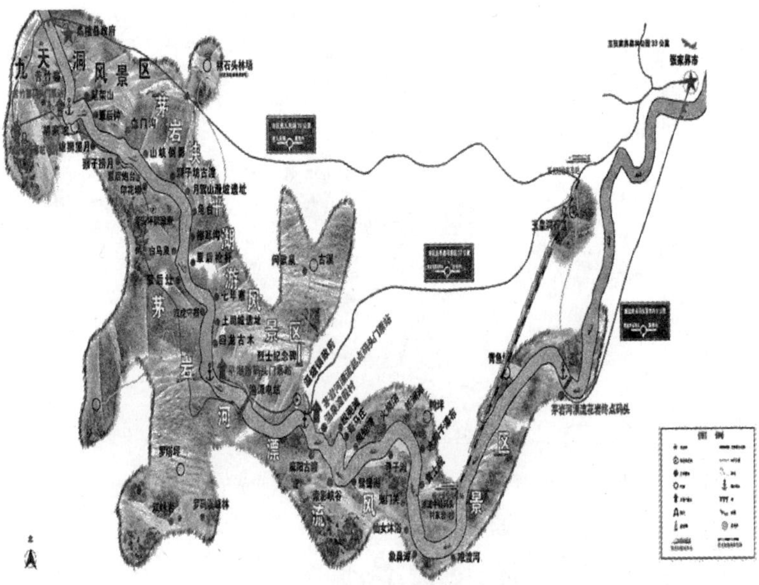

图 4–3　茅岩河景区示意图

资料来源：http：//www.51766.com/xinwen/11012/1101259060.html，2008–8–12。

4. 八大公山景区

八大公山景区位于张家界市桑植县西北部，与湖北省西南部的宣恩、来凤、鹤峰县毗邻交界，距桑植县城 85 千米，距张家界 170 千米，范围东经 109°41′50″~110°9′50″，北纬 29°39′18″~29°49′48″，是我国亚热带生态系统的坐标轴心，呈东西走向，海拔 395~1890 米，山峦一般在海拔 1000 米左右。八大公山由斗篷

① http：//www.maoyanhe.cn/(张家界茅岩河九天洞旅游开发股份公司网站)，2009 年 5 月 7 日。

山、杉木界、天平山三大林区组成，境内大小溪谷 573 条，东西长 75 千米，南北宽 20 千米，总面积为 700 平方千米，核心区面积为 250 平方千米，森林蓄积量达 106.3 万立方米，森林覆盖率达 98%，是亚热带保存最完整、面积最大的原始次生林区之一，被誉为“天然博物馆”和“物种基因中心”，也是湖南省建立最早的国家级自然保护区。

八大公山景区地形复杂、山川交错、气候温和、雨量充沛。由于受第四纪冰川影响较小和历史上很少受到人为破坏，区内分布着典型的中亚热带常绿阔叶林，保存着种类繁多的植物，植物种类达 3000 种以上，拥有木本植物为 93 种、285 属、700 余种，其中珍稀濒危植物为 28 种，一至三级保护植物为 54 种，药用植物为 1000 余种，千年古树为 18 万余株，名贵花卉为 180 余种，各种野果为 100 余种。如被国外誉为“中国鸽子树”的珙桐（Davidia Involucrate）、地球上濒于灭绝的“活化石”香果树（Emmenopterys Henryi）、毛红椿（Toona Ciliate Var. Pubescens）、红花玉兰（Magnolia Wufengensis LY Ma et LR Wang）等，均为世界稀有。此外，八大公山有脊椎动物 140 种，其中有珍贵动物金鸡（Chrysolophus Pictus）、苏门羚（Capricoruis Sumatraensis Argyrochaetes）、华南虎（Panthera Tigris Amoyensis）、娃娃鱼（Andrias Davianus）等。八大公山景区又称为百药园、百花园、百果园和动物园，是中国长江南部地区规模最大、保存最为完整的原始森林，对研究亚热带森林发展规律和保护珍稀濒危动植物具有重要的科学价值。

八大公山景区旅游资源十分丰富，以“幽、野、奇、险、神”为主要特色的森林景观会使人飘然若醉，七姊妹、十六兄弟、醉汉林、仙人池、棋盘岩、四门洞、夫妻树、情人屋、乌龙潭、乾隆锁匪洞、贺龙“两把菜刀闹革命”纪念地等 121 处自然和人文景观，激发人们的无尽遐想。八大公山景区于 1982 年被确立为湖南省首批 23 处自然保护区之一；1986 年，经国务院确定为中国第一批 20 个国家保护区之一的森林和野生动植物类型自然保护区；1990 年 4 月，经张家界市政府批准成立湖南八大公山国家自然保护区管理处；1995 年 7 月，被列为联合国“人与生物圈”首批 45 个网络成员之一，并对外开放；1998 年，被世界自然基金会列为全球 200 个重要生态区之一。①

5. 五雷山景区

五雷山位于张家界市慈利县东部，地处城关镇、广福桥镇、石门县蒙镇以及零溪乡、花薮乡与桃源县菖蒲乡的交界处。它东接临澧，南临桃源，西处城关，北抵石门，东经 111°15′~111°18′，北纬 29°23′00″~29°27′30″之间，海拔最高为 976 米，最低为 123.7 米。每年最高气温为 32℃，最低气温为 15℃，年平均气温为 11℃。这里气候适中，四季分明，是一个一年四季都适合旅游朝圣的好地方。

① http：//www.51766.com/zhinan/11003/1100300526.html，2009 年 5 月 8 日。

五雷山是张家界市重要风景名胜区，又是道教旅游朝圣地，素有“楚南第一胜境”之称。从人文景观来看，五雷山主要是道教修建的祠宇宫殿，古建筑群共有建筑面积达 8500 多平方米，是我国道教建筑中仅次于湖北武当山的又一大片古建筑群。俗话说“北武当，南五雷”，二者如兄弟联袂，名闻遐迩，其道教殿宇之多被《三湘之最》誉为湖南最大的道教文化群落。在这些古建筑群中，因五雷山的寺庙名称与建筑风格均与湖北武当山基本相同或相似，加上它的地理位置在长江以南，故五雷山又有“南武当”之雅称。

五雷山景区人文景观突出，自然景观也非常丰富秀丽，有山 120 多座、溪流 15 条，山体表面面积达 160 平方千米。登山时从山脚到山顶，一路之上，可以看到许多自然景观。20 世纪 90 年代初，慈利县委、县政府为落实党的宗教政策和文物管理法规，发展旅游，投资数百万元，修复了部分古建筑，修建了旅游专线公路以及相应的旅游服务设施，成立了五雷山风景区，于 1994 年 9 月 19 日（农历八月十五日）举行了空前盛大的“五雷山宗教文化首游式”。五雷山景区著名景点有顾公寨、慈济埸、龙头胜境、舍身岩、百子堂、梳妆台、朝圣门、晒经凸、迎宾馆、药王殿、财神殿等。[①]

第二节　旅游生态位宽度分析

一、数据收集与处理

为了测算旅游生态位宽度，采用问卷调查法先对旅游生态位评价指标进行评分。考虑被调查者的知识水平、认识能力以及个人偏好等因素的差异，对同一指标难以形成统一的评分，尝试将旅游生态位评价指标划分为五个评价等级，由被调查者分别评分，便于采用旅游生态位宽度模型计算评价对象的旅游生态位宽度。

1. 问卷设计

旅游生态位评价指标评分调查问卷分两部分设计：一是调查样本统计学信息性别、年龄、教育程度、收入等，二是旅游生态位评价指标评分。采用问卷调查法通过专家、游客、当地居民、政府官员或景区管理人员等评分获得武陵源景区、天门山景区、茅岩河景区、八大公山景区和五雷山景区旅游生态位评价指标

① http://www.wuleixianshan.com/Tour/（张家界旅游道教圣地五雷山旅游网），2009 年 5 月 9 日。

评分，评分采取 10 分制，评语集为 5 个等级，对应的级别评分集为 1~2 分、3~4 分、5~6 分、7~8 分、9~10 分，调查问卷见附录 E、F、G。

2. 调查实施

问卷调查的实施分两次实地调查。为保证问卷调查结果的真实性，问卷调查对象：张家界市旅游局、政府机关人员用通用性调查问卷（见附录 E），调查样本约 20%；慈利县旅游局、桑植县旅游局、武陵源旅游局、各旅游景区管理人员、游客、当地居民用单一旅游景区调查问卷（见附录 F、G），调查样本约 80%。另外，每个旅游景区调查人数规定为 200 人，共 1000 份，如是无效问卷则进行再次问卷调查。

（1）第一次调查在 2007 年 9 月 20 日~10 月 10 日进行，调查落点选取为各旅游景区、火车站、汽车站、相关部门。以专家、游客、当地居民、政府部门或旅游景区管理人员作为调查对象，采用随机抽样法选择样本。调查问卷共发放了 520 份，收回 510 份，其中有效问卷 504 份，有效率为 96.92%。

（2）第二次调查在 2008 年 5 月 20 日~6 月 10 日进行，调查落点选取为各旅游景区、火车站、汽车站、相关部门。以专家、游客、当地居民、政府部门或旅游景区管理人员作为调查对象，采用单随机抽样法选择样本。调查问卷共发放了 510 份，收回 502 份，其中有效问卷 496 份，有效率为 97.25%。

3. 调查样本特征

从表 4–1 可以看出，武陵源景区的男性游客占 52%；公务员占 18%；游客年龄分布以 31~40 岁为多，占 26%；个人收入 2500 元者以下占 69%；市内游客占 39%。天门山景区的男性游客占 56%；公务员占 21%；游客年龄分布以 31~40 岁为多，占 31.5%；个人收入 2500 元者以下占 71.5%；市内游客占 35.50%。茅岩河景区男性游客占 53%；公务员占 20%；游客年龄分布以 31~40 岁为多，占 34.5%；个人收入 2500 元者以下占 74%；省内游客占 37%。八大公山景区的男性占 63%；专业技术人员占 20%；游客年龄分布以 31~40 岁为多，占 41%；个人收入 2500 元者以下占 77%；市内游客居多，占 39%。五雷山景区以女性比例大，占 58%；60 岁以上占 23%；农民占 23.5%；市内游客居多，占 48%；个人收入 2500 元者以下占 71%。

4. 调查数据统计

（1）使用加权平均法计算张家界市主要旅游景区在旅游生态位评价指标上的评分值，如表 4–2 所示。

（2）根据张家界市主要旅游景区旅游生态位评价指标评分情况，利用旅游生态位宽度模型（式 3–15）计算其旅游生态位宽度，如表 4–3 所示，其中 i = 1，2，3，4，5；j = 1，2，3，…，5。

表 4–1　张家界市主要旅游景区测量样本特征

景区		武陵源景区		天门山景区		茅岩河景区		八大公山景区		五雷山景区	
项目 \ 特征		频数	比例(%)	频数	比例(%)	频数	比例(%)	频数	比例(%)	频数	比例(%)
性别	男	104	52.00	112	56.00	106	53.00	126	63.00	84	42.00
	女	96	48.00	88	44.00	94	47.00	84	37.00	116	58.00
年龄	20 岁以下	22	11.00	20	10.00	21	10.50	18	9.00	12	6.00
	21~30 岁	48	24.00	46	23.00	49	24.50	46	23.00	26	13.00
	31~40 岁	52	26.00	63	31.50	69	34.50	82	41.00	30	15.00
	41~50 岁	38	19.00	43	21.50	40	20.00	42	21.00	36	18.00
	51~60 岁	26	13.00	23	11.50	20	10.00	12	6.00	40	20.00
	60 岁以上	14	7.00	5	2.50	1	0.50	0	0.00	46	23.00
月收入	200~499 元	5	2.50	3	1.50	7	3.50	4	2.00	10	5.00
	500~999 元	33	16.50	34	17.00	39	19.50	36	18.00	38	19.00
	1000~2500 元	100	50.00	106	53.00	102	51.00	114	57.00	94	47.00
	2500~3500 元	42	21.00	41	20.50	38	19.00	36	18.00	40	20.00
	3500 元以上	20	10.00	16	8.00	14	7.00	10	5.00	18	9.00
职业	工人	33	16.50	35	17.50	33	16.50	30	15.00	32	16.00
	农民	25	12.50	22	11.00	27	13.50	36	18.00	47	23.50
	学生	22	11.00	27	13.50	23	11.50	24	12.00	10	5.00
	公务员	36	18.00	42	21.00	40	20.00	30	15.00	12	6.00
	商贸人员	28	14.00	23	11.50	23	11.50	18	9.00	38	19.00
	专业技术人员	18	9.00	17	8.50	15	7.50	40	20.00	5	2.50
	景区管理人员	20	10.00	18	9.00	21	10.50	12	6.00	11	5.50
	离退休人员	8	4.00	3	1.50	0	0.00	0	0.00	30	15.00
	其他	10	5.00	13	6.50	18	9.00	10	5.00	15	7.50
客源地	市内	78	39.00	71	35.50	66	33.00	78	39.00	96	48.00
	省内	56	28.00	63	31.50	74	37.00	66	33.00	66	33.00
	国内	42	21.00	46	23.00	47	23.50	44	23.5	28	14.00
	洲内	16	8.00	13	6.50	10	5.00	9	4.50	8	4.00
	洲外	8	4.00	7	3.50	3	1.50	3	1.50	2	2.00

表 4–2　张家界市主要旅游景区评分

序号	旅游生态位指标	武陵源景区	天门山景区	茅岩河景区	八大公山景区	五雷山景区
1	观赏游憩价值	9.15	6.96	5.60	6.56	3.58
2	历史文化科学价值	9.16	6.94	5.53	4.57	3.42
3	珍稀或奇特程度	9.32	6.08	5.88	7.05	2.22
4	规模与丰度	9.12	5.95	3.95	5.73	2.03
5	完整性	8.23	5.09	5.43	8.79	4.73

续表

序号	旅游生态位指标	武陵源景区	天门山景区	茅岩河景区	八大公山景区	五雷山景区
6	资源组合	9.14	6.58	5.51	7.03	2.22
7	特色资源数量	10.00	6.00	3.00	4.00	2.00
8	景点离散程度	10.00	3.00	2.00	1.00	1.00
9	区域经济发展状况	6.14	6.91	3.15	1.57	1.91
10	与客源地距离	5.44	5.95	3.06	1.61	3.01
11	外交通可进入性	9.33	5.97	5.18	2.92	1.75
12	年接待境内外游客数	8.46	8.76	4.48	1.87	2.42
13	年接待境外游客数	10.00	3.00	2.00	1.00	1.00
14	门票收入	10.00	3.00	2.00	1.00	1.00
15	门票价格合理性	7.74	3.77	3.74	6.20	6.16
16	知名度	9.90	5.82	4.69	5.09	1.93
17	美誉度	9.89	6.30	4.76	4.55	1.69
18	市场辐射力	9.13	5.42	4.18	2.79	1.94
19	主题强化度	9.87	6.86	4.96	3.30	2.96
20	旅游开发时间顺序	10.00	2.00	7.00	6.00	1.00
21	旅游经营时间	10.00	7.00	7.00	6.00	6.00
22	适游期或使用范围	10.00	6.00	5.00	6.00	6.00
23	游客平均逗留时间	10.00	1.00	2.00	4.00	2.00
24	旅游卫生	9.22	6.66	4.92	2.43	1.33
25	旅游安全	9.87	6.67	4.95	3.03	1.66
26	导游素质	9.20	6.56	4.35	2.71	1.58
27	服务态度	9.83	6.66	4.48	3.47	2.71
28	服务效率	9.73	6.59	5.10	3.11	2.74
29	技术的先进性	9.79	8.02	4.80	2.94	2.48
30	旅游设施规模度与完备性	9.84	7.69	4.62	3.51	2.62
31	设施的维修保养	8.94	6.11	3.40	2.14	1.62
32	娱乐	5.67	5.25	3.44	1.57	1.74
33	购物	8.42	7.84	3.72	1.44	1.67
34	食宿	6.13	6.33	3.76	1.91	2.00
35	内交通的畅通性	8.70	8.33	3.17	1.19	1.40
36	通信网络建设程度	9.89	9.39	5.74	1.11	1.25
37	宣传促销力度	9.71	9.22	3.31	1.12	1.33
38	旅游解说系统	9.57	6.92	5.22	1.42	1.23
39	空气质量	9.90	5.14	6.83	9.73	6.87
40	噪声指标	9.78	4.15	4.87	9.83	5.05
41	水质	9.37	5.72	6.25	9.76	6.34

续表

序号	旅游生态位指标	武陵源景区	天门山景区	茅岩河景区	八大公山景区	五雷山景区
42	绿化率	10.00	7.00	7.00	10.00	8.00
43	气候舒适度	8.97	5.92	5.75	6.66	6.28
44	旅游资源保护状况	9.94	5.05	5.19	8.73	1.98
45	旅游环境保护状况	9.71	4.67	4.84	9.67	1.71
46	周边环境保护状况	8.86	2.18	4.76	8.61	2.84
47	社区社会文化保护状况	7.71	5.40	5.52	8.17	4.17
48	日容量	10.00	3.00	3.00	1.00	1.00
49	年容量	10.00	2.00	2.00	1.00	1.00
50	旅游容量合理性	9.90	4.70	1.40	6.20	1.00

表 4–3　张家界市主要旅游景区旅游生态位宽度

序号	指标	权重	武陵源景区	天门山景区	茅岩河景区	八大公山景区	五雷山景区
1	观赏游憩价值	0.0415	9.15	6.96	5.60	6.56	3.58
2	历史文化科学价值	0.0343	9.16	6.94	5.53	4.57	3.42
3	珍稀或奇特程度	0.0354	9.32	6.08	5.88	7.05	2.22
4	规模与丰度	0.0184	9.12	5.95	3.95	5.73	2.03
5	完整性	0.0149	8.23	5.09	5.43	8.79	4.73
6	资源组合	0.0153	9.14	6.58	5.51	7.03	2.22
7	特色资源数量	0.0152	10.00	6.00	3.00	4.00	2.00
8	景点离散程度	0.0136	6.14	6.91	3.15	1.57	1.91
9	区域经济发展状况	0.0291	5.44	5.95	3.06	1.61	3.01
10	与客源地距离	0.0251	9.33	5.97	5.18	2.92	1.75
11	外交通可进入性	0.0257	8.46	8.76	4.48	1.87	2.42
12	年接待境内外游客数	0.0245	10.00	3.00	2.00	1.00	1.00
13	年接待境外游客数	0.0251	10.00	3.00	2.00	1.00	1.00
14	门票收入	0.0248	10.00	3.00	2.00	1.00	1.00
15	门票价格合理性	0.0246	7.74	3.77	3.74	6.20	6.16
16	知名度	0.0251	9.90	5.82	4.69	5.09	1.93
17	美誉度	0.0234	9.89	6.30	4.76	4.55	1.69
18	市场辐射力	0.0245	9.13	5.42	4.18	2.79	1.94
19	主题强化度	0.0238	9.87	6.86	4.96	3.30	2.96
20	旅游开发时间顺序	0.0120	10.00	2.00	7.00	6.00	1.00
21	旅游经营时间	0.0120	10.00	7.00	7.00	6.00	6.00
22	适游期或使用范围	0.0121	10.00	6.00	5.00	6.00	6.00
23	游客平均逗留时间	0.0121	10.00	1.00	2.00	4.00	2.00
24	旅游卫生	0.0175	9.22	6.66	4.92	2.43	1.33

序号	指标	权重	武陵源景区	天门山景区	茅岩河景区	八大公山景区	五雷山景区
25	旅游安全	0.0177	9.87	6.67	4.95	3.03	1.66
26	导游素质	0.0174	9.20	6.56	4.35	2.71	1.58
27	服务态度	0.0176	9.83	6.66	4.48	3.47	2.71
28	服务效率	0.0172	9.73	6.59	5.10	3.11	2.74
29	技术的先进性	0.0111	9.79	8.02	4.80	2.94	2.48
30	旅游设施规模度与完备性	0.0117	9.84	7.69	4.62	3.51	2.62
31	设施的维修保养	0.0112	8.94	6.11	3.40	2.14	1.62
32	娱乐	0.0117	5.67	5.25	3.44	1.57	1.74
33	购物	0.0112	8.42	7.84	3.72	1.44	1.67
34	食宿	0.0116	6.13	6.33	3.76	1.91	2.00
35	内交通的畅通性	0.0115	8.70	8.33	3.17	1.19	1.40
36	通信网络建设程度	0.0234	9.89	9.39	5.74	1.11	1.25
37	宣传促销力度	0.0240	9.71	9.22	3.31	1.12	1.33
38	旅游解说系统	0.0231	9.57	6.92	5.22	1.42	1.23
39	空气质量	0.0169	9.90	5.14	6.83	9.73	6.87
40	噪声指标	0.0168	9.78	4.15	4.87	9.83	5.05
41	水质	0.0168	9.37	5.72	6.25	9.76	6.34
42	绿化率	0.0168	10.00	7.00	7.00	10.00	8.00
43	气候舒适度	0.0169	8.97	5.92	5.75	6.66	6.28
44	旅游资源保护状况	0.0207	9.94	5.05	5.19	8.73	1.98
45	旅游环境保护状况	0.0206	9.71	4.67	4.84	9.67	1.71
46	周边环境保护状况	0.0205	8.86	2.18	4.76	8.61	2.84
47	社区社会文化保护状况	0.0202	7.71	5.40	5.52	8.17	4.17
48	日容量	0.0278	10.00	3.00	3.00	1.00	1.00
49	年容量	0.0276	10.00	2.00	2.00	1.00	1.00
50	旅游容量合理性	0.0280	9.90	4.70	1.40	6.20	1.00
	旅游生态位宽度	0.3501		0.2166	0.1673	0.1665	0.0995

二、结果与分析

通过张家界市主要旅游景区旅游生态位宽度评价，计算张家界市旅游景区旅游生态位宽度以及一、二级旅游生态位指标评价旅游生态位宽度，研究表明：

1. 张家界市主要旅游景区旅游生态位宽度

张家界市主要旅游景区旅游生态位宽度分布不均衡，旅游生态位宽度从大到小依次为武陵源景区、天门山景区、茅岩河景区、八大公山景区和五雷山景区，如表 4–4 所示。武陵源景区旅游生态位宽度明显较大，为 0.3501，天门山景区旅游生态位宽度为 0.2166，茅岩河景区为 0.1673，八大公山景区为 0.1665，五雷山景区为 0.0995。评价结果显示武陵源景区旅游生态位宽度大于其他旅游景区，说明武陵源景区在张家界市旅游景区的具有显著旅游竞争力；天门山景区旅游生态位宽度分别大于茅岩河景区、八大公山景区和五雷山景区，表明天门山景区旅游竞争力次之；茅岩河景区和八大公山景区旅游生态位宽度大致相当，表明两者之间旅游竞争力大致相当；旅游生态位宽度最小的为五雷山景区，表明五雷山景区旅游竞争力最弱。

表 4–4　张家界市主要旅游景区旅游生态位宽度

旅游景区	武陵源景区	天门山景区	茅岩河景区	八大公山景区	五雷山景区
旅游生态位宽度	0.3501	0.2166	0.1673	0.1665	0.0995

2. 张家界市主要旅游景区一级旅游生态位评价指标旅游生态位宽度

（1）张家界市主要旅游景区一级旅游生态位评价指标评分。根据一级旅游生态位指标得分=Σ二级旅游生态位指标权重×对应的二级旅游生态位指标评分公式计算旅游生态位评价指标评分，如表 4–5 所示。

表 4–5　张家界市主要旅游景区一级旅游生态位评价指标评分

一级指标	权重	武陵源景区	天门山景区	茅岩河景区	八大公山景区	五雷山景区
旅游资源	0.2685	8.5550	6.1972	4.6270	4.6844	2.6302
旅游市场	0.2440	9.4963	5.0809	4.1156	3.6665	2.6549
旅游服务	0.2379	9.1529	7.3392	4.4456	3.9021	1.7624
旅游环境	0.2496	9.5470	4.3881	4.4522	6.9101	3.4065

（2）张家界市主要旅游景区一级旅游生态位评价指标旅游生态位宽度。利用旅游生态位宽度模型式（3–15）计算张家界市主要旅游景区一级旅游生态位评价指标旅游生态位宽度，如图 4–4 所示。

从图 4–4 中可以看出，就一级旅游生态位宽度评价指标而言，不同旅游生态位宽度评价指标存在不同的旅游生态位宽度。旅游资源以武陵源、天门山景区旅游生态位宽度较大，分别为 0.3124、0.2393；茅岩河景区与八大公山景区旅游生态位宽度大致相当，分别为 0.1754 和 0.1729；五雷山景区旅游生态位宽度最小，为 0.1。这表明在旅游资源方面，武陵源景区和天门山景区旅游竞争力最大，茅岩河景区与八大公山景区旅游竞争力相当，五雷山景区旅游竞争力最小。这与武陵源景区拥有世界自然遗产、国家地质公园、国家风景名胜区和国家森林公园 4 块国字号招牌及天门山景区是国家地质公园和国家森林公园、旅游资源丰富的现

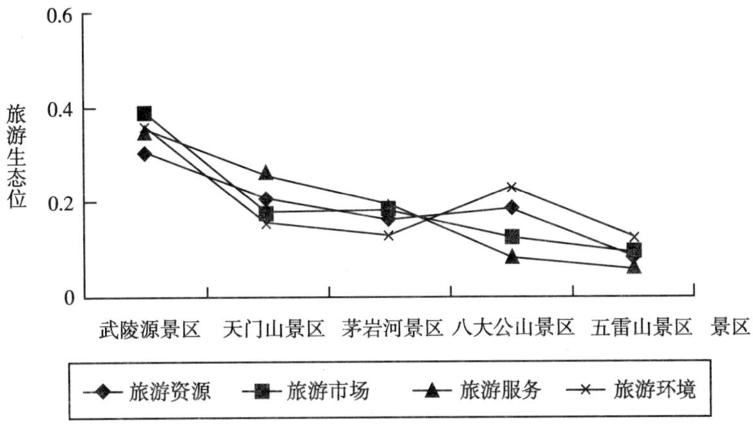

图 4-4　张家界市主要旅游景区一级旅游生态位评价指标旅游生态位宽度

实相吻合。旅游市场以武陵源景区旅游生态位宽度最大，为 0.3952，天门山、茅岩河和八大公山景区旅游生态位宽度相差不大，分别为 0.1922、0.1626 和 0.1459，五雷山景区旅游生态位宽度为 0.1041。这表明在旅游市场方面，开发于 1982 年的武陵源景区具有强大的旅游竞争力，天门山、茅岩河和八大公山景区次之，五雷山景区旅游竞争力最小。旅游服务以武陵源景区、天门山景区旅游生态位宽度表现突出，分别为 0.3631、0.2716，茅岩河景区旅游生态位宽度为 0.1763，八大公山景区和五雷山景区旅游生态位宽度分别为 0.1066 和 0.0824。这表明武陵源景区在旅游服务方面具有显著旅游竞争力，天门山景区次之，茅岩河景区居中，八大公山景区和五雷山景区旅游竞争力最小。这与武陵源景区为 5A 级景区、天门山景区与茅岩河景区为 4A 级景区的现实相吻合。旅游环境以武陵源景区旅游生态位宽度最大，为 0.3402，八大公山景区次之，旅游生态位宽度为 0.2395，天门山和茅岩河景区旅游生态位宽度分别为 0.1548 和 0.1527，五雷山景区旅游生态位宽度为 0.1127。这表明武陵源景区在旅游环境方面具有显著旅游竞争力，八大公山景区次之，天门山景区和茅岩河景区大致相当，五雷山景区旅游竞争力最小。原因在于武陵源景区是世界自然遗产和国家森林公园，八大公山景区是国家级自然保护区，旅游环境优越。

3. 张家界市主要旅游景区二级旅游生态位指标旅游生态位宽度

（1）张家界市主要旅游景区二级旅游生态位评价指标评分。根据二级旅游生态位指标得分=∑三级旅游生态位指标权重×对应的三级旅游生态位指标评分公式计算旅游生态位评价指标评分，如表 4-6 所示。

（2）张家界市主要旅游景区二级旅游生态位评价指标旅游生态位宽度。利用旅游生态位宽度模型式（3-15）计算张家界市主要旅游景区二级旅游生态位评价指标旅游生态位宽度，如图 4-5 所示。

表 4-6　张家界市主要旅游景区二级旅游生态位评价指标评分

二级指标	武陵源景区	天门山景区	茅岩河景区	八大公山景区	五雷山景区
资源价值	9.2072	6.6736	5.6676	6.1029	3.0977
资源规模	8.6022	6.0877	4.2147	5.5032	2.5586
资源区位	7.6342	6.8603	4.1831	2.1054	2.4242
旅游人数	10.0000	3.0000	2.0000	1.0000	1.0000
门票收入和价格	8.8743	3.3835	2.8667	3.5901	3.5702
旅游形象	9.8952	6.0512	4.7237	4.8299	1.8144
市场影响力	9.4942	6.1288	4.5639	3.0410	2.4420
旅游时间	10.0000	4.0034	5.2478	5.5000	3.7545
服务质量	9.5705	6.6283	4.7592	2.9502	2.0015
基础设施服务	8.1941	7.0736	3.8432	2.0999	1.9341
旅游信息服务	9.7238	8.5233	4.7046	1.2149	1.2707
环境保护	9.6031	5.5869	6.1402	9.1918	6.5084
生态环境质量	9.0633	4.3236	5.0757	8.7988	2.6660
旅游容量	9.9664	3.2399	2.1324	2.7451	1.0000

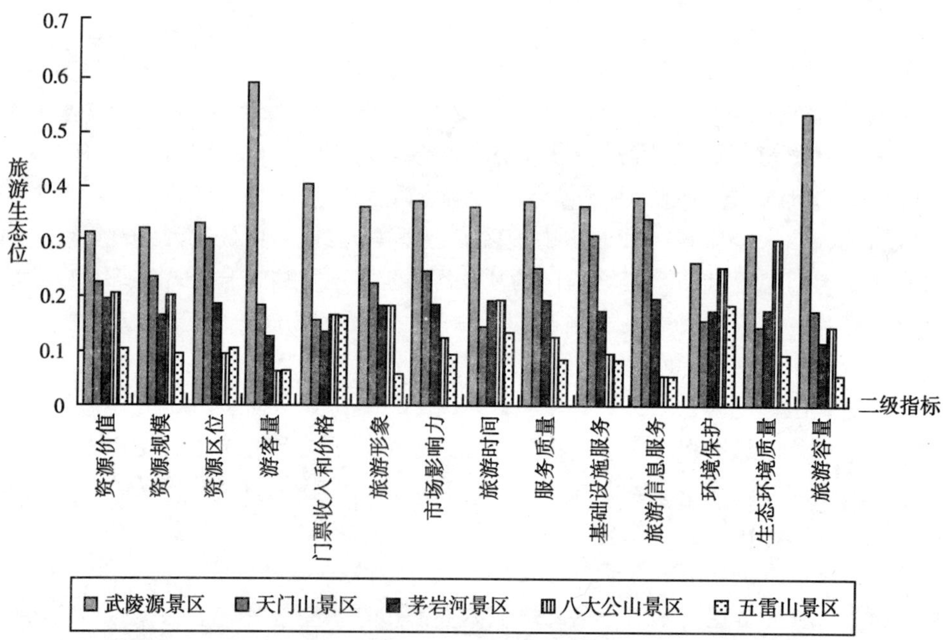

图 4-5　张家界市主要旅游景区二级旅游生态位评价指标旅游生态位宽度

从图 4-5 中我们可以看出，对于二级旅游生态位宽度评价指标，武陵源景区旅游生态位宽度均大于其他旅游景区，表明武陵源景区在二级旅游生态位宽度评价指标方面均具有显著旅游竞争力，尤其是旅游人数、门票收入和价格与旅游容量方面，武陵源景区旅游生态位宽度分别为0.5882、0.3982和0.5222。这说明其在这些指标具有显著旅游竞争力，这与武陵源景区同时拥有世界自然遗产、国家地质公园、国家风景名胜区和国家森林公园4块国字号招牌的现实相符合。除了旅游时间、环境保护和生态环境质量之外，天门山景区旅游生态位宽度均大于茅岩河景区、八大公山景区和五雷山景区。但在环境保护与生态环境质量方面，八大公山景区旅游生态位宽度分别为0.2482和0.2940，表明其在环境保护和生态环境质量具有明显旅游竞争力，这与八大公山景区是国家级自然保护区的实际是相符合的。

三、结论

（1）张家界市主要旅游景区旅游生态位宽度由大到小依次为武陵源景区、天门山景区、茅岩河景区、八大公山景区和五雷山景区，说明武陵源景区在张家界市主要旅游景区中具有显著旅游竞争力，其次是天门山景区、茅岩河景区、八大公山景区，五雷山景区旅游竞争力最弱。

（2）就一级旅游生态位宽度评价指标而言，旅游资源、旅游市场和旅游服务以武陵源景区、天门山景区旅游生态位宽度表现突出，表明它们在旅游资源、旅游市场和旅游服务方面具有显著旅游竞争力。旅游环境以八大公山景区、武陵源景区旅游生态位宽度尤为突出，表明八大公山景区、武陵源景区在旅游环境方面具有显著旅游竞争力。

（3）对于二级旅游生态位宽度评价指标，武陵源景区旅游生态位宽度均大于其他旅游景区，表明武陵源景区在二级旅游生态位宽度评价指标方面均具有显著旅游竞争力。而在环境保护和生态环境质量方面，八大公山景区旅游生态位宽度突出，表明其在这些方面具有明显旅游竞争力。

第三节　旅游生态位重叠分析

一、数据收集与处理

根据张家界市主要旅游景区旅游生态位评价指标评分数据，分别考察各旅游生态位评价指标评分值分布频数，形成旅游生态位资源矩阵（见附录H），用于计算张家界市主要旅游景区旅游生态位重叠。

1. 旅游资源维度旅游生态位重叠计算

（1）资源价值。根据资源价值维度旅游生态位资源矩阵，运用式（3–18）计算旅游生态位重叠矩阵。

C_1 观赏游憩价值维度旅游生态位重叠矩阵：

	武陵源景区	天门山景区	茅岩河景区	八大公山景区	五雷山景区
武陵源景区	1.0000	0.2257	0.0435	0.0873	0.0000
天门山景区		1.0000	0.5508	0.9137	0.1746
茅岩河景区			1.0000	0.7447	0.4662
八大公山景区				1.0000	0.2333
五雷山景区					1.0000

C_2 历史文化科学价值维度旅游生态位重叠矩阵：

	武陵源景区	天门山景区	茅岩河景区	八大公山景区	五雷山景区
武陵源景区	1.0000	0.1936	0.0149	0.0064	0.0000
天门山景区		1.0000	0.6026	0.4616	0.0000
茅岩河景区			1.0000	0.9325	0.4328
八大公山景区				1.0000	0.5822
五雷山景区					1.0000

C_3 珍稀或奇特程度维度旅游生态位重叠矩阵：

	武陵源景区	天门山景区	茅岩河景区	八大公山景区	五雷山景区
武陵源景区	1.0000	0.0535	0.0443	0.1081	0.0000
天门山景区		1.0000	0.9457	0.5928	0.0000
茅岩河景区			1.0000	0.5549	0.0205
八大公山景区				1.0000	0.0000
五雷山景区					1.0000

运用和 α 法式（3–20）计算（B_1）旅游资源价值维度旅游生态位重叠矩阵。

	武陵源景区	天门山景区	茅岩河景区	八大公山景区	五雷山景区
武陵源景区	1.0000	0.1576	0.0342	0.0673	0.0000
天门山景区		1.0000	0.6997	0.6560	0.0582
茅岩河景区			1.0000	0.7440	0.3065
八大公山景区				1.0000	0.2718
五雷山景区					1.0000

在资源价值方面，武陵源景区占据明显优势，与其他景区旅游生态位重叠系数都非常小，分别为 0.1576、0.0342、0.0673 和 0，表明无明显旅游竞争现象；就天门山景区而言，与茅岩河景区旅游生态位重叠度系数为 0.6997，表明两旅游景区之间在资源价值维度存在旅游竞争现象，与八大公山景区旅游生态位重叠度为 0.6560，同样表明两景区之间在资源价值方面可能形成旅游竞争；茅岩河景区与八大公山景区之间旅游生态位重叠度为 0.7440，表明茅岩河景区与八大公山景区之间在资源价值维度方面亦存在旅游竞争现象。

（2）资源规模。根据其旅游生态位资源矩阵，运用式（3–18）计算旅游生态位重叠矩阵。

C_4 规模与丰度维度旅游生态位重叠矩阵：

	武陵源景区	天门山景区	茅岩河景区	八大公山景区	五雷山景区
武陵源景区	1.0000	0.0399	0.0000	0.0276	0.0000
天门山景区		1.0000	0.1807	0.9900	0.0000
茅岩河景区			1.0000	0.2632	0.0596
八大公山景区				1.0000	0.0000
五雷山景区					1.0000

C_5完整性维度旅游生态位重叠矩阵：

	武陵源景区	天门山景区	茅岩河景区	八大公山景区	五雷山景区
武陵源景区	1.0000	0.1245	0.2545	0.8597	0.0000
天门山景区		1.0000	0.8276	0.0429	0.9618
茅岩河景区			1.0000	0.1100	0.7913
八大公山景区				1.0000	0.0000
五雷山景区					1.0000

C_6资源组合维度旅游生态位重叠矩阵：

	武陵源景区	天门山景区	茅岩河景区
武陵源景区	1.0000	0.0475	0.0000
天门山景区		1.0000	0.8451
茅岩河景区			1.0000
八大公山景区			
五雷山景区			

八大公山景区	五雷山景区
0.0876	0.0000
0.9099	0.0000
0.6509	0.0914
1.0000	0.0000
	1.0000

C_7 特色资源数量维度旅游生态位重叠矩阵：

	武陵源景区	天门山景区	茅岩河景区	八大公山景区	五雷山景区
武陵源景区	1.0000	0.0000	0.0000	0.0000	0.0000
天门山景区		1.0000	0.0000	0.0000	0.0000
茅岩河景区			1.0000	0.0000	0.0000
八大公山景区				1.0000	0.0000
五雷山景区					1.0000

C_8 景点离散程度维度旅游生态位重叠矩阵：

	武陵源景区	天门山景区	茅岩河景区	八大公山景区	五雷山景区
武陵源景区	1.0000	0.6910	0.0000	0.0000	0.0000
天门山景区		1.0000	0.0000	0.0000	0.0000
茅岩河景区			1.0000	0.2437	0.4170
八大公山景区				1.0000	0.9775
五雷山景区					1.0000

运用和 α 法式（3–20）计算（B_2）旅游资源规模维度旅游生态位重叠矩阵。

	武陵源景区	天门山景区	茅岩河景区	八大公山景区	五雷山景区
武陵源景区	1.0000	0.1806	0.0509	0.1950	0.0000
天门山景区		1.0000	0.3707	0.3886	0.1924
茅岩河景区			1.0000	0.2536	0.2719
八大公山景区				1.0000	0.1995
五雷山景区					1.0000

在资源规模方面：武陵源景区同样占据明显旅游竞争优势，与其他景区旅游生态位重叠分别为 0.1806、0.0509、0.1950 和 0，表明无明显旅游竞争现象，此结论与现实是吻合的。就张家界市旅游景区实际情况而言，武陵源景区开发最为成熟并初具规模，故而形成相当的资源规模；其他景区之间均存在旅游生态位重叠现象，但不是非常明显，表明在旅游资源规模维度均存在不同程度但并不明显的旅游竞争。

（3）资源区位。根据其旅游生态位资源矩阵，运用式（3-18）计算旅游生态位重叠矩阵。

C_9 区域经济发展状况维度旅游生态位重叠矩阵：

	武陵源景区	天门山景区	茅岩河景区	八大公山景区	五雷山景区
武陵源景区	1.0000	0.8089	0.1045	0.0000	0.0846
天门山景区		1.0000	0.0927	0.0000	0.0751
茅岩河景区			1.0000	0.3374	0.9936
八大公山景区				1.0000	0.3279
五雷山景区					1.0000

C_{10} 与客源地距离维度旅游生态位重叠矩阵：

	武陵源景区	天门山景区	茅岩河景区	八大公山景区	五雷山景区
武陵源景区	1.0000	0.0961	0.0327	0.0314	0.0000
天门山景区		1.0000	0.9182	0.2506	0.0597
茅岩河景区			1.0000	0.2748	0.1066
八大公山景区				1.0000	0.7346
五雷山景区					1.0000

C_{11} 外交通可进入性维度旅游生态位重叠矩阵：

	武陵源景区	天门山景区	茅岩河景区	八大公山景区	五雷山景区
武陵源景区	1.0000	0.9646	0.0000	0.0000	0.0000
天门山景区		1.0000	0.0000	0.0000	0.0000
茅岩河景区			1.0000	0.1809	0.3829
八大公山景区				1.0000	0.8720
五雷山景区					1.0000

运用和 α 法式（3–20）计算（B_3）旅游资源区位维度旅游生态位重叠矩阵。

	武陵源景区	天门山景区	茅岩河景区
武陵源景区	1.0000	0.6232	0.0457
天门山景区		1.0000	0.3270
茅岩河景区			1.0000
八大公山景区			
五雷山景区			

八大公山景区	五雷山景区
0.0105	0.0282
0.0835	0.0499
0.2644	0.4944
1.0000	0.6448
	1.0000

在旅游资源区位方面，由于天门山景区地处张家界市内，旅游资源区位优势是最好的；随着张家界市旅游快速发展、旅游基础设施的改善，武陵源景区资源区位也逐渐显现优势，与天门山景区旅游生态位重叠系数为 0.6232，表明两旅游景区之间在旅游资源区位维度方面形成旅游竞争；天门山景区与茅岩河景区、八大公山景区、五雷山景区之间由于旅游生态位重叠值较小，表明它们之间基本不存在明显旅游竞争现象；茅岩河景区与八大公山景区、五雷山景区之间旅游生态位重叠度分别为 0.2644 和 0.4944，说明茅岩河景区与八大公山景区、五雷山景区之间不存在明显旅游竞争现象；八大公山景区与五雷山景区旅游生态位重叠 0.6448，表明它们之间存在旅游竞争。就前者而言，可以说是旅游资源区位维度不同等级的旅游竞争，后者则是由于八大公山与五雷山景区在旅游资源区位维度均属旅游生态位于不理想而形成的旅游竞争。

(4) 旅游资源维度旅游生态位重叠计算。

运用和 α 法式（3–20）计算（A_1）旅游资源维度重叠矩阵：

	武陵源景区	天门山景区	茅岩河景区	八大公山景区	五雷山景区
武陵源景区	1.0000	0.3205	0.0436	0.0909	0.0094
天门山景区		1.0000	0.4870	0.3760	0.0985
茅岩河景区			1.0000	0.4207	0.3576
八大公山景区				1.0000	0.3707
五雷山景区					1.0000

从旅游资源来看，武陵源景区与天门山景区、茅岩河景区、八大公山景区和五雷山景区之间的旅游生态位重叠分别为 0.3205、0.0436、0.0909 和 0.0094，说明它们之间存在不同程度的旅游竞争，此结论与现实情况是相当吻合的。就目前 5 个旅游景区实际情况来看，武陵源景区属于世界自然遗产、国家地质公园与国

家森林公园，而天门山景区是国家森林公园、国家地质公园，故而旅游生态位重叠相对多些，它们之间形成旅游资源竞争可能性大；天门山景区与茅岩河景区、八大公山景区、五雷山景区旅游生态位重叠分别为 0.4870、0.3760 和 0.0985，说明这些景区之间不存在明显旅游竞争现象；因八大公山景区是国家自然保护区，所以与八大公山景区旅游生态位重叠大于与其他两个景区的旅游生态位重叠，为 0.4207；茅岩河景区与八大公山景区、五雷山景区之间旅游生态位重叠分别为 0.4207 和 0.3707，说明茅岩河景区与八大公山景区、五雷山景区之间亦不存在明显旅游竞争现象，由于八大公山景区旅游资源相对丰富，与五雷山景区旅游生态位重叠值仅为 0.3707。

2. 旅游市场维度旅游生态位重叠计算

（1）旅游人数。根据旅游人数维度旅游生态位资源矩阵，运用式（3–18）计算旅游生态位重叠矩阵。

C_{12} 年接待境内外游客数维度旅游生态位重叠矩阵：

	武陵源景区	天门山景区	茅岩河景区	八大公山景区	五雷山景区
武陵源景区	1.0000	0.0000	0.0000	0.0000	0.0000
天门山景区		1.0000	0.0000	0.0000	0.0000
茅岩河景区			1.0000	0.0000	0.0000
八大公山景区				1.0000	0.0000
五雷山景区					1.0000

C_{13} 年接待境外游客数维度旅游生态位重叠矩阵：

	武陵源景区	天门山景区	茅岩河景区
武陵源景区	1.0000	0.0000	0.0000
天门山景区		1.0000	0.0000
茅岩河景区			1.0000
八大公山景区			
五雷山景区			

八大公山景区	五雷山景区
0.0000	0.0000
0.0000	0.0000
0.0000	0.0000
1.0000	0.0000
	1.0000

运用和 α 法式（3-20）计算（B_4）旅游人数维度旅游生态位重叠矩阵。

	武陵源景区	天门山景区	茅岩河景区	八大公山景区	五雷山景区
武陵源景区	1.0000	0.0000	0.0000	0.0000	0.0000
天门山景区		1.0000	0.0000	0.0000	0.0000
茅岩河景区			1.0000	0.0000	0.0000
八大公山景区				1.0000	0.5000
五雷山景区					1.0000

在旅游人数方面，武陵源景区占据明显优势，不管是年接待境外游客数还是境内外游客数均名列前茅，据《张家界市统计年鉴》（2008），2007 年该景区接待境内外游客数达 1263.96 万人次，远大于其他景区，与其他景区不存在旅游生态位重叠；而天门山景区，与茅岩河景区、八大公山景区、五雷山景区旅游生态位重叠度也不属于同一层次，旅游生态位重叠度均为 0，不存在旅游生态位重叠现象；茅岩河景区与八大公山景区、五雷山景区之间旅游生态位重叠度均为 0，表明茅岩河景区与八大公山景区、五雷山景区之间亦不存在旅游竞争；八大公山景区与五雷山景区因在境外游客数和境内外游客数同属于一个层次，旅游生态位重叠 0.5000，表明它们间存在旅游竞争。

（2）门票收入与价格。根据其旅游生态位资源矩阵，运用式 3-18 计算旅游生态位重叠矩阵。

C_{14} 门票收入维度旅游生态位重叠矩阵：

	武陵源景区	天门山景区	茅岩河景区	八大公山景区	五雷山景区
武陵源景区	1.0000	0.0000	0.0000	0.0000	0.0000
天门山景区		1.0000	0.0000	0.0000	0.0000
茅岩河景区			1.0000	0.0000	0.0000
八大公山景区				1.0000	0.0000
五雷山景区					1.0000

C_{15} 门票价格合理性维度旅游生态位重叠矩阵：

	武陵源景区	天门山景区	茅岩河景区	八大公山景区	五雷山景区
武陵源景区	1.0000	0.0000	0.0000	0.5654	0.5137
天门山景区		1.0000	0.9947	0.3451	0.3225
茅岩河景区			1.0000	0.3064	0.2863
八大公山景区				1.0000	0.9912
五雷山景区					1.0000

运用和 α 法式（3–20）计算（B_5）门票收入与价格维度旅游生态位重叠矩阵。

	武陵源景区	天门山景区	茅岩河景区
武陵源景区	1.0000	0.0000	0.0000
天门山景区		1.0000	0.4974
茅岩河景区			1.0000
八大公山景区			
五雷山景区			

八大公山景区	五雷山景区
0.2827	0.2569
0.1726	0.1613
0.1536	0.1432
1.0000	0.9956
	1.0000

在门票收入与价格方面，武陵源景区占据明显优势，尤其是门票收入，据《张家界市统计年鉴》(2008) 统计，2007 年该景区门票收入达 37.3 亿万元，远远大于其他景区，但是从门票价格合理性来看，评价存在不同差异，总的来说与其他景区的存在部分旅游生态位重叠与旅游竞争；而天门山景区与茅岩河景区、八大公山景区、五雷山景区，由于旅游收入属于同一层次，加之考虑门票价格合理性，旅游生态位重叠度分别为 0.4974、0.1726 和 0.1613；茅岩河景区与八大公山景区、五雷山景区之间旅游生态位重叠度分别为 0.1536 和 0.1432，说明茅岩河景区与八大公山景区、五雷山景区之间亦不存在明显旅游竞争现象；八大公山景区与五雷山景区因在旅游收入同属于一个层次，旅游生态位重叠为 0.9956，表明它们之间存在旅游竞争可能。

(3) 旅游形象。根据旅游形象维度旅游生态位资源矩阵，运用式 (3-18) 计算旅游生态位重叠矩阵。

C_{16} 知名度维度旅游生态位重叠矩阵：

	武陵源景区	天门山景区	茅岩河景区	八大公山景区	五雷山景区
武陵源景区	1.0000	0.0054	0.0000	0.0000	0.0000
天门山景区		1.0000	0.7153	0.8709	0.0000
茅岩河景区			1.0000	0.9558	0.0613
八大公山景区				1.0000	0.0000
五雷山景区					1.0000

C_{17} 美誉度维度旅游生态位重叠矩阵：

	武陵源景区	天门山景区	茅岩河景区	八大公山景区	五雷山景区
武陵源景区	1.0000	0.0108	0.0000	0.0000	0.0000
天门山景区		1.0000	0.5396	0.3961	0.0000
茅岩河景区			1.0000	0.9587	0.0350
八大公山景区				1.0000	0.0000
五雷山景区					1.0000

运用和 α 法式（3–20）计算（B_6）旅游形象维度旅游生态位重叠矩阵。

	武陵源景区	天门山景区	茅岩河景区	八大公山景区	五雷山景区
武陵源景区	1.0000	0.0054	0.0000	0.0000	0.0000
天门山景区		1.0000	0.6275	0.6335	0.0000
茅岩河景区			1.0000	0.9573	0.0482
八大公山景区				1.0000	0.0000
五雷山景区					1.0000

在旅游形象方面，武陵源景区知名度和美誉度非常高，旅游形象优势显著，与其他景区不存在旅游生态位重叠与旅游竞争；而天门山景区与茅岩河景区、八大公山景区旅游生态位重叠度分别为 0.6275、0.6335，原因在于虽然天门山景区是国家地质公园和国家森林公园，但是茅岩河景区由于拥有亚洲第一洞（九天洞）的响亮口号，而八大公山景区为国家自然保护区，因此天门山景区与两景区之间存在旅游生态位重叠而存在旅游竞争现象；同样，由于茅岩河景区由于拥有亚洲第一洞的响亮口号，而八大公山景区为国家自然保护区，茅岩河景区与八大公山景区之间旅游生态位重叠为 0.9573，表明茅岩河景区与八大公山景区亦存在旅游竞争可能。

（4）市场影响力。根据其旅游生态位资源矩阵，运用式（3–18）计算旅游生态位重叠矩阵。

C_{18} 市场辐射力维度旅游生态位重叠矩阵：

	武陵源景区	天门山景区	茅岩河景区	八大公山景区	五雷山景区
武陵源景区	1.0000	0.0153	0.0053	0.0069	0.0000
天门山景区		1.0000	0.4773	0.2172	0.1293
茅岩河景区			1.0000	0.5259	0.1609
八大公山景区				1.0000	0.6817
五雷山景区					1.0000

C_{19} 主题强化度维度旅游生态位重叠矩阵：

	武陵源景区	天门山景区	茅岩河景区	八大公山景区	五雷山景区
武陵源景区	1.0000	0.0046	0.0000	0.0000	0.0000
天门山景区		1.0000	0.1294	0.0000	0.0000
茅岩河景区			1.0000	0.1560	0.0220
八大公山景区				1.0000	0.8974
五雷山景区					1.0000

运用和 α 法式（3–20）计算（B_7）旅游市场影响力维度旅游生态位重叠矩阵。

	武陵源景区	天门山景区	茅岩河景区
武陵源景区	1.0000	0.0100	0.0265
天门山景区		1.0000	0.3034
茅岩河景区			1.0000
八大公山景区			
五雷山景区			

八大公山景区	五雷山景区
0.0035	0.0000
0.1086	0.0647
0.3410	0.0915
1.0000	0.7896
	1.0000

在旅游市场影响力方面，因武陵源景区客源市场中游客来源为来自韩国、马来西亚等洲际游客，加之其以自然风光为主要旅游主题，武陵源景区旅游市场辐射力和主题度非常高，旅游市场影响力优势显著，与其他景区不存在旅游生态位重叠与竞争；天门山景区与茅岩河景区旅游生态位重叠度为 0.3034，是因为它们均有部分来自亚洲及其他洲的游客，旅游市场辐射力趋于一致，与八大公山景区、五雷山景区旅游生态位重叠度很小，天门山景区是国家地质公园和国家森林公园，八大公山景区为国家自然保护区，具有不同的旅游主题，因此天门山景区与两景区之间不存在因旅游生态位重叠的旅游竞争现象；同样，由于茅岩河景区拥有亚洲第一洞的响亮口号，而八大公山景区为国家自然保护区，旅游主题相对一致，国内外游客占有一定比重；八大公山景区与五雷山景区之间旅游生态位重叠度为 0.3410，八大公山景区、五雷山景区之间亦存在旅游竞争现象，究其原因是它们之间旅游市场辐射力不强，省内游客偏多。

（5）旅游时间。根据其旅游生态位资源矩阵，运用式（3–18）计算旅游生态位重叠矩阵。

C_{20} 旅游开发时间顺序维度旅游生态位重叠矩阵：

	武陵源景区	天门山景区	茅岩河景区	八大公山景区	五雷山景区
武陵源景区	1.0000	0.0000	0.0000	0.0000	0.0000
天门山景区		1.0000	0.0000	0.0000	0.0000
茅岩河景区			1.0000	0.0000	0.0000
八大公山景区				1.0000	0.0000
五雷山景区					1.0000

C_{21} 旅游经营时间维度旅游生态位重叠矩阵：

	武陵源景区	天门山景区	茅岩河景区	八大公山景区	五雷山景区
武陵源景区	1.0000	0.0000	0.0000	0.0000	0.0000
天门山景区		1.0000	0.0000	0.0000	0.0000
茅岩河景区			1.0000	0.0000	0.0000
八大公山景区				1.0000	0.0000
五雷山景区					1.0000

C_{22}适游期或使用范围维度旅游生态位重叠矩阵：

	武陵源景区	天门山景区	茅岩河景区	八大公山景区	五雷山景区
武陵源景区	1.0000	0.0000	0.0000	0.0000	0.0000
天门山景区		1.0000	0.0000	1.0000	1.0000
茅岩河景区			1.0000	0.0000	0.0000
八大公山景区				1.0000	1.0000
五雷山景区					1.0000

C_{23}游客平均逗留时间维度旅游生态位重叠矩阵：

	武陵源景区	天门山景区	茅岩河景区
武陵源景区	1.0000	0.0000	0.0000
天门山景区		1.0000	0.0000
茅岩河景区			1.0000
八大公山景区			
五雷山景区			

八大公山景区	五雷山景区
0.0000	0.0000
0.0000	0.0000
0.0000	1.0000
1.0000	0.0000
	1.0000

运用和 α 法式（3–20）计算（B_8）旅游时间维度旅游生态位重叠矩阵。

	武陵源景区	天门山景区	茅岩河景区	八大公山景区	五雷山景区
武陵源景区	1.0000	0.0000	0.0000	0.0000	0.0000
天门山景区		1.0000	0.2500	0.2500	0.2500
茅岩河景区			1.0000	0.0000	0.2500
八大公山景区				1.0000	0.5000
五雷山景区					1.0000

在旅游时间方面，武陵源景区开发时间为 1982 年，经营时间为 6：30 到 18：30，适游期大约为 300 天，游客逗留时间为 2~3 天，武陵源景区旅游时间优势显著，与其他景区不存在旅游生态位重叠与竞争；而天门山景区，与茅岩河景区经营时间、游客逗留时间趋向一致，旅游生态位重叠度为 0.25，与八大公山景区在开发时间、经营时间、适游期趋向相同，旅游生态位重叠度为 0.25，从而形成天门山景区与两景区之间存在旅游生态位重叠且存在旅游竞争现象；八大公山景区与五雷山景区之间旅游生态位重叠度为 0.5，原因在于它们经营时间、适游期的一致性。

（6）旅游市场维度旅游生态位重叠计算。运用和 α 法式（3–20）计算（A_2）旅游市场维度旅游生态位重叠矩阵。

	武陵源景区	天门山景区	茅岩河景区
武陵源景区	1.0000	0.0154	0.0053
天门山景区		1.0000	0.3357
茅岩河景区			1.0000
八大公山景区			
五雷山景区			

八大公山景区	五雷山景区
0.0572	0.0514
0.2329	0.0952
0.2904	0.1066
1.0000	0.5570
	1.0000

在旅游市场方面，由于旅游人数、门票收入与价格、旅游形象、旅游市场影响力和旅游时间的差异，武陵源景区旅游生态位重叠明显大于其他景区，与其他景区不存在旅游生态位重叠与旅游竞争；而天门山景区，与茅岩河景区旅游生态位重叠度为 0.3357，原因在于他们之间在旅游人数、门票收入与价格、旅游形象、旅游市场影响力和旅游时间维度均呈现旅游生态位重叠，从而在旅游市场维度也存在旅游竞争现象；八大公山景区与五雷山景区之间旅游生态位重叠度为 0.557，表明八大公山景区与五雷山景区之间亦存在旅游竞争现象，究其原因是它们在旅游人数、门票收入与价格、旅游市场影响力和旅游时间存在旅游生态位重叠。

3. *旅游服务维度旅游生态位重叠计算*

（1）服务质量。根据服务质量维度旅游生态位资源矩阵，运用式 3–18 计算旅游生态位重叠矩阵。

C_{24} 旅游卫生维度旅游生态位重叠矩阵：

	武陵源景区	天门山景区	茅岩河景区	八大公山景区	五雷山景区
武陵源景区	1.0000	0.0290	0.0000	0.0000	0.0000
天门山景区		1.0000	0.2621	0.0372	0.0000
茅岩河景区			1.0000	0.3627	0.0000
八大公山景区				1.0000	0.1353
五雷山景区					1.0000

C_{25} 旅游安全维度旅游生态位重叠矩阵：

	武陵源景区	天门山景区	茅岩河景区	八大公山景区	五雷山景区
武陵源景区	1.0000	0.0027	0.0000	0.0000	0.0000
天门山景区		1.0000	0.1892	0.0000	0.0000
茅岩河景区			1.0000	0.0477	0.0000
八大公山景区				1.0000	0.3201
五雷山景区					1.0000

C_{26} 导游素质维度旅游生态位重叠矩阵：

	武陵源景区	天门山景区	茅岩河景区	八大公山景区	五雷山景区
武陵源景区	1.0000	0.0518	0.0000	0.0000	0.0000
天门山景区		1.0000	0.2131	0.0525	0.0000
茅岩河景区			1.0000	0.4313	0.1335
八大公山景区				1.0000	0.4202
五雷山景区					1.0000

C_{27} 服务态度维度旅游生态位重叠矩阵：

	武陵源景区	天门山景区	茅岩河景区
武陵源景区	1.0000	0.0227	0.0000
天门山景区		1.0000	0.2852
茅岩河景区			1.0000
八大公山景区			
五雷山景区			

八大公山景区	五雷山景区
0.0000	0.0000
0.0412	0.0000
0.4478	0.3468
1.0000	0.9330
	1.0000

C_{28} 服务效率维度旅游生态位重叠矩阵：

	武陵源景区	天门山景区	茅岩河景区	八大公山景区	五雷山景区
武陵源景区	1.0000	0.0158	0.0000	0.0000	0.0000
天门山景区		1.0000	0.4653	0.0252	0.0000
茅岩河景区			1.0000	0.3099	0.0713
八大公山景区				1.0000	0.9081
五雷山景区					1.0000

运用和 α 法式（3–20）计算（B_9）旅游服务质量维度旅游生态位重叠矩阵。

	武陵源景区	天门山景区	茅岩河景区	八大公山景区	五雷山景区
武陵源景区	1.0000	0.0244	0.0000	0.0000	0.0000
天门山景区		1.0000	0.2830	0.0312	0.0000
茅岩河景区			1.0000	0.3199	0.1103
八大公山景区				1.0000	0.5433
五雷山景区					1.0000

在旅游服务质量方面，因武陵源景区属于 5A 级景区，旅游卫生、旅游安全、导游素质、服务态度、服务效率等均处领先地位，与其他景区不存在旅游生态位重叠与旅游竞争；天门山景区与茅岩河景区虽然同属于 4A 级景区，但天门山景

区发展成熟度比茅岩河景区要高，而且天门山景区正在努力申请5A级景区，旅游生态位重叠度仅为0.283，从而形成天门山景区与其他景区之间存在旅游生态位重叠不大而不存在明显旅游竞争现象；茅岩河景区是4A级景区，与八大公山景区、五雷山景区旅游生态位重叠分别为0.3199和0.1103，在服务质量维度是不存在旅游生态位重叠和明显旅游竞争的；由于八大公山景区与五雷山景区处于开发未成熟状态，它们之间旅游生态位重叠度为0.5433。

（2）基础设施服务。根据其旅游生态位资源矩阵，运用式（3-18）计算旅游生态位重叠矩阵。

C_{29} 技术先进性维度旅游生态位重叠矩阵：

	武陵源景区	天门山景区	茅岩河景区	八大公山景区	五雷山景区
武陵源景区	1.0000	0.2770	0.0000	0.0000	0.0000
天门山景区		1.0000	0.1223	0.0000	0.0000
茅岩河景区			1.0000	0.0500	0.0000
八大公山景区				1.0000	0.9189
五雷山景区					1.0000

C_{30} 旅游设施的规模与完备性维度旅游生态位重叠矩阵：

	武陵源景区	天门山景区	茅岩河景区	八大公山景区	五雷山景区
武陵源景区	1.0000	0.0309	0.0000	0.0000	0.0000
天门山景区		1.0000	0.0103	0.0000	0.0000
茅岩河景区			1.0000	0.4550	0.2160
八大公山景区				1.0000	0.8973
五雷山景区					1.0000

C_{31} 设施的维修保养维度旅游生态位重叠矩阵：

	武陵源景区	天门山景区	茅岩河景区	八大公山景区	五雷山景区
武陵源景区	1.0000	0.0982	0.0000	0.0000	0.0000
天门山景区		1.0000	0.0739	0.0000	0.0000
茅岩河景区			1.0000	0.5374	0.3286
八大公山景区				1.0000	0.7253
五雷山景区					1.0000

C_{32} 娱乐维度旅游生态位重叠矩阵：

	武陵源景区	天门山景区	茅岩河景区	八大公山景区	五雷山景区
武陵源景区	1.0000	0.9535	0.0940	0.0000	0.0000
天门山景区		1.0000	0.1840	0.0000	0.0000
茅岩河景区			1.0000	0.1711	0.2587
八大公山景区				1.0000	0.9748
五雷山景区					1.0000

C_{33} 购物维度旅游生态位重叠矩阵：

	武陵源景区	天门山景区	茅岩河景区
武陵源景区	1.0000	0.6081	0.0000
天门山景区		1.0000	0.0000
茅岩河景区			1.0000
八大公山景区			
五雷山景区			

八大公山景区	五雷山景区
0.0000	0.0000
0.0000	0.0000
0.1276	0.2066
1.0000	0.9747
	1.0000

C_{34} 食宿维度旅游生态位重叠矩阵：

	武陵源景区	天门山景区	茅岩河景区	八大公山景区	五雷山景区
武陵源景区	1.0000	0.9507	0.0527	0.0000	0.0428
天门山景区		1.0000	0.0395	0.0000	0.0186
茅岩河景区			1.0000	0.3273	0.5404
八大公山景区				1.0000	0.8868
五雷山景区					1.0000

C_{35} 内交通的畅通性维度旅游生态位重叠矩阵：

	武陵源景区	天门山景区	茅岩河景区	八大公山景区	五雷山景区
武陵源景区	1.0000	0.5407	0.0000	0.0000	0.0000
天门山景区		1.0000	0.0000	0.0000	0.0000
茅岩河景区			1.0000	0.0008	0.0042
八大公山景区				1.0000	0.9896
五雷山景区					1.0000

运用和 α 法式（3–20）计算（B_{10}）旅游基础设施服务维度旅游生态位重叠矩阵。

	武陵源景区	天门山景区	茅岩河景区	八大公山景区	五雷山景区
武陵源景区	1.0000	0.4870	0.0210	0.0000	0.0000
天门山景区		1.0000	0.0614	0.1101	0.0027
茅岩河景区			1.0000	0.2395	0.2221
八大公山景区				1.0000	0.9096
五雷山景区					1.0000

在旅游基础设施服务方面，因武陵源景区的技术的先进性、旅游设施的规模度与完备性、设施的维修保养、娱乐、购物、食宿、内交通的畅通性等均处于领先地位，除了因天门山景区由于开发成熟和正在冲击5A级景区，与其基础设施服务存在旅游生态位重叠为0.487，与其他景区不存在旅游生态位重叠与旅游竞争；至于八大公山景区与五雷山景区之间旅游生态位重叠度为0.9096，原因是它们同处于开发未成熟状态，基础设施服务较差。

(3) 信息服务。根据信息服务维度旅游生态位资源矩阵，运用式（3–18）计算旅游生态位重叠矩阵。

C_{36} 通信网络建设程度维度旅游生态位重叠矩阵：

	武陵源景区	天门山景区	茅岩河景区	八大公山景区	五雷山景区
武陵源景区	1.0000	0.6379	0.0000	0.0000	0.0000
天门山景区		1.0000	0.0000	0.0000	0.0000
茅岩河景区			1.0000	0.0000	0.0000
八大公山景区				1.0000	0.6654
五雷山景区					1.0000

C_{37} 宣传促销力度维度旅游生态位重叠矩阵：

	武陵源景区	天门山景区	茅岩河景区	八大公山景区	五雷山景区
武陵源景区	1.0000	0.6152	0.0000	0.0000	0.0000
天门山景区		1.0000	0.0000	0.0000	0.0000
茅岩河景区			1.0000	0.0000	0.1159
八大公山景区				1.0000	0.9914
五雷山景区					1.0000

C_{38} 旅游解说系统维度旅游生态位重叠矩阵：

	武陵源景区	天门山景区	茅岩河景区	八大公山景区	五雷山景区
武陵源景区	1.0000	0.1601	0.0000	0.0000	0.0000
天门山景区		1.0000	0.3760	0.0000	0.0000
茅岩河景区			1.0000	0.0000	0.0000
八大公山景区				1.0000	0.9721
五雷山景区					1.0000

运用和 α 法式（3–20）计算（B_{11}）旅游信息服务维度重叠矩阵。

	武陵源景区	天门山景区	茅岩河景区
武陵源景区	1.0000	0.4710	0.0000
天门山景区		1.0000	0.1253
茅岩河景区			1.0000
八大公山景区			
五雷山景区			

八大公山景区	五雷山景区
0.0000	0.0000
0.0000	0.0009
0.1290	0.0386
1.0000	0.8763
	1.0000

在旅游信息服务维度方面，武陵源景区属于5A级景区，通信网络建设程度、宣传促销力度、旅游解说系统等均处于领先地位，由于天门山景区位于张家界市区，通信网络建设程度齐全，加之由于天门山景区于1999年主办的张家界世界特技飞行大奖赛和2006年3月17~19日主办俄罗斯空军张家界天门山特技飞行表演，宣传促销力度加大，因此武陵源景区与天门山景区旅游生态位重叠度为0.4710，表明在旅游信息服务维度存在旅游竞争可能性大，与其他景区不存在旅游生态位重叠与旅游竞争；八大公山景区与五雷山景区的处于开发未成熟状态，通信网络建设程度、宣传促销力度、旅游解说系统不健全，它们之间旅游生态位重叠度为0.8763。

（4）旅游服务维度旅游生态位重叠计算。运用和α法式（3-20）计算（A_3）旅游服务维度旅游生态位重叠矩阵。

	武陵源景区	天门山景区	茅岩河景区	八大公山景区	五雷山景区
武陵源景区	1.0000	0.3275	0.0070	0.0000	0.0020
天门山景区		1.0000	0.1566	0.0471	0.0906
茅岩河景区			1.0000	0.1865	0.1463
八大公山景区				1.0000	0.7764
五雷山景区					1.0000

在旅游服务方面，武陵源景区属于5A级景区，服务质量、基础设施服务和旅游信息服务等均处于领先地位，由于天门山景区与武陵源景区在基础设施服务和旅游信息服务维度的旅游生态位重叠值大，它们之间旅游生态位重叠度为0.3275，表明在旅游服务维度存在一定程度的可能旅游竞争，与其他景区不存在旅游生态位重叠与旅游竞争；八大公山景区与五雷山景区处于开发未成熟状态，服务质量、基础设施服务和旅游信息服务均不健全，它们之间旅游生态位重叠度

为 0.7764。

4. 旅游环境维度旅游生态位重叠计算

(1) 生态环境质量。根据其旅游生态位资源矩阵，运用式 (3-18) 计算旅游生态位重叠矩阵。

C_{39} 空气质量维度旅游生态位重叠矩阵：

	武陵源景区	天门山景区	茅岩河景区	八大公山景区	五雷山景区
武陵源景区	1.0000	0.0000	0.0000	0.9705	0.0000
天门山景区		1.0000	0.0322	0.0000	0.0237
茅岩河景区			1.0000	0.0000	0.9986
八大公山景区				1.0000	0.0000
五雷山景区					1.0000

C_{40} 噪声指标维度旅游生态位重叠矩阵：

	武陵源景区	天门山景区	茅岩河景区	八大公山景区	五雷山景区
武陵源景区	1.0000	0.0000	0.0000	0.9973	0.0000
天门山景区		1.0000	0.6033	0.0000	0.5783
茅岩河景区			1.0000	0.0000	0.9246
八大公山景区				1.0000	0.6654
五雷山景区					1.0000

C_{41} 水质维度旅游生态位重叠矩阵：

	武陵源景区	天门山景区	茅岩河景区	八大公山景区	五雷山景区
武陵源景区	1.0000	0.0000	0.0000	0.7426	0.0000
天门山景区		1.0000	0.7992	0.0000	0.7439
茅岩河景区			1.0000	0.0000	0.9962
八大公山景区				1.0000	0.0000
五雷山景区					1.0000

C_{42} 绿化率维度旅游生态位重叠矩阵：

	武陵源景区	天门山景区	茅岩河景区	八大公山景区	五雷山景区
武陵源景区	1.0000	0.0000	0.0000	1.0000	0.0000
天门山景区		1.0000	1.0000	0.0000	0.7439
茅岩河景区			1.0000	0.0000	0.9962
八大公山景区				1.0000	0.0000
五雷山景区					1.0000

C_{43} 气候舒适度维度旅游生态位重叠矩阵：

	武陵源景区	天门山景区	茅岩河景区
武陵源景区	1.0000	0.0000	0.0000
天门山景区		1.0000	0.9665
茅岩河景区			1.0000
八大公山景区			
五雷山景区			

八大公山景区	五雷山景区
0.0604	0.0000
0.8960	0.9688
0.7728	0.8922
1.0000	0.9572
	1.0000

运用和α法式（3-20）计算（B_{12}）旅游生态环境维度旅游生态位重叠矩阵。

	武陵源景区	天门山景区	茅岩河景区	八大公山景区	五雷山景区
武陵源景区	1.0000	0.0000	0.0000	0.7542	0.0000
天门山景区		1.0000	0.6802	0.1792	0.4629
茅岩河景区			1.0000	0.1546	0.7623
八大公山景区				1.0000	0.1914
五雷山景区					1.0000

在旅游生态环境质量方面，武陵源景区，旅游环境保护力度大、效果好、旅游生态环境好，但是由于八大公山景区是国家自然保护区，武陵源景区与八大公山景区的旅游生态位重叠度为0.7542；天门山景区与茅岩河景区旅游生态位重叠度为0.6802，表明两景区之间在生态环境质量维度存在明显旅游生态位重叠和旅游竞争现象；茅岩河景区与五雷山景区之间旅游生态位重叠度为0.7623，表明茅岩河景区与五雷山景区之间亦存在旅游竞争现象。

（2）资源与环境保护状况。根据其旅游生态位资源矩阵，运用式（3-18）计算旅游生态位重叠矩阵。

C_{44}旅游资源保护状况维度旅游生态位重叠矩阵：

	武陵源景区	天门山景区	茅岩河景区
武陵源景区	1.0000	0.0000	0.0000
天门山景区		1.0000	0.9317
茅岩河景区			1.0000
八大公山景区			
五雷山景区			

八大公山景区	五雷山景区
0.6131	0.0000
0.0000	0.0000
0.0000	0.0000
1.0000	0.0000
	1.0000

C_{45} 旅游环境保护状况维度旅游生态位重叠矩阵：

	武陵源景区	天门山景区	茅岩河景区	八大公山景区	五雷山景区
武陵源景区	1.0000	0.9936	0.0000	0.0000	0.0000
天门山景区		1.0000	0.9948	0.0000	0.0070
茅岩河景区			1.0000	0.0000	0.0000
八大公山景区				1.0000	0.0000
五雷山景区					1.0000

C_{46} 周边环境保护状况维度旅游生态位重叠矩阵：

	武陵源景区	天门山景区	茅岩河景区	八大公山景区	五雷山景区
武陵源景区	1.0000	0.0000	0.0000	0.8724	0.0000
天门山景区		1.0000	0.0363	0.0000	0.6444
茅岩河景区			1.0000	0.0000	0.1350
八大公山景区				1.0000	0.0000
五雷山景区					1.0000

C_{47} 社区文化保护状况维度旅游生态位重叠矩阵：

	武陵源景区	天门山景区	茅岩河景区	八大公山景区	五雷山景区
武陵源景区	1.0000	0.1837	0.3082	0.6929	0.0000
天门山景区		1.0000	0.9704	0.0000	0.7127
茅岩河景区			1.0000	0.0000	0.6673
八大公山景区				1.0000	0.0000
五雷山景区					1.0000

运用和 α 法式（3–20）计算（B_{13}）旅游资源与环境保护的旅游生态位重叠矩阵。

	武陵源景区	天门山景区	茅岩河景区	八大公山景区	五雷山景区
武陵源景区	1.0000	0.2943	0.0771	0.5446	0.0000
天门山景区		1.0000	0.7333	0.0000	0.3410
茅岩河景区			1.0000	0.0000	0.2006
八大公山景区				1.0000	0.0000
五雷山景区					1.0000

在旅游环境保护方面，武陵源景区，旅游环境保护力度大、效果好，而八大公山景区也是国家自然保护区，武陵源景区与八大公山景区的旅游生态位重叠为0.5446；天门山景区与茅岩河景区旅游生态位重叠度为 0.7333，原因在于它们在旅游资源保护状况、旅游环境保护状况、社区社会文化保护状况维度存在明显旅游生态位重叠。

（3）旅游容量。根据旅游容量维度旅游生态位资源矩阵，运用式（3–18）计算旅游生态位重叠矩阵。

C_{48} 日容量维度旅游生态位重叠矩阵：

	武陵源景区	天门山景区	茅岩河景区	八大公山景区	五雷山景区
武陵源景区	1.0000	0.0000	0.0000	0.0000	0.0000
天门山景区		1.0000	1.0000	0.0000	0.0000
茅岩河景区			1.0000	0.0000	0.0000
八大公山景区				1.0000	1.0000
五雷山景区					1.0000

C_{49} 年容量维度旅游生态位重叠矩阵：

	武陵源景区	天门山景区	茅岩河景区	八大公山景区	五雷山景区
武陵源景区	1.0000	0.0000	0.0000	0.0000	0.0000
天门山景区		1.0000	1.0000	0.0000	0.0000
茅岩河景区			1.0000	0.0000	1.0000
八大公山景区				1.0000	0.0000
五雷山景区					1.0000

C_{50} 旅游容量合理性维度旅游生态位重叠矩阵：

	武陵源景区	天门山景区	茅岩河景区
武陵源景区	1.0000	0.0000	0.0000
天门山景区		1.0000	0.0000
茅岩河景区			1.0000
八大公山景区			
五雷山景区			

八大公山景区	五雷山景区
0.0000	0.0000
0.0000	0.0000
0.0000	0.0000
1.0000	0.8321
	1.0000

运用和 α 法式（3-20）计算（B_{14}）旅游容量维度旅游生态位重叠矩阵。

	武陵源景区	天门山景区	茅岩河景区	八大公山景区	五雷山景区
武陵源景区	1.0000	0.0000	0.0000	0.0000	0.0000
天门山景区		1.0000	0.6667	0.0000	0.0000
茅岩河景区			1.0000	0.0000	0.3333
八大公山景区				1.0000	0.6107
五雷山景区					1.0000

在旅游容量方面，武陵源景区同时拥有世界自然遗产、国家地质公园、国家风景名胜区和国家森林公园等招牌旅游资源，旅游发展已初具规模，日空间容量和日设施容量大，与其他景区无旅游生态位重叠状况；天门山景区与茅岩河景区旅游生态位重叠度为 0.6667，原因在于它们在生态环境、日空间容量维度存在旅游生态位重叠；同理，八大公山是国家级自然保护区，重点在于保护，旅游容量受到限制，与处于开发中的五雷山景区之间旅游生态位重叠度为 0.6107，表明八大公山与五雷山景区之间亦存在旅游竞争现象。

（4）旅游环境维度旅游生态位重叠计算。运用和 α 法式（3-20）计算（A_4）旅游环境维度旅游生态位重叠矩阵。

	武陵源景区	天门山景区	茅岩河景区
武陵源景区	1.0000	0.0981	0.0257
天门山景区		1.0000	0.6934
茅岩河景区			1.0000
八大公山景区			
五雷山景区			

八大公山景区	五雷山景区
0.4329	0.0000
0.0597	0.2680
0.0515	0.4321
1.0000	0.2674
	1.0000

在旅游环境方面，武陵源景区的旅游环境保护力度大、效果好，旅游生态环境质量好，旅游环境容量大，因其与国家级保护区八大公山在旅游环境保护、旅游生态环境的较大旅游生态位重叠，在旅游环境维度上，它们之间的旅游生态位重叠为0.4329，除此之外，与其他景区旅游生态位重叠状况均不明显；天门山景区与茅岩河景区旅游生态位重叠度为0.6934，茅岩河景区与五雷山景区之间旅游生态位重叠度为0.4321，构成了茅岩河景区与五雷山景区之间旅游环境维度重叠较大亦有可能存在旅游竞争现象。

5. 张家界市主要旅游景区旅游生态位重叠

运用和α法式（3–20）计算张家界市主要旅游景区旅游生态位重叠矩阵。

	武陵源景区	天门山景区	茅岩河景区	八大公山景区	五雷山景区
武陵源景区	1.0000	0.1904	0.0204	0.1453	0.0157
天门山景区		1.0000	0.4182	0.1789	0.1381
茅岩河景区			1.0000	0.2373	0.2607
八大公山景区				1.0000	0.4929
五雷山景区					1.0000

总之，由于旅游资源、旅游市场、旅游服务与旅游环境维度的差异，武陵源景区与其他景区均存在旅游生态位重叠状况，分别为0.1904、0.0204、0.1453和0.0157，说明存在旅游竞争的可能，但旅游竞争不是非常明显；而天门山景区，由于与茅岩河景区旅游资源、旅游市场与旅游环境维度的旅游生态位重叠性，其旅游生态位重叠为0.4182，说明有存在旅游竞争的可能，与八大公山景区、五雷山景区旅游生态位重叠分别为0.1789和0.1381，说明旅游竞争不明显；茅岩河景区与八大公山景区、五雷山景区之间也存在部分旅游生态位重叠，旅游生态位重叠为0.2373和0.2607，说明它们之间旅游竞争不明显；八大公山景区与五雷

山景区旅游生态位重叠为 0.4292，它们之间亦存在旅游竞争的可能性。

二、结果与分析

在旅游生态位重叠应用研究中，通过张家界市主要旅游景区旅游生态位重叠计算和比较，结果表明与实际情况基本吻合，说明旅游生态位重叠研究具有较强的科学性和实用性。

(1) 张家界市主要旅游景区旅游生态位重叠研究表明：武陵源景区与其他景区均存在旅游生态位重叠分别为 0.1904、0.0204、0.1453 和 0.0157，说明存在旅游竞争的可能。天门山景区，由于与茅岩河景区旅游资源、旅游市场与旅游环境维度的旅游生态位重叠，其旅游生态位重叠为 0.4182，说明有存在旅游竞争的可能；与八大公山景区、五雷山景区旅游生态位重叠分别为 0.1789 和 0.1381，说明旅游竞争不明显。茅岩河景区与八大公山景区、五雷山景区之间也存在旅游生态位重叠，旅游生态位重叠分别为 0.2373 和 0.2607，说明它们之间旅游竞争不明显。八大公山景区与五雷山景区旅游生态位重叠为 0.4292，它们之间亦存在旅游竞争的可能性。

(2) 张家界市主要旅游景区一级旅游生态位评价指标旅游生态位重叠研究表明：①在旅游资源维度方面。武陵源景区与天门山景区、茅岩河景区、八大公山景区和五雷山景区之间旅游生态位重叠分别为 0.3205、0.0436、0.0909 和 0.0094，说明它们之间存在不同程度的旅游竞争。天门山景区与茅岩河景区、八大公山景区、五雷山景区旅游生态位重叠分别为 0.4870、0.3760 和 0.0985，说明这些景区之间不存在明显旅游竞争现象；八大公山景区是国家自然保护区，所以天门山景区与八大公山景区旅游生态位重叠大于与其他两个景区的旅游生态位重叠，为 0.4207。茅岩河景区与八大公山景区、五雷山景区之间旅游生态位重叠分别为 0.4207 和 0.3707，说明茅岩河景区与八大公山景区、五雷山景区之间亦不存在明显旅游竞争现象。八大公山景区旅游资源相对丰富，与五雷山景区旅游生态位重叠仅为 0.3707。②在旅游市场维度方面。由于旅游人数、门票收入与价格、旅游形象、旅游市场影响力和旅游时间的差异，武陵源景区旅游生态位重叠明显大于其他景区，与其他景区不存在旅游生态位重叠与旅游竞争。天门山景区与茅岩河景区旅游生态位重叠为 0.3357，表明在旅游市场维度存在旅游竞争现象。八大公山景区与五雷山景区之间旅游生态位重叠度为 0.5570，说明八大公山景区与五雷山景区之间亦存在旅游竞争现象，究其原因是它们在旅游人数、门票收入与价格、旅游市场影响力和旅游时间存在旅游生态位重叠。③在旅游服务维度方面。由于天门山景区与武陵源景区在基础设施服务和旅游信息服务维度的旅游生态位重叠，它们之间旅游生态位重叠为 0.3275，说明在旅游服务维度存在一定程度的可能旅游竞争，与其他景区不存在旅游生态位重叠与旅游竞争。八大公山景区与五雷山景区处于开发未成熟状态，服务质量、基础设施服务和旅游信息服务均不健全，它们之间旅游生态位重叠为 0.7764。④在旅游环境维度方面。武陵源景区与八大公山之间的旅游生态位重叠为 0.4329，此外，与其他景区旅游生态位重叠状况均不明显，天门山景区与茅岩河景区旅游生态位重叠为 0.6934，茅岩河景区与五雷山景区之间旅游生态位重叠为 0.4321，构成了茅岩河景区与五雷山景区之间旅游环境维度重叠较大，亦有可能存在旅游竞争现象。

三、结论

（1）张家界市主要旅游景区旅游生态位重叠计算表明张家界市主要旅游景区存在不同程度的旅游生态位重叠和旅游竞争。其中，天门山景区与茅岩河景区旅游生态位重叠为 0.4182，八大公山景区与五雷山景区旅游生态位重叠为 0.4292，表明它们之间存在旅游竞争的可能性大。

（2）张家界市主要旅游景区在旅游资源、旅游市场、旅游服务和旅游环境等一级指标以及二级指标等方面存在不同程度的旅游生态位重叠和旅游竞争。

第四节　旅游生态位态势分析

一、数据收集与处理

1. 武陵源景区旅游收入、旅游人数绝对生态位态势测算

利用旅游生态位态势模型式（3–22）计算武陵源景区旅游收入绝对生态位、旅游人数绝对生态位态势，如表 4–7 所示。

表 4–7　武陵源景区 1990~2007 年旅游收入生态位和旅游人数生态位态势测算

年份	旅游收入（万元）	年均旅游收入变化量（万元）	旅游收入绝对生态位	旅游收入生态位	旅游人数（人次）	年均旅游人数变化量（人次）	旅游人数绝对生态位	旅游人数生态位
1990	2490	—	—	—	720000	—	—	—
1991	2765	137.5	2902.5	0.001406	1010000	145000	1155000	0.015571
1992	3718	317.7	4035.7	0.001954	1349501	113167	1462668	0.019719
1993	5411	423.5	5834.5	0.002826	830000	–129875.3	700124.7	0.009439

续表

年份	旅游收入（万元）	年均旅游收入变化量（万元）	旅游收入绝对生态位	旅游收入生态位	旅游人数（人次）	年均旅游人数变化量（人次）	旅游人数绝对生态位	旅游人数生态位
1994	5886	95	5981	0.002897	861000	6200	867200	0.011691
1995	12000	1019	13019	0.006305	971000	18333.3	989333.3	0.013337
1996	14000	285.7	14285.7	0.006919	980000	1285.7	981285.7	0.013229
1997	20500	812.5	21312.5	0.010322	1253000	34125	1287125	0.017352
1998	24500	444.4	24944.4	0.012081	1100000	−17000	1083000	0.014600
1999	53738	2923.8	56661.8	0.027441	2257000	115700	2372700	0.031987
2000	137998	7660	145658	0.070542	3660000	127545.5	3787545.5	0.051061
2001	155695	1474.8	157169.8	0.076117	4460000	66666.7	4526666.6	0.061025
2002	175459	1520.3	176979.3	0.085711	5828000	105230.8	5933230.8	0.079987
2003	166106	−668.1	165437.9	0.080121	5308000	−37142.9	5270857.1	0.071058
2004	258431	6155	264586	0.128137	9197000	259266.7	9456266.7	0.127482
2005	292800	2148.1	294948.1	0.142843	10015000	51125	10066125	0.135704
2006	333500	2394.1	335894.1	0.162673	11448000	84294.1	11532294.1	0.155468
2007	373000	2194.4	375194.4	0.181705	12639600	66200	12705800	0.171290
合计	2037997	29337.7	2064845	1	73887101	1010122	74177223	1

注：①表中测算结果以 1990 年为基数。②1993 年因发生洪灾、1998 年因发生亚洲金融危机、2003 年发生 SARS，故数据较上一年均有所降低，出现负数。
资料来源：《张家界市统计年鉴》（2006），2007 年数据来自张家界统计公报。

2. 武陵源景区旅游收入生态位和旅游人数生态位态势测算

利用旅游生态位态势模型式（3–22）测算武陵源景区从 1990~2007 年相对于张家界市旅游人数和旅游收入生态位态势，如表 4–8、表 4–9 所示。

表 4–8 武陵源景区 1990~2007 年旅游收入生态位态势测算

年份	武陵源景区			张家界市			武陵源景区相对张家界市旅游收入生态位
	旅游收入（万元）	年均旅游收入变化量（万元）	旅游收入绝对生态位（万元）	旅游收入（万元）	年均旅游收入变化量（万元）	旅游收入绝对生态位（万元）	
1990	2490	—	—	2765	—	—	—
1991	2765	137.5	2902.5	4436	835.5	5271.5	0.5506
1992	3718	317.7	4035.7	5528	364	5892	0.6849
1993	5411	423.5	5834.5	7500	493	7993	0.73
1994	5886	95	5981	11300	760	12060	0.4959
1995	12000	1019	13019	25680	2396.7	28076.7	0.4637
1996	14000	285.7	14285.7	30356	668	31024	0.4605
1997	20500	812.5	21312.5	41649	1411.6	43060.6	0.4949

续表

年份	武陵源景区			张家界市			武陵源景区相对张家界市旅游收入生态位
	旅游收入（万元）	年均旅游收入变化量（万元）	旅游收入绝对生态位（万元）	旅游收入（万元）	年均旅游收入变化量（万元）	旅游收入绝对生态位（万元）	
1998	24500	444.4	24944.4	65576	2658.6	68234.6	0.3656
1999	53738	2923.8	56661.8	94624	2904.8	97528.8	0.581
2000	137998	7660	145658	194106	9043.8	203149.8	0.717
2001	155695	1474.8	157169.8	268558	6204.3	274762.3	0.672
2002	175459	1520.3	176979.3	327966	4569.8	332535.8	0.5322
2003	166106	-668.1	165437.9	320100	-561.9	319538.1	0.5177
2004	258431	6155	264586	550498	15359.9	565857.9	0.4676
2005	292800	2148.1	294948.1	643478	5811.3	649289.3	0.4542
2006	333500	2394.1	335894.1	793814	8843.3	802657.3	0.4185
2007	373000	2194.4	375194.4	912500	6593.7	919093.7	0.4082

注：①表中测算结果以1990年为基数。②1993年因发生洪灾、1998年因发生亚洲金融危机、2003年发生SARS，故数据较上一年均有所下降，但此表中1993年数据为增长的。

资料来源：《张家界市统计年鉴》(2006)，2007年数据来自张家界统计公报。

表4-9　武陵源景区1990~2007年旅游人数生态位态势测算

年份	武陵源景区			张家界市			武陵源景区相对张家界市旅游人数生态位
	旅游人数（人次）	年均旅游人数变化量（人次）	旅游人数绝对生态位（人次）	旅游人数（人次）	年均旅游人数变化量（人次）	旅游人数绝对生态位（人次）	
1990	720000	—	—	721086	51867.3	—	—
1991	1010000	145000	1155000	1261070	269992	1531062	0.7544
1992	1349501	113167	1462668	1511357	250287	1761644	0.8303
1993	830000	-129875.3	700124.7	932000	-193119	738881	0.9475
1994	861000	6200	867200	1100000	33600	1133600	0.7650
1995	971000	18333.3	989333.3	1600000	83333.3	1683333.30	0.5877
1996	980000	1285.7	981285.7	1825824	32260.6	1858084.6	0.5281
1997	1253000	34125	1287125	2076588	31345.5	2107933.5	0.6106
1998	1100000	-17000	1083000	2075517	-119	2075398	0.5218
1999	2257000	115700	2372700	3273541	119802.4	3393343.4	0.6992
2000	3660000	127545.5	3787545.5	5130862	168847.4	5299709.4	0.7147
2001	4460000	66666.7	4526666.6	6278000	95594.8	6373584.8	0.7102
2002	5828000	105230.8	5933230.8	7736463	112189.5	7848652.5	0.7560
2003	5308000	-37142.9	5270857.1	7595812	-10046.5	7585765.5	0.6685
2004	9197000	259266.7	9456266.7	12689915	339606.9	13029521.9	0.7258
2005	10015000	51125	10066125	14533565	115228.1	14648793.1	0.6872

续表

年份	武陵源景区			张家界市			武陵源景区相对张家界市旅游人数生态位
	旅游人数（人次）	年均旅游人数变化量（人次）	旅游人数绝对生态位（人次）	旅游人数（人次）	年均旅游人数变化量（人次）	旅游人数绝对生态位（人次）	
2006	11448000	84294.1	11532294.1	16790170	132741.5	16922911.5	0.6815
2007	12639600	66200	12705800	17780000	54990.6	17834990.6	0.7124

注：①表中测算结果以 1990 年为基数。②1993 年因发生洪灾、1998 年因发生亚洲金融危机、2003 年发生 SARS，故数据较上一年均有所下降。

资料来源：《张家界市统计年鉴》（2006），2007 年数据来自张家界统计公报。

3. 张家界市旅游收入生态位和旅游人数生态位态势测算

利用旅游生态位态势模型式（3–22）分别计算张家界市旅游收入生态位、旅游人数生态位态势，如表 4–10 所示。

表 4–10 张家界市 1988~2007 年旅游收入生态位和旅游人数生态位态势测算

年份	旅游收入（万元）	年均旅游收入变化量（万元）	旅游收入绝对生态位（万元）	旅游收入生态位	旅游人数（人次）	年均旅游人数变化量（人次）	旅游人数绝对生态位（人次）	旅游人数生态位
1988	1452	—	—	—	1517200	—	—	—
1989	2491	1039	3530	0.00081	565484	–475858	89626	0.00084
1990	2765	137	2902	0.00066	721086	51867.3	772953.3	0.00727
1991	4436	557	4993	0.00114	1261070	134996	1396066	0.01314
1992	5528	273	5801	0.00133	1511357	50057.4	1561414.4	0.01469
1993	7500	394.4	7894.4	0.00181	932000	–96559.5	835440.5	0.00786
1994	11300	633.3	11933.3	0.00273	1100000	24000	1124000	0.01058
1995	25680	2054.3	27734.30	0.00635	1600000	62500	1662500	0.01565
1996	30356	584.5	30940.5	0.00708	1825824	25091.6	1850915.6	0.01742
1997	41649	1254.8	42903.8	0.00982	2076588	25076.4	2101664.4	0.01978
1998	65576	2392.7	67968.7	0.01556	2075517	–94.6	2075422.4	0.01953
1999	94624	2640.7	97264.7	0.02227	3273541	99835.3	3373376.3	0.03175
2000	194106	8290.2	202396.2	0.04635	5130862	142870.8	5273732.8	0.04963
2001	268558	5727.1	274285.1	0.06281	6278000	81938.4	6359938.4	0.05985
2002	327966	4243.4	332209.4	0.07607	7736463	97230.9	7833693.9	0.07372
2003	320100	–524.4	319575.6	0.07318	7595812	–8790.7	7587021.3	0.0714
2004	550498	14399.90	564897.9	0.12935	12689915	299653.1	12989568.1	0.12224
2005	643478	5469.4	648947.4	0.14860	14533565	102425	14635990	0.13774
2006	793814	8352	802166	0.18368	16790170	118768.7	16908938.7	0.15913
2007	912500	6246.6	918746.6	0.21038	17780000	49491.5	17829491.5	0.16779
合计	4304377	64164.90	4367089.9	1	106994454	784499.6	106261753.6	1

注：①表中测算结果以 1990 年为基数。②1993 年因发生洪灾、1998 年因发生亚洲金融危机、2003 年发生 SARS，故数据较上一年有所降低，出现负数。

资料来源：《张家界市统计年鉴》（2006），2007 年数据来自张家界统计公报。

二、结果与分析

1. 武陵源景区旅游生态位态势变化

（1）武陵源景区旅游收入生态位态势变化，如图 4-6 所示。

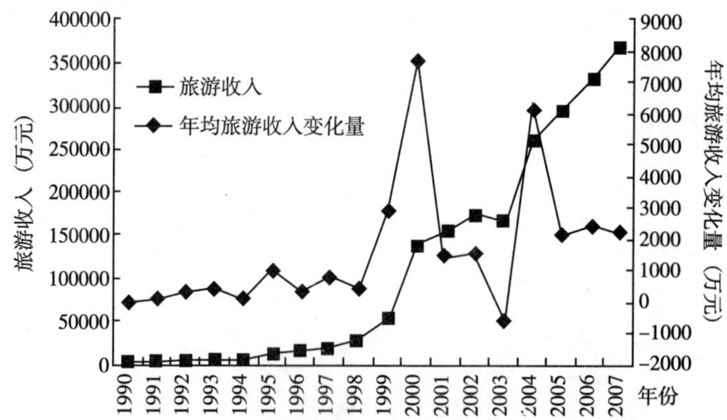

图 4-6　武陵源景区旅游收入生态位态势变化

（2）武陵源景区旅游人数生态位态势变化如图 4-7 所示。

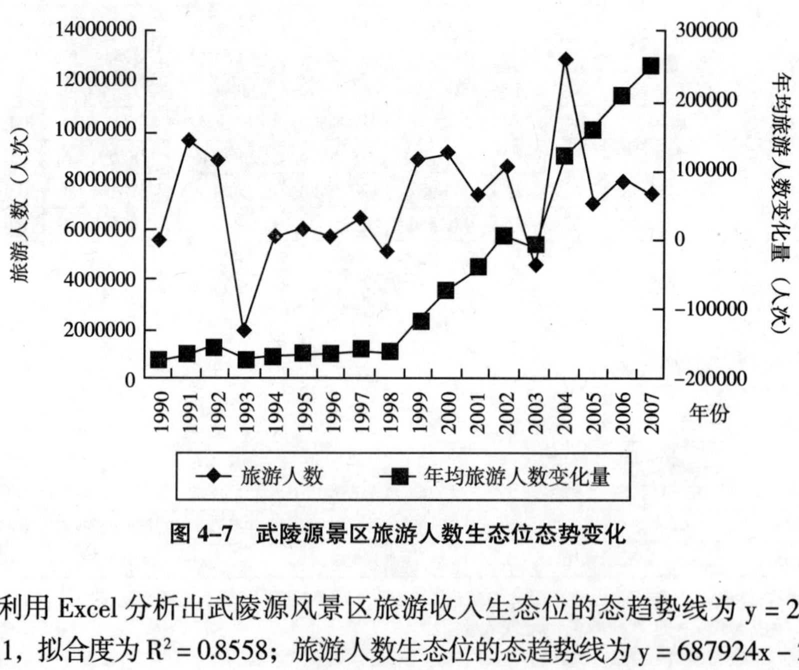

图 4-7　武陵源景区旅游人数生态位态势变化

利用 Excel 分析出武陵源风景区旅游收入生态位的态趋势线为 y = 221.64x – 973.11，拟合度为 R^2 = 0.8558；旅游人数生态位的态趋势线为 y = 687924x – 2E + 06，

拟合度为 $R^2=0.8048$，说明由于武陵源景区旅游资源丰富，旅游发展迅速，对于旅游收入生态位和旅游人数生态位的态来说，一直处于增长趋势，武陵源景区旅游处于不断发展状态。但是从旅游收入生态位和旅游人数生态位的势来看，武陵源景区旅游收入的势的趋势线为 $y=1.8948x-1.7017$，拟合度为 $R^2=0.2183$，旅游人数生态位的势的趋势线为 $y=4795.6x+10560$，拟合度为 $R^2=0.0901$，说明武陵源景区旅游收入生态位和旅游人数生态位的势变化趋势不规则，武陵源景区旅游发展存在着明显的阶段性，如图 4-6、图 4-7 所示。

（3）武陵源景区旅游生态位态势变化如图 4-8 所示。

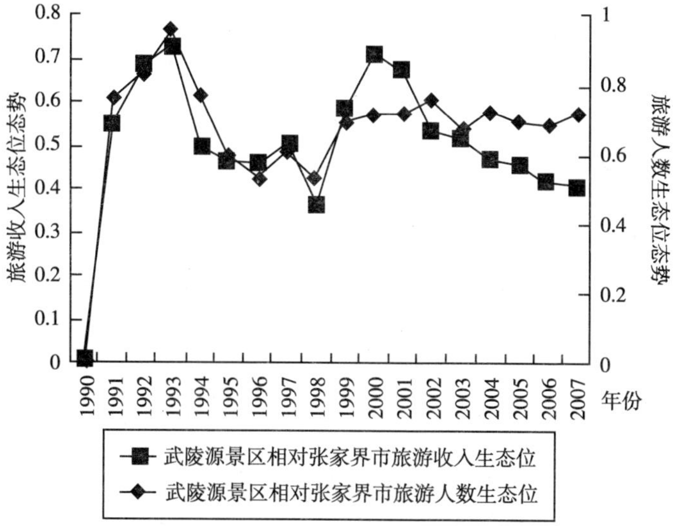

图 4-8 武陵源景区旅游生态位态势

利用 Excel 分析武陵源景区旅游收入生态位趋势线为 $y=-0.009x+0.6111$，拟合度为 $R^2=0.1663$，旅游人数生态位趋势线为 $y=-0.0043x+0.7384$，拟合度为 $R^2=0.0427$，说明武陵源景区旅游收入生态位和旅游人数生态位大体上呈现递减趋势，如图 4-8 所示。1993 年以前，武陵源景区为张家界市主要的旅游目的地，旅游收入生态位由 0.5506 上升为 0.7300，旅游人数生态位由 0.7544 上升为 0.9475。1993 年后，张家界市旅游业不再仅仅依靠武陵源景区，出现了如天门山、茅岩河等一批等级较高、相当有影响力的旅游景区，呈现出多元化发展趋势，武陵源景区在张家界市旅游发展中的重要性有下降趋势。尤其是 2000 年以来，武陵源景区相对于张家界市旅游收入生态位从 2000 年的 0.7010 降为 2007 年的 0.4082。研究结果与实际情况相吻合。

2. 武陵源景区旅游生命周期分析

根据武陵源景区旅游收入生态位和旅游人数生态位态势变化，如表 4-8、表

4-9 所示，评价其旅游生命周期，武陵源景区旅游生命周期大致分为三个阶段。

第一阶段是旅游成长期（2000 年以前）。从表 4-8 和表 4-9 可以看出，武陵源景区旅游收入从 1990 年的 2490 万元到 2000 年的 137998 万元，旅游收入生态位的态处于增长状态；但是 1991 年年均旅游收入变化量为 137.5 万元，2000 年年均旅游收入变化量为 7660 万元，其旅游收入生态位势达到高峰。武陵源景区旅游人数从 1990 年的 720000 人次到 2000 年的 3660000 人次，旅游人数生态位的态势也处于增长状态；但是 1991 年年均旅游人数变化量为 145000 人次，2000 年年均旅游人数变化量为 127545.5 人次，其旅游人数生态位势同样达到高峰。武陵源景区表现出强有力的旅游发展生命力。

第二阶段是旅游成熟期（2001~2005 年）。武陵源景区旅游收入从 2001 年的 155695 万元增加到 2005 年 292800 万元，旅游收入生态位的态是继续增加的；但是 2001 年年均旅游收入变化量为 1474.8 万元，2005 年年均旅游收入变化量为 2148.1 万元，其旅游收入生态位势变化不规则。武陵源景区旅游人数从 2001 年的 4460000 人次增加到 2005 年的 10015000 人次；但是 2001 年年均旅游人数变化量为 66666.7 人次，2005 年年均旅游人数变化量为 51125 人次，其旅游人数生态位势同样不规则。此时，武陵源景区处于成熟时期，要采取旅游生态位策略，保持持续发展动力，防止出现衰退。

第三阶段是旅游滞缓期（2005 年以后）。2005 年后，武陵源景区旅游收入和旅游人数生态位的态继续增加，旅游收入和旅游人数的势变化缓慢。此时，武陵源景区旅游发展急需进行旅游产业结构调整与深度开发，努力使旅游地恢复活力。

3. 武陵源景区与张家界市旅游关系分析

表 4-9、表 4-10 表明，武陵源景区旅游收入生态位和旅游人数生态位都比较大，说明武陵源景区在张家界市旅游发展中始终占据重要位置，为张家界市旅游发展做出很大贡献，是张家界市旅游发展龙头。根据武陵源景区相对于张家界市旅游收入和旅游人数生态位变化情况，如图 4-8 所示，可将武陵源景区与张家界市旅游发展关系划分为旅游依附发展阶段、旅游联动发展阶段和旅游共生发展阶段。

（1）旅游依附发展阶段（1982~2000 年）。张家界市旅游业发展初期主要是依靠武陵源景区，其核心景区是建立于 1982 年的张家界国家森林公园，张家界市也因旅游建市。这一阶段，张家界市旅游发展主要依附武陵源景区，武陵源景区成为张家界市主要旅游目的地，张家界市旅游收入基本来源于武陵源景区。

（2）旅游联动发展阶段（2000~2007 年）。随着张家界市旅游业发展和旅游资源的持续开发，除武陵源景区以外的其他旅游资源的吸引力不断增强，此时张家界市与武陵源景区的旅游发展关系进入旅游联动型发展阶段。该阶段主要特征是新的旅游景区相继出现，张家界市旅游业不再仅仅依靠武陵源景区，出现了如天门山、茅岩河等一批等级较高、相当有影响力的旅游景区，张家界市旅游产品、旅游基础设施和服务设施得到了很大改善，使得张家界市旅游吸引力和接待服务能力大幅度提高，张家界市旅游呈现出多元化发展趋势，而武陵源景区在其旅游发展中的重要性有下降趋势。由于其他旅游景区的迅速发展，游客分布也从主要聚集在武陵源景区发展成为周边旅游景点所占份额逐渐增加，尤其是2000年以来，武陵源景区相对于张家界市旅游收入生态位从2000年的0.701降为2007年的0.4082。

（3）旅游共生发展阶段（2007年以后）。2007年来，武陵源景区相对于张家界市来说，旅游收入生态位和旅游人数生态位均呈下降趋势，说明武陵源景区在张家界市旅游发展中的地位不再具有唯一性，而是开始与其他茅岩河景区、天门山景区等旅游景区共享张家界旅游市场，武陵源景区与张家界市其他旅游景区处于旅游共生发展阶段。各旅游景区在开发自身潜力、开拓旅游产品、提高吸引力的基础上，与武陵源景区联合开发旅游线路，相互协调、共同发展。同时，在武陵源景区的辐射、扩散和带动作用下，其他旅游景区的旅游吸引力和旅游服务功能也得以增强，为武陵源景区旅游发展提供有力支持，相互之间共生共荣，相互促进。

4. 张家界市旅游空间结构演化评价

从表4-10可以看到张家界市旅游收入绝对生态位和旅游人数绝对生态位一直处于上升趋势，说明张家界市旅游一直处于发展状态。结合张家界市旅游收入生态位和旅游人数生态位测算结果，张家界市旅游业发展可划分为以下4个阶段。

（1）单一发展阶段。张家界市旅游发展始于20世纪80年代，1982年批准建立的张家界国家森林公园标志着张家界现代旅游的开端，此时张家界市旅游集中在武陵源景区内的张家界国家森林公园。

（2）无旅游竞争下的初期发展阶段。张家界市旅游资源丰富，旅游发展空间大，处于旅游生态位扩充阶段。此时，张家界市旅游主要集中在张家界国家森林公园，旅游景区数量较少，旅游景区之间没有旅游生态位重叠现象，不存在真正的旅游竞争，旅游生态位处于无限扩充阶段。张家界市旅游业发展具有很大潜力，表现在张家界国家森林公园发展迅速，而且还产生了如黄龙洞、宝峰湖等新的旅游景区，各旅游景区开始发展。此外，张家界市旅游基础设施、旅游接待设施，从无到有，日益改善。

（3）有限旅游竞争下的深入发展阶段。随着旅游业发展，张家界市提出“以旅游为支柱产业”和“旅游带动战略”，外来资本大量投入，旅游开发招商引资，旅游设施和服务不断完善，张家界旅游资源得到进一步挖掘，诸多新旅游景区陆续出现和迅速发展。索溪峪、天子山等景区的相继开发建设，逐渐形成了武陵源景区，此时，张家界市旅游景点主要是武陵源景区的张家界国家森林公园、索溪峪、天子山景区三足鼎立之势。由张家界公园、天子山、索溪峪三大景区组成的武陵源风景名胜区，风景奇特，石英砂岩峰林地貌世界罕见，是世界自然遗产和世界地质公园所在地。

此时的张家界市旅游生态位处于有限扩充阶段，旅游景区之间出现了有限旅游竞争，其发展仍由武陵源景区为核心和龙头的旅游开发建设，不仅使武陵源成为国家风景名胜区，同时也带动了张家界境内其他旅游景区的开发，索溪峪、天子山、宝峰湖、黄龙洞等旅游景区（点）开发与宣传，使得张家界市旅游资源更加丰富，虽然在旅游资源、旅游市场、旅游服务、旅游环境等开始发生不同程度的旅游生态位重叠，但激烈旅游竞争局面尚未形成，张家界国家森林公园、索溪峪、天子山由三分变成一统为武陵源国家风景名胜区。

（4）全方位旅游竞争下的全面发展阶段。张家界市旅游资源得到全面开发，进一步提高旅游开发建设水平，涌现出一批拳头旅游景区。黄龙洞资本市场化运作，张家界旅游股份制公司改制成功上市，张家界旅游开发出现星月争辉、遍地开花的良好局面。张家界旅游业已经从前一阶段的有限旅游竞争转向全方位旅游竞争，旅游景区数量大幅度增加，旅游产品极大丰富，旅游业全面发展引起了张家界市各旅游景区之间的旅游生态位重叠现象加剧，旅游竞争日趋激烈，旅游业发展不再依赖“量”的扩张，而是更注重“质”的提升，可见张家界市旅游业已经进入了全方位旅游竞争时代。

全方位旅游竞争引起的直接后果就是张家界市旅游景区旅游生态位扩充或压缩，此时可能出现两种结果：一种结果是通过旅游竞争，有时强的旅游景区有较大的旅游竞争力，其旅游生态位呈不断扩充态势，而旅游竞争力弱的旅游景区旅游生态位则被不断地压缩，甚至消亡，如武陵源景区、茅岩河景区就在不断扩充其旅游生态位，而其他一些知名度低，旅游竞争力弱的旅游景区则只能压缩自身旅游生态位。另一种结果就是为了实现旅游景区之间的共生共存，达到区域旅游发展“共赢”、“多赢”的目标，必然要采取适当的政策、措施来实现旅游竞争下的合作，因此就产生了各旅游景区的旅游生态位调整，尽量避开相互之间的旅游生态位重叠，最后达到规避旅游竞争、加强旅游合作目的。

张家界市部分旅游景区开发建设虽早在20世纪80年代就开始启动，但是由于张家界市旅游资源特征和区域经济基础，决定了其他旅游景区不可能与核心的武陵源风景名胜区同步开发。到90年代末，张家界市除武陵源景区外，还拥有天门山景区、八大公山国家自然保护区、茅岩河景区、九天洞赤溪河风景区和嵝水风景区管理处、五雷山景区等，进入全方位旅游竞争下的全面发展阶段。

三、结论

（1）武陵源景区旅游收入生态位的态趋势线为 y = 221.64x – 973.11，拟合度为 R^2 = 0.8558，旅游人数生态位的态趋势线为 y = 687924x – 2E + 06，拟合度为 R^2 = 0.8048，说明武陵源景区旅游收入生态位和旅游人数生态位的态处于增长趋势。武陵源景区旅游收入生态位的势趋势线为 y = –1.8948x – 1.7017，拟合度为 R^2 = 0.2183，旅游人数生态位的势趋势线为 y = 4795.6x + 10560，拟合度为 R^2 = 0.0901，说明武陵源景区旅游收入生态位和旅游人数生态位的势趋势线为 y = –0.0043x + 0.7384，拟合度为 R^2 = 0.0427，说明武陵源景区旅游收入生态位和旅游人数生态位体上呈现递减趋势。

（2）武陵源景区旅游发展大致可以分为 2000 年以前是成长期，2001~2005 年为成熟期，2005 年以后为滞缓发展期。

（3）武陵源景区与张家界市旅游发展关系划分为旅游依附发展阶段、旅游联动发展阶段和旅游共生发展阶段。

（4）张家界市旅游空间结构演化分为单一发展阶段、无旅游竞争下的初期发展阶段、有限旅游竞争下的深入发展阶段和全方位旅游竞争下的全面发展阶段。

第五节 小 结

本章内容以张家界市主要景区为例，重点对旅游生态位宽度、旅游生态位重叠和旅游生态位态势理论和模型进行应用研究。

（1）旅游生态位宽度应用研究表明：张家界市主要旅游景区旅游生态位宽度由大到小依次为武陵源景区、天门山景区、茅岩河景区、八大公山景区和五雷山景区，分别为 0.3501、0.2166、0.1673、0.1665 和 0.0995，说明张家界市主要旅游景区旅游竞争力由大到小依次为武陵源景区、天门山景区、茅岩河景区、八大公山景区和五雷山景区。旅游资源、旅游市场和旅游服务以武陵源景区、天门山景区旅游生态位宽度较大，分别为 0.3124 和 0.2393、0.3952 和 0.1922、0.3631 和 0.2716；茅岩河景区与八大公山景区旅游生态位宽度分别为 0.1754 和 0.1729、0.1626 和 0.1459、0.1763 和 0.1066；五雷山景区旅游生态位宽度最小，分别为 0.1000、0.1041、0.0824；旅游环境以武陵源景区旅游生态位宽度最为突出，为 0.3402，八大公山景区次之，旅游生态位宽度为 0.2395，天门山景区和茅岩河景区旅游生态位宽度分别为 0.1548 和 0.1527，五雷山景区旅游生态位宽度为

0.1127。对于二级旅游生态位宽度评价指标，武陵源景区旅游生态位宽度均大于其他旅游景区，表明武陵源景区在这些指标均具有显著旅游竞争力。在环境保护与生态环境质量方面，八大公山景区旅游生态位宽度分别为 0.2482 和 0.2940，表明其在环境保护和生态环境质量具有明显旅游竞争力。

（2）旅游生态位重叠应用研究表明：由于旅游资源、旅游市场、旅游服务与旅游环境维度的差异，武陵源景区与其他景区旅游生态位重叠分别为 0.1904、0.0204、0.1453 和 0.0157，说明存在旅游竞争的可能，但旅游竞争不是非常明显。天门山景区，由于与茅岩河景区旅游资源、旅游市场与旅游环境维度的旅游生态位重叠，其旅游生态位重叠为 0.4182，表明存在旅游竞争的可能；与八大公山景区、五雷山景区旅游生态位重叠分别为 0.1789 和 0.1381，表明旅游竞争不明显。茅岩河景区与八大公山景区、五雷山景区之间也存在旅游生态位重叠，旅游生态位重叠为 0.2373 和 0.2607，表明它们之间旅游竞争不明显。八大公山景区与五雷山景区旅游生态位重叠为 0.4292，表明它们之间亦存在旅游竞争的可能性。

（3）旅游生态位态势应用研究表明：利用 Excel 分析出武陵源景区旅游收入生态位的态趋势线为 $y = 221.64x - 973.11$，拟合度为 $R^2 = 0.8558$，旅游人数生态位态趋势线为 $y = 687924x - 2E + 06$，拟合度为 $R^2 = 0.8048$，说明由于武陵源景区旅游资源丰富，旅游发展迅速，对于旅游收入生态位和旅游人数生态位的态来说，一直处于增长趋势，武陵源景区旅游处于不断发展状态。但是从旅游收入生态位和旅游人数生态位的势来看，武陵源景区旅游收入的势的趋势线为 $y = 1.8948x - 1.7017$，拟合度为 $R^2 = 0.2183$，旅游人数生态位的势的趋势线为 $y = 4795.6x + 10560$，拟合度为 $R^2 = 0.0901$，说明武陵源景区旅游收入生态位和旅游人数生态位的势变化趋势不规则，武陵源景区旅游发展存在着明显的阶段性。

利用 Excel 分析武陵源景区旅游收入生态位趋势线为 $y = -0.009x + 0.6111$，拟合度为 $R^2 = 0.1663$，旅游人数生态位趋势线为 $y = -0.0043x + 0.7384$，拟合度为 $R^2 = 0.0427$，说明武陵源景区旅游收入生态位和旅游人数生态位大体上呈现递减趋势。1993 年以前，武陵源景区为张家界市主要的旅游目的地，旅游收入生态位由 0.5506 上升为 0.73，旅游人数生态位由 0.7544 上升为 0.9475。1993 年后，张家界市旅游业不再仅仅依靠武陵源景区，出现了如天门山、茅岩河等一批等级较高、相当有影响力的旅游景区，呈现出多元化发展趋势，武陵源景区在张家界市旅游发展中的重要性有下降趋势。尤其是 2000 年以来，武陵源景区相对于张家界市旅游收入生态位从 2000 年的 0.701 降为 2007 年的 0.4082。

第五章　旅游生态位策略研究
——以张家界市为例

旅游生态位的动态可控性恰好为更合理有效地控制和优化旅游生态位提供了可能。旅游生态位策略是旅游地在充分认识自身旅游生态位后，面对旅游问题时运用旅游生态位理论所采取的一系列积极有效的策略。旅游生态位策略选择前提是必须充分考虑旅游地自身与旅游资源、旅游市场、旅游服务与旅游环境等因素的协调统一，从旅游生态位视角充分认识旅游问题，合理选择与之相对应的促进旅游发展的旅游生态位策略。旅游生态位策略主要表现在旅游生态位扩充、旅游生态位分离、旅游生态位创新、旅游生态位协调与优化等。在旅游发展过程中，可以选择相应的旅游生态位策略，促进旅游和谐可持续发展。值得说明的是：旅游生态位策略之间并没有非常明确界限，常常错综复杂的交织在一起，相互交叉和交替使用，难以准确界定和分开。

旅游生态位扩充和分离、旅游生态位协调和优化、旅游生态位创新等旅游生态位策略是缓解旅游竞争压力的有效途径，运用旅游生态位策略来指导旅游发展，尤其是指导和处理旅游竞争合作问题，制定更加正确科学的旅游发展战略，保持整个区域旅游系统长期稳定、协调发展，实现旅游地之间的共存共荣。本章节内容仍以张家界的旅游生态位为例进行阐述。

第一节　旅游生态位扩充策略

旅游生态位扩充是旅游地演化发展的主要动力，是充分挖掘旅游地增长潜力所引起旅游生态位的增加，主要通过改变旅游地的旅游资源、旅游市场、旅游服务和旅游环境来实现增加旅游地所在旅游系统的生命力。

一、整合旅游资源

旅游地可以通过整合旅游资源来扩充自身的旅游生态位，实现不同旅游地在旅游区域中的共生共存。从张家界市来看，以张家界市丰富密集的旅游资源为主要依托，重点突出自然风光旅游重点，以历史文化旅游为线索，以旅游交通为纽带，实施域内旅游资源整合，实现旅游资源优势互补和共建共享，整体扩充张家界市旅游生态位，减少区域内旅游生态位重叠和旅游竞争，进而带动其他旅游资源开发，最终形成旅游共生共存。张家界市旅游分别以“山”、“水”、“民俗风情”为自身定位进行旅游整合，对外呈现出多元化旅游产品，这样可避免单一类型旅游景点对旅游者的有限吸引力。需要注意的是，由于各旅游景区的利益主体不同，往往会在旅游资源整合中产生冲突，这时尤其要注意协调发展张家界市旅游景区，避免域内旅游景区发生恶性旅游竞争，两败俱伤。

就旅游景区而言，张家界市各旅游景区本身具有一定的旅游生态位，旅游景区应根据自己本身旅游资源特点和旅游竞争实力，适当扩充旅游生态位，获取旅游竞争优势，如表 5–1 所示。当客源充足、旅游竞争对手较弱时，要不失时机地扩充旅游生态位，这样才能扩大旅游经营规模和提高旅游效益。而当旅游竞争对手实力较强时，就应当放弃与之竞争的部分旅游生态位，以获得比较竞争优势。黄龙洞、宝峰湖的经营发展是张家界市进行旅游生态位扩充的成功范例，张家界市抓住改革开放的历史机遇，招商引资兴建了黄龙洞、宝峰湖两大旅游景区，整合了旅游资源，实现了武陵源风景名胜区“山”、“水”、“洞”的结合，扩充了旅游生态位，不仅获得了武陵源风景区的成功经营，而且使武陵源风景区成为国际知名旅游品牌。

表 5–1　张家界市旅游景区旅游资源特征

旅游景区	旅游资源特征
武陵源景区	石灰熔岩地貌景观
天门山景区	石灰熔岩地貌景观、历史文化
茅岩河景区	漂流
八大公山景区	自然风光、科学考察
五雷山景区	佛教圣地
宝峰湖景区	山水风光
黄龙洞景区	喀斯特熔岩地貌

二、开拓旅游市场

张家界市国内游客市场和国际游客市场发展趋势如表 5–2 所示。张家界市旅游市场发展主要是努力扩大旅游客源市场，扩充旅游生态位，寻找没有旅游竞争对手或竞争对手少的旅游市场进入，避免旅游市场竞争，获得旅游发展。在巩固国内市场的同时，充分挖掘国外游客市场，做好国际旅游市场营销，扩大国际影响，继续打好海外市场开拓战，不断优化境外游客市场结构，突出日本及东南亚等地的旅游促销，进一步开拓国外旅游市场，尤其跨洲际欧美市场，增加国内外游客人数，扩充旅游生态位。①

表 5–2 张家界市境外游客情况

年份	境外游客（人次）								
	总数	台湾	港澳	华侨	外国人				
					总数	韩国	日本	东南亚	欧美
1989	16846	270	15628	38	910	—	200	174	338
1990	10458	6978	2167	45	1268	—	201	183	478
1991	25787	7960	16071	154	1602	—	615	137	390
1992	33025	9032	20984	73	2936	—	586	892	860
1993	33595	16516	15742	—	1337	—	410	347	512
1994	11574	3594	5567	93	2320	—	554	862	607
1995	14854	4014	5519	1160	4161	—	1370	987	923
1996	22307	8598	8300	1101	4308	—	1516	696	1210
1997	21272	7176	9950	605	3541	—	1599	685	585
1998	30354	23412	1718	201	5023	116	4090	91	610
1999	151514	116038	27016	699	7761	1399	3726	1446	918
2000	201932	122169	38569	—	41194	5741	20436	12404	1115
2001	253900	110040	66776	—	77186	58723	10659	4199	3589
2002	309810	43373	14561	—	251876	194886	43373	5006	7903
2003	357336	104297	5165	—	247874	230698	9291	4848	1085
2004	903278	74069	32518	—	796691	780757	9256	5580	782
2005	1287857	59832	15699	—	1212326	1160751	12218	30948	7500
2006	1274771	127477	50991	—	1096303	1030015	12748	38243	15297
2007	1259000	127033	33741	—	1098226	1025833	6925	44694	20774

资料来源：《张家界市统计年鉴》(2008)。

就张家界市旅游景区来说，每个旅游景区的旅游市场发展重点不尽相同，国内外游客数也多少不一，各旅游景区要在巩固现有旅游市场的同时，应该广泛积极开拓新的国际国内旅游市场，扩充自己的旅游生态位，如表 5–3 所示。

表 5–3　张家界市旅游景区旅游市场开拓方向

序号	旅游景区	旅游市场
1	武陵源景区	巩固国内游客市场，扩大国际游客市场
2	天门山景区	巩固国内游客市场，开拓国际游客市场
3	茅岩河景区	巩固省内游客市场，扩大国内游客市场
4	八大公山景区	巩固省内游客市场，开拓国内游客市场
5	五雷山景区	巩固县内游客市场，扩大省内游客市场
6	宝峰湖景区	巩固国内游客市场，开拓国际游客市场
7	黄龙洞景区	巩固国内游客市场，开拓国际游客市场

三、提高旅游服务质量

改变旅游服务方式，改善旅游交通、旅游安全和旅游卫生等，提高旅游服务质量和旅游质量，可以扩充旅游服务生态位。对于张家界市来说，目前各旅游景区质量级别情况，如表 5–4 所示。旅游景区质量等级划分是参考《旅游景区质量等级 GB/T1775—2003》，可以参照《旅游景区质量等级 GB/T1775—2003》的内容，通过提高张家界市各旅游景区服务质量，实现各旅游景区旅游服务质量的升级，如 3A 级旅游景区升为 4A 级旅游景区或 4A 级旅游景区升为 5A 级旅游景区，以达到扩充旅游生态位之目的。2008 年，天门山景区提出进军 5A 景区，这标志着天门山景区旅游品牌在得到提升的同时，也扩充了其旅游生态位。同时，张家界市还在不断促进五雷山、龙王洞、秀华山馆、军声画院等景区提升旅游服务质量等次。

表 5–4　张家界市 A 级旅游景区一览

级别	旅游景区
5A	武陵源景区（2007 年）
4A	黄龙洞（2001 年）、宝峰湖景区（2003 年）、江垭温泉度假村（2003 年）、土家风情园（2003 年）、茅岩河景区（2005 年）、张家界万福温泉国际旅游度假区（2007 年）、天门山景区（2007 年）
3A	秀华山馆（2005 年）
2A	张家界军声画院（2005 年）、张家界紫霞观（2005 年）、绿色大地（2007 年）

资料来源：《张家界市统计年鉴》(2008)。

四、改善旅游环境

旅游环境时刻都是在不断变动和调整之中，旅游地如果不能随着旅游环境变化做出相应的调整和把握住自己的旅游生态位，就不可能超越其他旅游地和始终保持旅游发展活力及旺盛的生命力。旅游景区应遵循优化发展原则，在发展旅游经济效益的同时注重改善旅游环境，加强旅游环境建设和保护力度，通过改善旅游环境，扩充其旅游容量，打破旅游发展“瓶颈”，实现旅游生态位扩充，最终形成旅游可持续发展过程。

对张家界市来说，可以通过保护植被、植树造林、改善旅游卫生条件等方式，将游客带来的不良生态影响控制在自然环境的自净能力之内，提高自然环境的承载力；还可通过加强道路基础设施和酒店、宾馆等配套设施建设，提高社会环境承载力；另外，可建设新的旅游基础设施、改善各旅游景区的旅游环境，扩大旅游容量，扩充各旅游景区的旅游生态位。如天门山景区于 2006 年 10 月投资 800 万元动工、2008 年 4 月竣工的山顶空中游览索道和鬼谷栈道，是张家界的首条高空观景缆车。山顶空中游览索道和鬼谷栈道的修建改变了旅游基础设施，有效地扩充了天门山景区的旅游生态位。

第二节　旅游生态位分离策略

同一区域的两个或多个旅游地，在旅游资源、旅游市场、旅游服务与旅游环境等发生旅游生态位重叠时，存在着旅游竞争。为了避免因旅游生态位重叠而造成旅游竞争，使旅游竞争减少到最低限度，每一个旅游地的旅游生态位都同其他旅游地的旅游生态位明显分开，实现旅游生态位分离或不同旅游生态位维度的旅游生态位分离。

一、泛化和特化策略

旅游地可以通过旅游生态位泛化和特化策略，实现旅游生态位分离。特化策略是提供范围相对较小的旅游产品或服务于相对窄小的旅游市场，泛化策略是提供范围相对较广泛的旅游产品或服务于相对广泛的旅游市场。对于张家界市旅游来说，为了保持旅游系统长期稳定和多样性，必须分化形成各具特色的旅游生态位，即满足不同类型的游客需求，开拓多样化的客源市场，实现旅游资源互补，从而保持旅游系统平衡和旅游可持续发展，如表 5-5 所示。

表 5-5　张家界市旅游景区旅游生态位分离策略

序号	旅游景区	旅游生态位分离策略
1	武陵源景区	泛化
2	茅岩河景区	泛化、特化

续表

序号	旅游景区	旅游生态位分离策略
3	天门山景区	特化
4	八大公山景区	泛化、特化
5	五雷山景区	特化
6	宝峰湖景区	特化
7	黄龙洞景区	特化

（1）对于综合性旅游地和主题旅游地来说，综合性旅游地宜选择泛化策略，即在可能的条件下，尽可能培育全方位的旅游发展能力，提供广泛的旅游产品和旅游服务，或服务于相对广泛的旅游市场，如 5A 级旅游景区武陵源风景区，除了做足山的文章之外，充分利用金鞭溪和宝峰湖的水、黄龙洞的洞来做文章，逐渐实现旅游生态位泛化而形成“广食性”。而主题旅游地尽可能推行特化策略，在原有的旅游领域里，突出旅游主题，做精做强，提供范围相对较小的旅游产品或服务于相对窄小的旅游市场，实现专业化经营，如黄龙洞，其旅游主题就是溶洞，适宜实现旅游生态位特化。

（2）针对不同级别的旅游地，视情况采取不同的泛化和特化策略。一般而言，高级别的旅游地采取泛化策略，发挥旅游资源优势，以吸引更多游客，而较低级别旅游地可采取特化策略，按照同质中寻差异、对比中显个性、选择中把握重点的原则，在准确评价旅游资源开发潜力基础上，做精做强，以求得生存。就张家界市各旅游景区来说，武陵源景区应采取旅游生态位泛化策略，作为世界地质公园和国家级风景名胜区，自然要面向国内外旅游市场，吸引不同类型游客，即满足包括国内和国外、观光和度假、团体和个人等不同类型游客的需求；茅岩河景区作为省级风景名胜区，则应在泛化基础上适当特化，因其旅游产品主要是漂流，在吸引不同类型游客的基础上，重点是年轻人或富有冒险精神的游客；至于天门山景区，宜采取特化的策略，依靠天门寺这一佛教旅游资源，吸引一些道教信众，如 2008 年 7 月 21 日即阴历六月十九是张家界一年一度传统的观音菩萨诞辰，天门山就迎来了 5500 余名来上香请愿的本地居民。

二、旅游资源生态位分离

旅游资源生态位分离是针对不同的旅游资源，开展不同旅游主题的旅游活动，发展不同主体的旅游区域，避免旅游资源雷同和近距离重复，实现旅游资源维度的旅游生态位分离。旅游资源生态位分离成为旅游地避免激烈旅游竞争和促进旅游发展的重要策略。

张家界市旅游要具有新的旅游吸引力和生命力，在整合现有旅游景区的基础上，实施旅游资源生态位分离策略。一方面，旅游资源开发应强调个性化与独特性，应该把挖掘当地特有的旅游资源作为出发点，尽可能地突出旅游资源特色；另一方面，做到“同质化的资源，差异化的开发”。在开发理念和开发模式上应做到“人无我有，人有我优，人优我特”，突出自己的特色和个性，充分显示和占据属于旅游地自己的旅游生态位。旅游特色是一个旅游景区的灵魂，没有旅游特色就没有旅游魅力，张家界市要以自己最具特色、“唯我独有”的石英砂岩峰柱地貌景观为主题，辅以漂流、溶洞、历史文化和民俗风情，突出“三千峻峰耸立、八百秀水回环”风貌，努力建设以武陵源景区为主体的自然生态环境旅游区、以天门山景区为主体的历史文化与自然风光旅游区、以茅岩河景区为主体的猎奇探险漂流旅游区、以八大公山景区为主体的科学考察旅游区、以五雷山景区为主体的民族文化、宗教旅游区，如表 5-6 所示。

表 5-6 张家界市旅游景区旅游发展主题

序号	旅游景区	旅游主题
1	武陵源景区	自然生态环境旅游区
2	天门山景区	历史文化与自然风光旅游区
3	茅岩河景区	猎奇探险漂流旅游区
4	宝峰湖景区	自然风光旅游区
5	黄龙洞景区	自然风光旅游区
6	八大公山景区	原始森林探险、科学考察旅游区
7	五雷山景区	民族文化、宗教旅游区
8	贺龙故居	红色旅游区
9	江娅温泉	温泉休闲度假中心

从整个张家界市旅游资源来看，天门山国家森林公园和武陵源景区内的张家界国家森林公园虽然都是国家森林公园，但两者却有着完全不同的旅游特色。天门山国家森林公园彰显的是历史文化色彩，而张家界国家森林公园则以自然风景而闻名天下。两者结合有效地弥补了彼此不足，天门山国家森林公园已成为张家界国家森林公园的一大补充，有力缓解了武陵源景区的旅游压力，同时令张家界市旅游资源更加丰富，更加富有内涵，实现了旅游生态位分离，进一步提升了张家界市旅游产品价值。

旅游资源生态位分离还表现在旅游空间上。在张家界市，有很多由于旅游空间上的旅游生态位重叠而造成旅游竞争的案例，如既开发了号称天下“第一洞”的黄龙洞，黄龙洞由于旅游资源优势和促销优势，旅游效益十分丰厚，同时又在黄龙洞附近开发龙王洞、卧虎洞等，还在开发亚洲第一洞——九天洞。在如此近的距离内开发 4 个旅游活动内容大致雷同的旅游景点，由于旅游主题相近、距离相近，客源严重不足，不仅浪费了宝贵而有限的旅游开发资金，而且也淡化了旅游者的游兴，模糊了当地旅游形象，造成了旅游生态位重叠和激烈的旅游竞争。比如说漂流，在张家界市永定区开发了茅岩河漂流，又在慈利县开发了娄水漂流，还在桑植县开发了苦竹河漂流，这种低水平的旅游资源重复开发，造成了争客流、争旅游市场的恶性旅游竞争，造成了原本有限资金的极大浪费，也造成了旅游资源的极大浪费，目前除了茅岩河漂流有经济效益外，娄水漂流和苦竹河漂流处于歇业边缘。

为了实现张家界市旅游可持续发展，从旅游空间来说，张家界市旅游资源开发中，旅游景点选址应当保持一定的距离和空间分布，在空间上实现旅游生态位分离，寻找有利于张家界市及各旅游景区发展的旅游生态位，避免旅游生态位重叠，才能保证游客数量。通过旅游空间上的旅游生态位分离，逐步形成具有强吸引力、辐射力的核心景区，通过这些核心景区对周围地区的吸引、辐射，适当形成卫星景区，促成张家界市各旅游景区之间进一步发生互动效应和旅游功能互补，逐步形成张家界市合理的旅游空间梯度、层次有序的空间布局结构和具有强吸引力、辐射力的旅游节点，达到与周边旅游景区的互动合作和相互促进。

三、旅游市场生态位分离

旅游市场生态位分离主要是旅游地在旅游市场实现分离，不同旅游地有着不同的游客市场，可以通过准确地挖掘自身最佳客源地和潜在客源地来避免产生激烈的旅游竞争。旅游地只有准确进行旅游市场定位，寻求旅游市场差异和个性化发展，进行旅游市场差异化经营，才不会使自己迷失方向，不被著名旅游区所淹没，成为其他旅游地的影区。

从张家界市各旅游景区旅游生态位来看，武陵源景区显然是旅游市场格局中的佼佼者和领导者，相对来说，天门山景区、茅岩河景区只能是旅游市场的追随者和补缺者，八大公山景区、五雷山景区更是无法比拟。在张家界市旅游发展中，天门山景区、茅岩河景区、八大公山景区和五雷山景区一定要充分认识自己的旅游生态位，摆正位置。首先，形成一个稳定的主要客源市场，实现短时期取得旅游经济效益的主要来源，奠定未来旅游市场拓展基础。其次，根据自身条件进行旅游形象和旅游功能定位，寻求新的发展机遇和开辟新的旅游市场，形成各自不同的差异化目标客源市场。一方面，应当尽量吸引客源市场中对民俗风情旅游产品和历史文化旅游产品、宗教旅游产品、科学研究等有潜在需求的旅游者；另一方面，更应当着力巩固或开拓省内外有一定对应旅游产品需求的旅游者。

其实，每位游客来张家界市旅游的目的都会不同。就天门山景区而言，有的游客是为了看通天大道；有的是为了乘坐世界上最长的高山客运索道；有的是为了感受天门山神奇的历史文化；有的是为了看看天门山地质构造有多神奇；有的就是想看看飞机穿越过的天门洞。为满足不同游客需求，旅游景区需要有丰富的内容，满足来自不同文化背景、不同年龄层次的人们观赏和游玩。旅游景区要想吸引各种不同层次的人们的眼球，在逐步完善软硬件设施的情况下，还需要举行各种类型的旅游促销活动。如天门山景区坚持创造“美丽张家界的新传奇”的理念，举办一些体现民俗风情的节庆活动会、重视名人的轰动效应、利用独特的喀斯特地貌以及天门山“空中花园”的特殊地形，举办攀岩、滑翔运动竞赛等多种活动，激发人们对天门山景区的向往之情。天门山景区也会因其丰富而精彩的内容，彰显它的灵气。

比较不同旅游生态位中的旅游市场维度，如果两个旅游地的旅游市场维度没有发生旅游生态位重叠，则说明旅游市场中存在未被充分利用的旅游资源，如武陵源景区与茅岩河景区，一个以自然风光为主，一个以漂流为主、自然风光为次，两个旅游景区的旅游生态位本来是完全分离的，旅游竞争并不明显，但是由于茅岩河景区内九天洞的开发，虽然扩充了茅岩河景区旅游生态位，却导致武陵源景区与茅岩河景区之间存在部分旅游生态位重叠，从而造成旅游竞争，原因在于武陵源景区本身也有黄龙洞这一同质旅游资源。

旅游市场生态位分离还表现在旅游时间上的旅游生态位分离。选择不同时间的旅游生态位，尽量减少同其他旅游地竞争时间频率，获取时间差别上的旅游生态位占据，其主要表现在旅游开发时序、旅游经营时间、适游期和游客平均逗留时间的不同。在旅游资源开发时间上，张家界市首先开发武陵源景区，其次逐渐开发茅岩河景区、天门山景区等。在旅游经营时间上，错开旅游经营或开放时间，如夜漂索溪河独具神韵；武陵源区内的夜晚，“魅力湘西”和“梦幻张家界”两台富有当地民族特色的文艺演出活动，既丰富了旅游生活，又错开了旅游时间。

此外，还可通过季节性旅游产品开发、节日庆祝、主题活动以及会展等形式的活动，选择不同时间的旅游生态位，在某一时间段占据主要旅游生态位，另外某些同一个主题、位置临近的旅游地错开营业时间，达到在时间上旅游生态位分离之目的。如“十一”长假是张家界市旅游黄金周，武陵源景区为了实现旅游生态位分离，总是举办各种丰富多彩的文艺活动，既丰富了游客的旅行生活，也分散了游客，降低了旅游景区拥挤程度。

四、旅游服务生态位分离

旅游服务生态位分离是旅游景区提供一种或一系列专门而独特的旅游服务来实现旅游生态位分离，不同的旅游景区形成独具特色的旅游服务。

张家界市实施旅游服务生态位分离，要求张家界市各旅游景区在经营发展过程中，立足本身旅游优势，努力发掘本身旅游潜力，通过准确定位，保持足够的旅游服务维度的旅游生态位差异性，实现在旅游区域中同其他旅游景区旅游服务维度的旅游生态位分离。参照《旅游景区质量等级 GB/T1775—2003》内容，针对张家界市旅游景区服务质量级别不同，可以提供不同级别的旅游服务，实现旅游服务维度的旅游生态位分离。如 5A 级旅游景区武陵源景区应该提供 5A 级旅游服务，4A 级旅游景区茅岩河景区和天门山景区等则应该提供 4A 级旅游服务，以此类推，达到旅游生态位分离之目的。

第三节　旅游生态位协调与优化策略

一、旅游生态位协调

旅游生态位协调关系具有两大特征：一是优先性，即旅游地通过与其他旅游地间的联合而单方面优先获得某种好处。二是互惠共生性，即有关的旅游地之间相互协助而彼此获得某种利益，如图 5–1、图 5–2 所示。图 5–1 说明旅游景区 B 与其他旅游景区联合，实行优先原则后，旅游景区 B 旅游生态位扩充；图 5–2 说明旅游景区 A、B、C 之间相互协调发展，实行旅游互惠共生原则后，各旅游景区均得到旅游生态位扩充。旅游共生也影响旅游生态位，互利共生的存在倾向于扩大旅游生态位，而不是缩小旅游生态位。

旅游生态位协调思想可以指导张家界市在发展旅游业同时要加强区域内外旅游协作。首先，确定和充分认识张家界市各旅游景区的旅游生态位，考虑其旅游生态位的相似性和差异性，这关系到张家界市旅游景区能否合理发展。其次，实现张家界市内旅游景区旅游生态位协调合作，它关系到整个张家界市旅游体系的构建和布局，关系到张家界市旅游业可持续发展。最后，可以考虑张家界市、湘西土家族苗族自治州和怀化市旅游生态位协调，构建大湘西旅游圈。

（1）旅游资源共享和重组，协调旅游资源生态位。首先，在平等互利原则

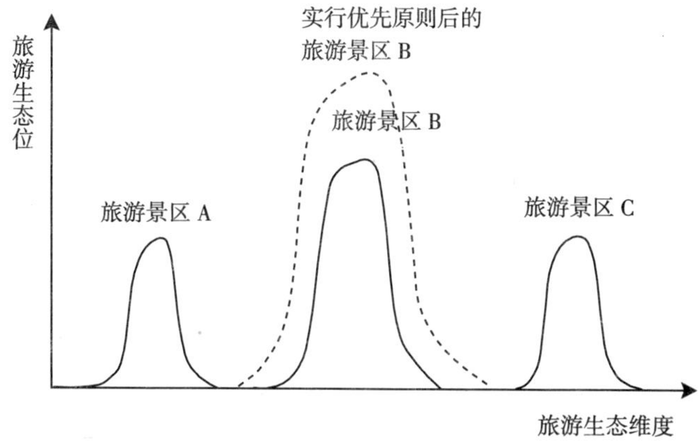

图 5-1　优先地位的旅游生态位示意（参见高江舟，2007）

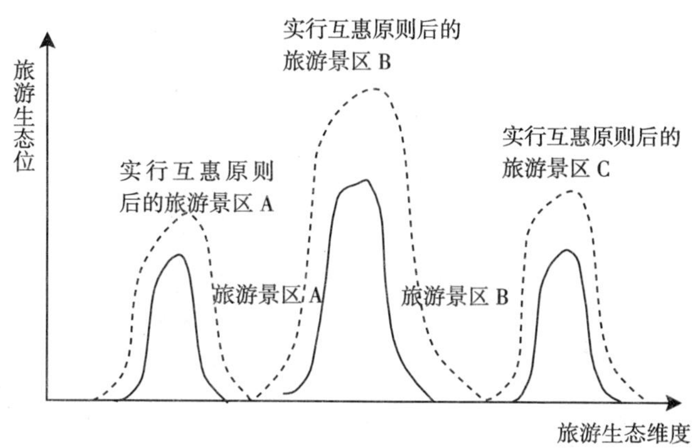

图 5-2　互惠共生的旅游生态位示意（参见高江舟，2007）

下，本着谁投资，谁受益的精神，将旅游资源看作区域共有财富，鼓励具有资本优势、技术优势的地区与具有资源优势、环境优势的地区合作，共同开发和保护旅游资源，开展跨地区资源重组，形成新的更富有吸引力的旅游景区和更富有效益的旅游线路。其次，是协作各旅游景区联合进行旅游市场调研，深入了解旅游市场需求特征，有针对性、有重点地开发旅游资源，合作建立适应于多元化旅游市场需求的旅游产品体系，实现各自旅游生态位协调，如宝峰湖、黄龙洞景区的成功招商引资开发就实现了旅游生态位协调。

突破旅游区域限制，着眼整个旅游协作区域，在更高层次上划定旅游区，使各旅游区域旅游功能更为合理，整合各分散旅游地，扩大旅游规模，提高旅游档次。在区域旅游功能区划分基础上，确定旅游开发和建设总体方案，达到旅游资源生态位协调。张家界市旅游功能定位就是追求特色。天门山景区和武陵源景区具有国家森林公园所共有的基本特征，但前者具备历史文化旅游资源优势，而后者则是以自然旅游资源见长。张家界市旅游景区应根据自身的地方性在比较中找到自己的个性，进行科学的旅游功能定位，积极维护优势地位，强化自身的空间领域，最终实现各旅游景区向协同进化方向发展。武陵源景区是世界自然遗产，主要旅游资源是天子山、金鞭溪、索溪峪等自然山水，其自然景观是其他地区无法比拟的，但它缺的是高品位人文旅游资源和丰富的文化内涵，所以要加强天门山景区和五雷山景区的历史人文资源和佛教旅游资源发展，可以弥补其中空白。

(2) 客源市场协作，协调旅游市场生态位。以参加协作的若干旅游地为单位，开展旅游市场调研和旅游宣传，在旧的旅游市场中占领更多份额的同时，开拓新的客源市场，与各旅游地自行其是、各自为战相比，可获得事半功倍之功效。利用旅游协作，形成旅游合力，培育共同旅游市场，可以增加客源，提高旅游市场档次，参加协作各方之间，取消不正常壁垒，互为客源地和目的地，共同培育大旅游意识，相互宣传对方，提高出游率，协调各自旅游市场生态位。旅游协作还可以在各旅游地原有旅游产品基础上，精选若干旅游产品，加以改造和包装，形成旅游精品，延长旅游时间，利用旅游产品开发和设计的优势力量，充实旅游产品文化内涵，增加旅游产品活动内容，乃至开发一些更新换代的产品，提高旅游产品吸引力和价值，在旅游产品开发和更新方面协调旅游生态位。张家界市旅游景区可以尝试通过旅游门票捆绑式方法，如武陵源景区内的张家界森林公园、黄龙洞与宝峰湖三个旅游景区就可以通过通票的形式，以优惠的门票价格，既实现了各旅游景区的旅游协作，各旅游景区获得经济效益，又实现了山、水、洞旅游资源的结合，极大地满足了游客需求。

(3) 管理协作，协调旅游服务生态位。首先，发挥张家界市（如武陵源景区和天门山景区等）旅游景区旅游管理水平高的优势，支持旅游管理水平较低的旅游景区（如茅岩河景区）进行管理，实现旅游管理协作，协调旅游服务生态位，有利于加强张家界市旅游管理水平的规范化，快速提高旅游经营管理水平。其次，加强张家界市旅游信息建设，加快旅游景区之间信息交流与协作，实现旅游信息服务协调。旅游信息体系包括旅馆预订系统、旅游线路动态信息网、旅游管理系统、旅游咨询系统等。纵向上，要求建立咨询、预订、服务、管理、救援等一条龙的旅游信息体系；横向上，信息流动打破地域限制，要求不同国家、不同区域与不同旅游景区进行协作，形成一体化的旅游信息网，实现旅游信息的动态化和及时更新。旅游业是伴随着人和物的流动，高度依赖于信息交流的旅游产业，对信息技术具有敏感性和超前性。旅游协作同样需要旅游信息相互交流与协作，借助于信息技术（如互联网）进行旅游信息交流与协作，可以不为现有一些人为障碍所困扰，也可以率先进行旅游信息双向交流和协作，实现旅游信息资源互通与共享，协调旅游服务生态位。

二、旅游生态位优化

旅游开发必须找准适宜开发的优势旅游生态位和潜在优势旅游生态位之所在，整合与利用旅游资源、旅游市场、旅游服务和旅游环境，优化或提升旅游地自己的旅游生态位。利用旅游生态位原理，改善旅游生态位，合理且有计划地调控和优化旅游系统要素配置，使之占据各自合适的旅游生态位。

张家界市旅游生态位优化要求合理有效地配置和优化其旅游要素，各旅游景区占据合适的旅游生态位，促进张家界市旅游系统良性循环。首先，优化配置张家界市旅游基本要素。吃、住、行是旅游活动的基础，旅是旅游的目的，娱和购是旅游活动的延伸，要设法改善和优化适宜张家界市旅游的吃、穿、住、行、旅和游等基本旅游要素，实现旅游景区和旅游者都能获取最佳经济效益。其次，优化配置张家界市旅游经济支持要素，主要指人、财、物和信息，即对张家界市输入、输出旅游经济系统的资金、劳动力、设备以及经济信息、经济政策等进行过滤、选择，达到充分利用张家界市旅游经济资源目的。最后，优化配置张家界市旅游技术支持要素，技术支持要素是人类对旅游系统驾驭能力的重要标志，包括作用于旅游经济的技术设施、技术措施、技术方案和技术决定。例如，提高张家界市旅游景区经营管理水平、正确决策旅游项目开发、正确设计旅游线路等。

第四节　旅游生态位创新策略

旅游地在发展过程中和已有旅游生态位基础上，为了适应旅游发展变化，常常采取旅游创新策略，把握创新点，在更大范围内探索尚未被发现和占据的潜在旅游生态位，不断创新旅游资源、旅游市场、旅游服务和旅游环境，寻找新的旅游生态位，在旅游发展中占据有利的生存位置，实现旅游可持续发展。旅游生态位创新策略目的在于适时而准确地创新开拓潜在旅游生态位，将一些潜在旅游生态位转变为现实旅游生态位加以开发利用，改善和扩充旅游生态位而增加旅游稳定性，减少旅游生态位重叠，并使新创造的旅游生态位与原来旅游生态位相互受益、相得益彰。旅游地因为旅游生态位创新而具有生命力，通常包括开发旅游新产品、建设旅游新基础设施、引进先进旅游管理方式、采用新旅游服务方式等。

一、开发特色旅游产品

旅游生态位创新过程就是挖掘和抢占潜在旅游生态位的过程，为了避免旅游地间由于旅游生态位重叠而产生旅游竞争现象，旅游地应该不断抢占潜在旅游生态位，创造新的旅游生态位。对于旅游地而言，首先应该在自身资源潜力基础上不断开发旅游资源，充分发掘自身资源潜力，推出新的旅游产品，开发具有特色的旅游商品和旅游景点，满足旅游者的不同需求，增强旅游吸引力，不断开拓新的旅游客源市场，增加游客总量，提高旅游生态位。

旅游产品创新是调整和延长旅游景区生命周期的重要途径，是旅游景区发展动力和旅游地生存的法宝之一。旅游者的旅游过程就是追求“新、奇、异”的过程，旅游景区只有不断提供新旅游产品才能保持永久的活力和旺盛的生命力。张家界市在旅游产品创新中，选择旅游主题创新、旅游结构创新和旅游功能创新，不断改变旅游生态位。在旅游主题创新中注重提升旅游主题文化内涵与本土文化的结合；在旅游结构创新中培育多元化旅游产品结构，完善旅游产品结构创新，注重旅游精品的塑造；在旅游功能创新中开发深层次的旅游产品，提高游客的参与性，提高旅游产品活力。对于旅游功能来说，追求特色尤为重要。从旅游者角度出发，张家界市旅游给游客的感觉就是相对单一。武陵源景区和天门山景区作为国家森林公园，同属风景名胜区，它们具有风景名胜区所共有的基本特征，但前者是以自然旅游资源见长，后者是在自然旅游资源的同时，还兼备了以民俗风情和历史文化旅游资源，五雷山景区是文化型风景旅游区，而八大公山景区、茅岩河景区显然是自然生态型风景旅游区。因此，张家界市各景区应根据自身的地方性在与其他景区的比较中找到自己的个性，进行科学的旅游功能定位，创新旅游生态位。旅游产品在创新时可以从以下方面入手：

(1) 外延式开发。即开发新产品，尤其是旅游景区现有产品趋于成熟期和衰退期，旅游产品吸引力趋于下降时，迅速推出新旅游产品，不仅可以稳定现有的客源市场，还可以招徕新的游客。当然，对于旅游开发时间的把握，需要旅游景区管理人员有敏锐的观察力和判断力，在原有旅游产品吸引力下降时，可以准确地判断旅游产品是否处于成熟期或是衰退期。如果判断失误，提前或者滞后，都会给旅游景区带来很大的损失。旅游新产品的开发不能脱离旅游景区的主题和主要文化脉络，要与原旅游产品有着文脉上的联系性。对于张家界市来说，应该在自身资源潜力的基础上不断推出新的旅游产品。如天门山景区天门山寺的修建，围绕“天门山”文化打造了精工艺术品就是一个成功的范例。

(2) 内涵式提升。即对旅游景区现有旅游产品的深层次开发，升级现有旅游产品，提升其文化品位，使其更能适应市场需求，更具有号召力和吸引力。文化是旅游景区最大的卖点，也是旅游景区旅游产品的支撑点。没有文化的烘托，旅游产品是苍白的、无力的。进行旅游产品创新时，要注意挖掘旅游产品中的文化要素，只有注入文化，才能使旅游产品更有说服力。文化旅游的打造需要“特色”，打造出带有浓厚地域色彩的旅游产品，首先需要更深层次地挖掘当地文化，寻找文化中蕴藏更深刻的内涵。张家界市是一个多民族共同生活的区域，在这里世代生活的土家族、白族、藏族、苗族等许多少数民族，肯定有他们留下来的古老而诱人的文化，无论是在自然风景区展示出来的民俗文化还是在“魅力湘西”舞台上展示出来的民俗文化，独特的文化魅力还不太鲜明，从着装、文化表演、习俗等很多方面，给人一种比较混乱的感觉，分不清到底什么民族有什么特色。游客在旅游过程中更感兴趣的是体验不同民族的原生态生活，因此，挖掘出各民族自己的鲜明特色尤为重要。虽然有很多种展示文化的方式，但带给游客真实的体验相当重要，只有整体体验了，才能给游客留下深刻的印象。

（3）优化产品组合。即最优化组合旅游景区内旅游产品，使其能够产生最大效益，达到经济效益、社会效益和环境效益三者的统一。旅游产品开发往往不是单一的，而是可以进行深度、广度的组合，有的旅游景区从其旅游资源级别、特色来看，可以进行综合旅游开发；有的旅游景区从旅游产品广度、深度和关联度着手，考虑目标旅游市场需要，结合旅游景区实际，引进优胜劣汰机制，使旅游产品保持长久的吸引力。如武陵源景区把张家界森林公园、黄龙洞和宝峰湖三个旅游景区结合在一起，优化旅游产品组合，实现了山、水、洞的旅游产品组合。张家界要着眼于国内外旅游业发展的新形势，着眼于国内外游客不断增长的旅游新需求，着眼于优势旅游资源优化配置的新空间，大力推进“三个转变”，即主要推进旅游产品从单一观光型向观光休闲复合型转变；推进旅游业从单纯数量扩张向数量质量效益转变；推进旅游品牌从国内旅游目的地向国际旅游目的地转变。在严格保护张家界市旅游资源前提下，突出加快多元化旅游产品开发建设，构建多元化旅游产品体系。

二、改善和建设旅游基础设施

旅游基础设施包括旅游交通（公路、铁路、航空等）、内部游览设施、景观设施等，改善旧的旅游基础设施，建设新的旅游基础设施，改善旅游地与周围旅游环境之间的旅游交通条件，增强可达性，方便游客游览，增加旅游安全性和便利性，提高旅游容量，这在客观上扩充和创造新的旅游生态位。如天门山景区鬼谷栈道的修建改善了天门山景区的旅游基础设施，实现了天门山景区的旅游生态位创新。张家界市应大力改善旅游基础设施，努力争取不断开通国际国内直达航线，全面实现宾馆酒店提质升级，满足国内外游客进出快捷、游览轻松惬意、生活方便舒适的旅游要求。

三、外部引进策略

首先，引进先进的管理方式。张家界市要不断完善和创新旅游管理机构和制度，引进国内外先进的旅游景区管理模式、技术和方法，完善旅游管理水平，规范旅游市场，提高旅游管理质量，营造张家界市良好的、有保障的旅游环境，给游客留下美好的印象，从而增加游客数量，提高旅游收入，拓宽张家界市旅游生态位。其次，引进外部旅游生态元，旅游生态位出现旅游地种类缺位、旅游生态位宽度扩大和旅游环境承载力增强时，张家界市可通过引进外部旅游生态元的形式来增加新的旅游生态位，通过开发新的旅游资源，建立新的旅游景区景点，引进新的旅游地，使旅游地自身的生存空间和旅游生态位不断增大，促进旅游业可持续发展。张家界市具有丰富的自然旅游资源，而社会旅游资源相对紧缺，可以开发以贺龙故居为主的红色旅游和桑植县非物质文化民俗旅游，填补张家界市旅游生态位的空缺，不仅可获得旅游经营上的成功，而且有望成为国内外知名的旅游品牌。

四、采用新的旅游服务方式

在旅游生态位资源相对饱和的情况下，旅游地可以通过创新来找到新的潜在旅游生态位。旅游地在经营过程中，通过创新手段避免旅游竞争，寻找其他的潜在旅游生态位，可以促进旅游地生存发展。创新是旅游发展动力的内核，是旅游市场竞争的必然结果。[①] 只有创新旅游地，才可以打破常规，突破传统，才能在激烈的旅游竞争中永远立于不败之地。旅游地通过自己的创新活动和在创新中提升自己，建立自己独特的旅游核心竞争力，在旅游市场竞争中与竞争者分占不同的旅游生态位，保持个性，逐步形成自己特色的旅游生态位，从而赢得长期的旅游竞争优势。张家界市要建立旅游安全、旅游卫生、旅游通信设施等服务系统，采用全新的旅游服务方式，提高旅游服务质量，满足游客的需求与期望，寻求并占据合适的旅游生态位，让游客在张家界市住、行、食、游、购、娱等方面均有高质量的享受。

---

① 陈绍愿：《基于生态位理论的城市竞争策略研究》，《人文地理》2006 年第 2 期。

第五节　小　结

以张家界市为例，从旅游生态位扩充策略、旅游生态位分离策略、旅游生态位协调与优化策略以及旅游生态位创新策略研究了旅游生态位策略选择。张家界市可以采用整合旅游资源、开拓旅游市场、提高旅游服务质量、改善旅游环境等旅游生态位扩充策略；采用泛化和特化、旅游资源生态位分离、旅游市场生态位分离、旅游服务生态位分离等旅游生态位分离策略和旅游生态位协调与优化策略；采用开发特色旅游产品改善和建设旅游基础设施、外部引进、采用新的旅游服务方式等旅游生态位创新策略来减少或避免旅游竞争，促进张家界市旅游和谐可持续发展。

第六章 结 语

第一节 主要结论

（1）旅游地具有类生命特征。旅游地存在着如形成、发展、繁荣和兴衰等旅游地生命周期演替过程，是可以通过调整与周围环境构成一个相互依存、相互作用的特殊旅游生态系统。旅游地存在旅游生态位，旅游地间形成了旅游竞争、旅游共生、旅游寄生等生态关系，可以将生态位理论和方法应用到旅游研究中去描述和解释旅游问题。

（2）旅游生态位是旅游地个体（包括旅游区、旅游景区、旅游景点和旅游景物等）在区域旅游发展过程中的地位、作用和功能以及与其他旅游地的相对关系，具有自然性、社会性、时空性和动态变化性等特征。旅游生态位可以分为旅游区生态位、旅游景区生态位、旅游景点生态位、旅游景物生态位和一维旅游生态位、二维旅游生态位……多维旅游生态位以及理想旅游生态位、现实旅游生态位和潜在旅游生态位等类型。

（3）旅游生态位理论内容包括旅游生态位宽度理论、旅游生态位重叠理论、旅游生态位分离理论、旅游生态位态势理论、旅游生态位扩充与压缩理论、旅游生态位适宜度理论等。旅游生态位模型研究包括旅游生态位宽度、旅游生态位重叠和旅游生态位态势、旅游生态位分离、旅游生态位扩充与压缩、旅游生态位适宜度评价模型。

（4）旅游生态位评价指标体系包括旅游资源、旅游市场、旅游服务和旅游环境 4 个一级指标，资源价值、资源规模等 14 个二级指标，观赏游憩价值、规模与丰度等 50 个三级指标，运用 Delphi 和 AHP 法赋予相应权重，便于旅游生态位评价和应用研究。研究表明：对于一级旅游生态位评价指标，旅游生态位评价指标权重由大到小依次为旅游资源、旅游环境、旅游市场和旅游服务，分别为 0.2685、0.2496、0.2440 和 0.2379，说明影响旅游生态位的主导因素是旅游资源，其次是旅游环境、旅游市场和旅游服务。在二级旅游生态位评价指标中，旅游资源维度指标权重依次为资源价值、资源区位和资源规模，分别为0.4140、0.2978和0.2882，旅游市场维度指标权重依次为旅游人数、门票收入与价格、旅游形象、市场影响力和旅游时间，分别为0.2031、0.2025、0.1987、0.1981和0.1976，旅游服务维度指标权重依次为服务质量、基础设施服务和旅游信息服务，分别为0.3675、0.3364和0.2961，旅游环境维度指标权重依次为生态环境质量、旅游容量和环境保护状况，分别为0.3375、0.3339和0.3286。说明旅游生态位评价指标影响程度不同。对于三级旅游生态位评价指标，在总排序权重中，观赏游憩价值、珍稀或奇特程度和历史文化科学价值权重值最大，分别为0.0415、0.0354、0.0343，说明它们是旅游生态位主要影响因素。

（5）以张家界市主要旅游景区为例，重点对旅游生态位宽度、旅游生态位重叠和旅游生态位态势理论和模型进行应用研究。研究表明：①对于旅游生态位宽度来说，张家界市主要旅游景区旅游生态位宽度由大到小依次为武陵源景区、天门山景区、茅岩河景区、八大公山景区和五雷山景区，分别为0.3501、0.2166、0.1673、0.1665和0.0995，说明张家界市主要旅游景区旅游竞争力由大到小依次为武陵源景区、天门山景区、茅岩河景区、八大公山景区和五雷山景区。旅游资源、旅游市场和旅游服务以武陵源景区、天门山景区旅游生态位宽度较大，分别为0.3124和0.2393、0.3952和0.1922、0.3631和0.2716；茅岩河景区与八大公山景区旅游生态位宽度分别为0.1754和0.1729、0.1626和0.1459、0.1763和0.1066；五雷山景区旅游生态位宽度最小，分别为0.1000、0.1041、0.0824。旅游环境以武陵源景区旅游生态位宽度最为突出，为0.3402；八大公山景区次之，旅游生态位宽度为0.2395；天门山景区和茅岩河景区旅游生态位宽度分别为0.1548和0.1527，五雷山景区旅游生态位宽度为0.1127。对于二级旅游生态位宽度评价指标，武陵源景区旅游生态位宽度均大于其他旅游景区，表明武陵源景区在这些指标均具有显著旅游竞争力。在环境保护与生态环境质量方面，八大公山景区旅游生态位宽度分别为0.2482和0.2940，表明其在环境保护和生态环境质量具有明显旅游竞争力。②对于旅游生态位重叠来说，由于旅游资源、旅游市场、旅游服务与旅游环境维度的差异，武陵源景区与其他景区均存在旅游生态位重叠状况，分别为0.1904、0.0204、0.1453和0.0157，说明存在旅游竞争的可能，但旅游竞争不是非常明显。天门山景区，由于与茅岩河景区旅游资源、旅游市场与旅游环境维度的旅游生态位重叠性，其旅游生态位重叠度为0.4182，说明存在旅游竞争的可能；与八大公山景区、五雷山景区旅游生态位重叠分别为0.1789和0.1381，说明旅游竞争不明显。茅岩河景区与八大公山景区、五雷山景区之间也存在部分旅游生态位重叠度，旅游生态位重叠度为0.2373和0.2607，说明它们之间旅游竞争不明显。八大公山景区与五雷山景区旅游生态位重叠度为0.4292，它们之间亦存在旅游竞争可能性。③对于旅游生态位态势来说，利用

Excel 分析出武陵源景区旅游收入生态位的的态趋势线 $y=221.64x-973.11$，拟合度为 $R^2=0.8558$；旅游人数生态位的态趋势线为 $y=687924x-2E+06$，拟合度为 $R^2=0.8048$，说明由于武陵源景区旅游资源丰富，旅游发展迅速。对于旅游收入生态位和旅游人数生态位的态来说，一直处于增长趋势，武陵源景区旅游处于不断发展状态。但是从旅游收入生态位和旅游人数生态位的势来看，武陵源景区旅游收入的势的趋势线为 $y=1.8948x-1.7017$，拟合度为 $R^2=0.2183$；旅游人数生态位的势的趋势线为 $y=4795.6x+10560$，拟合度为 $R^2=0.0901$，说明武陵源景区旅游收入生态位和旅游人数生态位的势的变化趋势不规则，武陵源景区旅游发展存在明显的阶段性。利用 Excel 分析出武陵源景区旅游收入生态位趋势线为 $y=-0.009x+0.6111$，拟合度为 $R^2=0.1663$，旅游人数生态位趋势线为 $y=-0.0043x+0.7384$，拟合度为 $R^2=0.0427$，说明武陵源景区旅游收入生态位和旅游人数生态位大体上呈现递减趋势。1993 年以前，武陵源景区为张家界市主要的旅游目的地，旅游收入生态位由 0.5506 上升为 0.7300，旅游人数生态位由 0.7544 上升为 0.9475。1993 年后，张家界市旅游业不再仅仅依靠武陵源景区，出现了如天门山、茅岩河等一批等级较高、相当有影响力的旅游景区，张家界市旅游呈现出多元化发展趋势，武陵源景区在张家界市旅游发展中的重要性有下降趋势。尤其是 2000 年以来，武陵源景区相对于张家界市旅游收入生态位从 2000 年的 0.701 降为 2007 年的 0.4082。

（6）旅游生态位策略选择。旅游生态位扩充、旅游生态位分离、旅游生态位协调与优化、旅游生态位创新都是缓解张家界市旅游竞争的有效途径。张家界市可以通过旅游生态位扩充策略、旅游生态位分离策略、旅游生态位协调与优化、旅游生态位创新策略来减少或避免旅游竞争，促进张家界市旅游和谐可持续发展。

第二节　主要创新

（1）研究视角新。借鉴生态位理论，选择生态学这一崭新视角来研究旅游问题，洞察旅游问题本质及其运行规律，确定旅游生态位概念和特征，建立包括旅游生态位宽度、旅游生态位态势、旅游生态位重叠、旅游生态位分离、旅游生态位扩充与压缩、旅游生态位适宜度理论在内的旅游生态位理论体系，发现旅游地的类生命特征，阐释旅游运行的内在规律，提出旅游地发展的旅游生态位策略。

（2）研究方法新。借鉴生态位测度方法，研究包括旅游生态位宽度、旅游生态位重叠和旅游生态位态势、旅游生态位分离、旅游生态位扩充与压缩、旅游生态位适宜度模型在内的旅游生态位测度方法体系，结合实地调查法、问卷调查法、Delphi 法和 AHP 法研究旅游生态位，实现自然科学和社会科学、生态学与旅游学等跨学科交流和交叉学科互补的新的研究方法。

(3) 研究内容新。①提出旅游生态位概念、特征、类型等旅游生态位内涵，建立包括旅游生态位宽度、旅游生态位态势理论、旅游生态位重叠与分离理论、旅游生态位适宜度理论在内的旅游生态位理论体系，系统深入研究旅游生态位理论，以求更好地揭示旅游生态位规律；②尝试选取旅游生态位评价指标并赋予权重，建立旅游生态位评价指标体系，旅游生态位评价指标与权重构建是本研究主要创新点之一；③系统提出旅游生态位宽度、旅游生态位态势、旅游生态位重叠、旅游生态位分离、旅游生态位扩充与压缩、旅游生态位适宜度等理论和评价模型并进行应用研究，充分认识旅游地，旅游生态位评价模型是本研究的又一主要创新点。

(4) 运用旅游生态位宽度识别旅游竞争，探索旅游竞争内在规律，引入旅游生态位宽度作为旅游竞争力的定量判别方法；首次提出并尝试运用旅游生态位重叠理论模型解释和描述旅游竞争关系，结合旅游生态位评价指标选择 5 个样本旅游地进行应用研究，计算出相应样本旅游地的旅游生态位重叠值，通过比较旅游生态位重叠值，判断旅游竞争关系；提出并运用旅游生态位态势理论模型，研究旅游地生命周期、旅游关系和旅游发展阶段。

(5) 利用旅游生态位理论和方法，结合张家界市实际情况，从旅游生态位角度提出适宜张家界市未来旅游发展的包括旅游生态位分离、旅游生态位创新和旅游生态位扩充等旅游生态位策略。

第三节　不足之处

(1) 旅游生态位理论不足。由于旅游生态位研究是个全新的问题，应该包括许多理论内容，本书重点研究了旅游生态位宽度、旅游生态位重叠和旅游生态位态势，其他如旅游生态位分离、旅游生态位扩充和压缩、旅游生态位适宜度没有深入研究。其中，旅游生态位重叠是旅游生态位理论研究最重要内容，但是关于旅游生态位重叠到什么程度可以实现旅游共生是一个值得继续研究的问题。

(2) 旅游生态位方法不足。旅游地是一个社会—经济—自然复合生态系统，其影响因素极其繁多，旅游生态位是个多维度的概念，旅游生态位评价指标影响程度不一，加之，由于数据与资料的限制，还采用了诸多定性指标，但具体的旅游生态位指标设计仍然存在很大的研究空间，本研究选取的旅游生态位评价指标仅仅是一个尝试，未必全面，还有待于继续细化和完善，尤其是没有涉及旅游生态位评价指标内在联系及其形成机制。运用 AHP 法通过专家打分计算旅游生态位评价指标权重。旅游生态位评价指标选取、权重确定和评分，存在着一定的主观性。在旅游生态位模型方面，应当从实用方便的角度对旅游生态位模型加以适当改进并进一步挖掘，提出一个更为科学合理的旅游生态位评价模型。在研究旅游生态位时数据获取、数据处理、数据运算等也存在不合理性问题，指标设计中定性指标采用抽样调查，主观性强，缺乏普遍性；旅游生态位动态可控性决定了旅游生态位需要长时间持续地进行分析，旅游生态位定量指标则缺乏动态性，解决这些问题将是进一步研究旅游生态位的重要课题。

（3）旅游生态位应用不足。首先，旅游地可以被看作是特殊的类生命体，但它并不具备完全的生物属性，旅游地毕竟不是生物，不可能完全遵循生命体的运作机制和变化规律，旅游地比起生物体更具有复杂性和不可控性，这为旅游生态位研究增加了难度。其次，旅游地所处环境除了自然环境，社会环境也非常重要，它较之于生物生命体所处的自然环境具有易变性，这就决定了定量研究方法难以在旅游生态位研究中准确应用。本书重点研究了旅游生态位宽度、旅游生态位重叠和旅游生态位态势在张家界市应用，其他如旅游生态位分离、旅游生态位扩充和压缩、旅游生态位适宜度应用没有深入研究。在旅游生态位态势应用研究中仅选取旅游收入和旅游人数两个指标主要对武陵源景区进行应用研究是远远不够的。

旅游生态位研究是旅游学与生态学的研究创新，相关的研究成果十分有限，文献资料收集和应用研究工作十分艰难。随着研究深入，越来越清晰地认识到这一选题具有很大的难度，但是旅游生态位研究对旅游发展具有非常重要意义，希望本书能为旅游生态位研究和应用做出一些微薄的贡献。

第四节 研究展望

（1）旅游生态位理论的完善。把生态位理论和方法应用于旅游研究，是近期学术界崭新的研究动向，是一个值得深化而非常有意义的课题。在界定旅游生态位概念、特征和表征的基础之上，提出旅游生态位理论，应当继续深入系统研究旅游生态位理论，尤其是旅游生态位分离、旅游生态位扩充与压缩、旅游生态位适宜度理论。

（2）旅游生态位方法的完善。旅游生态位评价模型为评价旅游生态位提供了一个十分有用的研究工具，但旅游生态位模型源于生态位模型，与旅游地旅游实际可能存在不实用之处，在后续研究中需要不断改进。此外，应该增加定量指标和动态地研究旅游生态位。

（3）旅游生态位应用的完善。在完善旅游生态位宽度、旅游生态位重叠和旅游生态位态势模型应用研究的同时，旅游生态位分离、旅游生态位压缩与扩充、旅游生态位适宜度模型应用需要继续深入研究。

旅游生态位研究是一个具有现实指导意义的课题，一如既往地深入开展旅游生态位研究，获取更系统化和更科学化的研究成果，丰富和完善旅游生态位研究，提出具有普适意义的旅游生态位策略措施，其研究成果必将对解决当前旅游竞争等旅游问题提供理论依据，具有深远意义。

附　录

附录A　旅游生态位研究专家调查表（第一轮）

尊敬的专家：

您好！

我们是旅游生态位研究课题组，正在开展旅游生态位研究。旅游生态位是旅游地个体（包括旅游区、旅游景区、旅游景点和旅游景物等）在区域旅游发展过程中的地位、作用和功能以及与其他旅游地的相对关系。该研究主要用于评价两个或两个以上旅游地（景区）旅游生态位宽度以及旅游生态位重叠情况，根据旅游生态位宽度判断旅游竞争力和旅游生态位重叠情况判断旅游竞争，需要对影响旅游竞争的指标选择、权重进行研究探讨，以期能够找到衡量旅游竞争的旅游生态位指标。鉴于您是这一领域的专家，对旅游有着深入的了解和研究，请您协助我们进行这方面调查，非常感谢您的支持和配合！

旅游生态位研究课题组

2007 年 2 月

请您独立写出您认为用于评价旅游生态位以及影响旅游竞争的各种因子，因子个数不限、类型不限、顺序不限（可加附页）。

序号	评价指标	序号	评价指标	序号	评价指标
1		35		69	
2		36		70	
3		37		71	
4		38		72	
5		39		73	
6		40		74	
7		41		75	
8		42		76	
9		43		77	
10		44		78	
11		45		79	
12		46		80	
13		47		81	
14		48		82	
15		49		83	
16		50		84	
17		51		85	
18		52		86	
19		53		87	
20		54		88	
21		55		89	
22		56		90	
23		57		91	
24		58		92	
25		59		93	
26		60		94	
27		61		95	
28		62		96	
29		63		97	
30		64		98	
31		65		99	
32		66		100	
33		67			
34		68			

请您填写以下个人信息，以方便我们做统计分析之用：

姓名：________________ 职称：____________

工作年限：______________ 学历：____________

工作单位：______________ 联系方式：__________

再次感谢您对我们课题研究工作的大力支持和协助！

附录B 旅游生态位研究专家调查表（第二轮）

尊敬的专家：

您好！

我们是旅游生态位研究课题组，正在开展旅游生态位研究。旅游生态位是旅游地个体（包括旅游区、旅游景区、旅游景点和旅游景物等）在区域旅游发展过程中的地位、作用和功能以及与其他旅游地的相对关系。该研究主要用于评价两个或两个以上旅游地（景区）旅游生态位宽度以及旅游生态位重叠情况，根据旅游生态位宽度判断旅游竞争力和旅游生态位重叠情况判断旅游竞争，需要对影响旅游竞争的指标选择、权重进行研究探讨，以期能够找到产生及衡量旅游竞争的旅游生态位指标。鉴于您是这一领域的专家，对旅游有深入的了解和研究，请您协助我们进行这方面调查，非常感谢您的支持和配合！

旅游生态位研究课题组

2007 年 5 月

1. 请对下表中旅游生态位指标重要程度按照 5 分制进行评分，给出您的分值。

各评分分值意义为：5 分：非常重要；4 分：重要；3 分：一般；2 分：不重要；1 分：非常不重要。

序号	初选指标	评分	序号	初选指标	评分
1	观赏游憩价值		10	与客源地距离	
2	历史文化科学价值		11	外交通可进入性	
3	珍稀或奇特程度		12	年接待境内外游客总数	
4	规模与丰度		13	年接待境外游客总数	
5	完整性		14	年旅游收入	
6	资源组合		15	门票价格合理性	
7	特色资源数量		16	知名度	
8	景点离散程度		17	美誉度	
9	区域经济发展状况		18	市场辐射力	

续表

序号	初选指标	评分	序号	初选指标	评分
19	主题强化度		38	旅游解说系统	
20	旅游开发时间顺序		39	空气质量	
21	旅游经营时间		40	噪声指标	
22	适游期或使用范围		41	水质	
23	游客平均逗留时间		42	绿化率	
24	旅游卫生		43	气候舒适度	
25	旅游安全		44	旅游资源保护状况	
26	导游素质		45	旅游环境保护状况	
27	服务态度		46	周边环境保护状况	
28	服务效率		47	社区社会文化保护状况	
29	技术的先进性		48	日容量	
30	旅游设施的规模度与完备性		49	年容量	
31	设施的维修保养		50	旅游容量合理性	
32	娱乐		51	可观景点数量	
33	购物		52	著名景点数量	
34	食宿		53	游览设施建设数量	
35	内交通的畅通性		54	经营管理水平	
36	通信网络建设程度		55	游览设施建设水平	
37	宣传促销力度		56	日设施容量	

2. 您认为上述旅游生态位指标中是否存在合并指标？如果有，请列举：

____

最后请您填写以下个人信息，以方便我们做统计分析之用：

姓名：______________ 职称：______________

工作年限：______________ 学历：______________

工作单位：______________ 联系方式：______________

再次感谢您对我们工作的大力支持和协助！

附录C 旅游生态位指标重要性问卷调查

尊敬的专家：

您好！

我们是旅游生态位研究课题组，正在开展旅游生态位研究。旅游生态位是旅游地个体（包括旅游区、旅游景区、旅游景点和旅游景物等）在区域旅游发展过程中的地位、作用和功能以及与其他旅游地的相对关系。该研究主要用于评价两个或两个以上旅游地（景区）旅游生态位宽度以及旅游生态位重叠情况，根据旅游生态位宽度判断旅游竞争力和旅游生态位重叠情况判断旅游竞争，需要对影响旅游竞争的指标选择、权重进行研究探讨，以期能够找到产生及衡量旅游竞争的旅游生态位指标。鉴于您是这一领域的专家，对旅游有深入的了解和研究，请您协助我们进行这方面调查，非常感谢您的支持和配合！

旅游生态位研究课题组

2007 年 6 月

填表说明：

（1）若您认为因素 A 与因素 B 同样重要，请于 1（同样重要）项下打√。

（2）若您认为因素 A 比因素 B 较为重要，请于 3（较为重要）项下打√，反之若您认为因素 A 比因素 B 较不重要，请于 1/3（较不重要）项下打√。

（3）若您认为 A 比因素 B 重要，但重要程度在 1（同样重要）和 3（较为重要）之间，请于 2 项下打√，以此类推，反之亦然。

（4）若您认为因素之间的重要性属于其他程度，请判断后在相应项下打√。

旅游生态位一级指标重要性程度比较表

第一层次旅游生态位两比判断			绝对重要		极为重要		颇为重要		稍微重要		相同重要		稍微不重要		颇为不重要		极为不重要		绝对不重要
			9	8	7	6	5	4	3	2	1	1/2	1/3	1/4	1/5	1/6	1/7	1/8	1/9
旅游资源	比	旅游市场																	
旅游资源	比	旅游服务																	
旅游资源	比	旅游环境																	
旅游市场	比	旅游服务																	
旅游市场	比	旅游环境																	
旅游服务	比	旅游环境																	

旅游生态位二级指标重要性程度比较表

第二层次旅游资源两比判断			绝对重要		极为重要		颇为重要		稍微重要		相同重要		稍微不重要		颇为不重要		极为不重要		绝对不重要
			9	8	7	6	5	4	3	2	1	1/2	1/3	1/4	1/5	1/6	1/7	1/8	1/9
资源价值	比	资源规模																	
资源价值	比	资源区位																	
资源规模	比	资源区位																	

旅游生态位二级指标重要性程度比较表

第二层次旅游市场两比判断			绝对重要		极为重要		颇为重要		稍微重要		相同重要		稍微不重要		颇为不重要		极为不重要		绝对不重要
			9	8	7	6	5	4	3	2	1	1/2	1/3	1/4	1/5	1/6	1/7	1/8	1/9
旅游人数	比	收入和价格																	
旅游人数	比	旅游形象																	
旅游人数	比	市场影响力																	
旅游人数	比	旅游时间																	

续表

第二层次旅游市场两比判断			绝对重要		极为重要		颇为重要		稍微重要		相同重要		稍微不重要		颇为不重要		极为不重要		绝对不重要
			9	8	7	6	5	4	3	2	1	1/2	1/3	1/4	1/5	1/6	1/7	1/8	1/9
收入和价格	比	旅游形象																	
收入和价格	比	市场影响力																	
收入和价格	比	旅游时间																	
旅游形象	比	市场影响力																	
旅游形象	比	旅游时间																	
市场影响力	比	旅游时间																	

旅游生态位二级指标重要性程度比较表

第二层次旅游服务两比判断			绝对重要		极为重要		颇为重要		稍微重要		相同重要		稍微不重要		颇为不重要		极为不重要		绝对不重要
			9	8	7	6	5	4	3	2	1	1/2	1/3	1/4	1/5	1/6	1/7	1/8	1/9
服务质量	比	基础设施服务																	
服务质量	比	旅游信息服务																	
基础设施服务	比	旅游信息服务																	

旅游生态位二级指标重要性程度比较表

第二层次旅游环境两比判断			绝对重要		极为重要		颇为重要		稍微重要		相同重要		稍微不重要		颇为不重要		极为不重要		绝对不重要
			9	8	7	6	5	4	3	2	1	1/2	1/3	1/4	1/5	1/6	1/7	1/8	1/9
生态环境质量	比	环境保护状况																	

续表

第二层次旅游环境两比判断			绝对重要		极为重要		颇为重要		稍微重要		相同重要		稍微不重要		颇为不重要		极为不重要		绝对不重要
			9	8	7	6	5	4	3	2	1	1/2	1/3	1/4	1/5	1/6	1/7	1/8	1/9
生态环境质量	比	旅游容量																	
环境保护状况	比	旅游容量																	

旅游生态位三级指标重要性程度比较表

第三层次资源价值两比判断			绝对重要		极为重要		颇为重要		稍微重要		相同重要		稍微不重要		颇为不重要		极为不重要		绝对不重要
			9	8	7	6	5	4	3	2	1	1/2	1/3	1/4	1/5	1/6	1/7	1/8	1/9
观赏游憩价值	比	历史文化科学价值																	
观赏游憩价值	比	珍稀或奇特程度																	
历史文化科学价值	比	珍稀或奇特程度																	

旅游生态位三级指标重要性程度比较表

第三层次资源规模两比判断			绝对重要		极为重要		颇为重要		稍微重要		相同重要		稍微不重要		颇为不重要		极为不重要		绝对不重要
			9	8	7	6	5	4	3	2	1	1/2	1/3	1/4	1/5	1/6	1/7	1/8	1/9
规模与丰度	比	完整性																	
规模与丰度	比	资源组合																	
规模与丰度	比	特色资源数量																	

续表

第三层次资源规模两比判断			绝对重要		极为重要		颇为重要		稍微重要		相同重要		稍微不重要		颇为不重要		极为不重要		绝对不重要
			9	8	7	6	5	4	3	2	1	1/2	1/3	1/4	1/5	1/6	1/7	1/8	1/9
完整性	比	资源组合																	
完整性	比	特色资源数量																	
资源组合	比	特色资源数量																	

旅游生态位三级指标重要性程度比较表

第三层次资源区位两比判断			绝对重要		极为重要		颇为重要		稍微重要		相同重要		稍微不重要		颇为不重要		极为不重要		绝对不重要
			9	8	7	6	5	4	3	2	1	1/2	1/3	1/4	1/5	1/6	1/7	1/8	1/9
区域经济状况	比	与客源地距离																	
区域经济状况	比	外交通的可进入性																	
区域经济状况	比	景点离散程度																	
与客源地距离	比	外交通的可进入性																	
与客源地距离	比	景点离散程度																	
外交通的可进入性	比	景点离散程度																	

旅游生态位三级指标重要性程度比较表

第三层次旅游人数两比判断			绝对重要		极为重要		颇为重要		稍微重要		相同重要		稍微不重要		颇为不重要		极为不重要		绝对不重要
			9	8	7	6	5	4	3	2	1	1/2	1/3	1/4	1/5	1/6	1/7	1/8	1/9
接待境内外游客数	比	接待境外游客总数																	

旅游生态位三级指标重要性程度比较表

第三层次旅游收入和价格两比判断			绝对重要		极为重要		颇为重要		稍微重要		相同重要		稍微不重要		颇为不重要		极为不重要		绝对不重要
			9	8	7	6	5	4	3	2	1	1/2	1/3	1/4	1/5	1/6	1/7	1/8	1/9
旅游收入	比	价格合理性																	

旅游生态位三级指标重要性程度比较表

第三层次形象两比判断			绝对重要		极为重要		颇为重要		稍微重要		相同重要		稍微不重要		颇为不重要		极为不重要		绝对不重要
			9	8	7	6	5	4	3	2	1	1/2	1/3	1/4	1/5	1/6	1/7	1/8	1/9
知名度	比	美誉度																	

旅游生态位三级指标重要性程度比较表

第三层次市场影响力两比判断			绝对重要		极为重要		颇为重要		稍微重要		相同重要		稍微不重要		颇为不重要		极为不重要		绝对不重要
			9	8	7	6	5	4	3	2	1	1/2	1/3	1/4	1/5	1/6	1/7	1/8	1/9
市场辐射力	比	主题强化度																	

旅游生态位三级指标重要性程度比较表

第三层次旅游时间两比判断			绝对重要		极为重要		颇为重要		稍微重要		相同重要		稍微不重要		颇为不重要		极为不重要		绝对不重要
			9	8	7	6	5	4	3	2	1	1/2	1/3	1/4	1/5	1/6	1/7	1/8	1/9
旅游开发时序	比	旅游经营时间																	
旅游开发时序	比	适游期或使用范围																	
旅游开发时序	比	游客逗留天数																	
旅游经营时间	比	适游期或使用范围																	
旅游经营时间	比	游客逗留天数																	
适游期或使用范围	比	游客逗留天数																	

旅游生态位三级指标重要性程度比较表

第三层次服务质量两比判断			绝对重要		极为重要		颇为重要		稍微重要		相同重要		稍微不重要		颇为不重要		极为不重要		绝对不重要
			9	8	7	6	5	4	3	2	1	1/2	1/3	1/4	1/5	1/6	1/7	1/8	1/9
旅游卫生	比	旅游安全																	
旅游卫生	比	导游素质																	
旅游卫生	比	服务态度																	
旅游卫生	比	服务效率																	
旅游安全	比	导游素质																	
旅游安全	比	服务态度																	

续表

第三层次服务质量两比判断			绝对重要		极为重要		颇为重要		稍微重要		相同重要		稍微不重要		颇为不重要		极为不重要		绝对不重要
			9	8	7	6	5	4	3	2	1	1/2	1/3	1/4	1/5	1/6	1/7	1/8	1/9
旅游安全	比	服务效率																	
导游素质	比	服务态度																	
导游素质	比	服务效率																	
服务态度	比	服务效率																	

旅游生态位三级指标重要性程度比较表

第三层次基础设施服务两比判断			绝对重要		极为重要		颇为重要		稍微重要		相同重要		稍微不重要		颇为不重要		极为不重要		绝对不重要
			9	8	7	6	5	4	3	2	1	1/2	1/3	1/4	1/5	1/6	1/7	1/8	1/9
技术的先进性	比	旅游设施的规模度与完备性																	
技术的先进性	比	设施的维修保养																	
技术的先进性	比	娱乐																	
技术的先进性	比	购物																	
技术的先进性	比	食宿																	
技术的先进性	比	内交通的畅通性																	
旅游设施的规模度与完备性	比	设施的维修保养																	
旅游设施的规模度与完备性	比	娱乐																	
旅游设施的规模度与完备性	比	购物																	

续表

第三层次基础设施服务两比判断			绝对重要		极为重要		颇为重要		稍微重要		相同重要		稍微不重要		颇为不重要		极为不重要		绝对不重要
			9	8	7	6	5	4	3	2	1	1/2	1/3	1/4	1/5	1/6	1/7	1/8	1/9
旅游设施的规模度与完备性	比	食宿																	
旅游设施的规模度与完备性	比	内交通的畅通性																	
设施维修保养	比	娱乐																	
设施维修保养	比	购物																	
设施维修保养	比	食宿																	
设施维修保养	比	内交通的畅通性																	
娱乐	比	购物																	
娱乐	比	食宿																	
娱乐	比	内交通的畅通性																	
购物	比	食宿																	
购物	比	内交通的畅通性																	
食宿	比	内交通的畅通性																	

旅游生态位三级指标重要性程度比较表

第三层次旅游信息服务两比判断			绝对重要		极为重要		颇为重要		稍微重要		相同重要		稍微不重要		颇为不重要		极为不重要		绝对不重要
			9	8	7	6	5	4	3	2	1	1/2	1/3	1/4	1/5	1/6	1/7	1/8	1/9
通信网络建设程度	比	宣传促销力度																	
通信网络建设程度	比	旅游解说系统																	

续表

第三层次旅游信息服务两比判断			绝对重要		极为重要		颇为重要		稍微重要		相同重要		稍微不重要		颇为不重要		极为不重要		绝对不重要
			9	8	7	6	5	4	3	2	1	1/2	1/3	1/4	1/5	1/6	1/7	1/8	1/9
宣传促销力度	比	旅游解说系统																	

旅游生态位三级指标重要性程度比较表

第三层次生态环境质量两比判断			绝对重要		极为重要		颇为重要		稍微重要		相同重要		稍微不重要		颇为不重要		极为不重要		绝对不重要
			9	8	7	6	5	4	3	2	1	1/2	1/3	1/4	1/5	1/6	1/7	1/8	1/9
空气质量	比	噪音																	
空气质量	比	水质																	
空气质量	比	绿化率																	
空气质量	比	气候舒适度																	
噪声	比	水质																	
噪声	比	绿化率																	
噪声	比	气候舒适度																	
水质	比	绿化率																	
水质	比	气候舒适度																	
绿化率	比	气候舒适度																	

旅游生态位三级指标重要性程度比较表

第三层次资源与环境保护两比判断			绝对重要		极为重要		颇为重要		稍微重要		相同重要		稍微不重要		颇为不重要		极为不重要		绝对不重要
			9	8	7	6	5	4	3	2	1	1/2	1/3	1/4	1/5	1/6	1/7	1/8	1/9
资源保护状况	比	环境保护状况																	
资源保护状况	比	周边环境保护状况																	
资源保护状况	比	社区社会文化保护状况																	
环境保护状况	比	周边环境保护状况																	
环境保护状况	比	社区社会文化保护状况																	
周边环境保护状况	比	社区社会文化保护状况																	

旅游生态位三级指标重要性程度比较表

第三层次旅游容量两比判断			绝对重要		极为重要		颇为重要		稍微重要		相同重要		稍微不重要		颇为不重要		极为不重要		绝对不重要
			9	8	7	6	5	4	3	2	1	1/2	1/3	1/4	1/5	1/6	1/7	1/8	1/9
日空间容量	比	日设施容量																	
日空间容量	比	生态环境容量																	
日设施容量	比	生态环境容量																	

旅游生态位一级指标重要性程度比较表

最后请您填写以下个人信息，以方便我们做统计分析之用：

姓名：________________　　职称：____________

工作年限：______________　　学历：____________

工作单位：______________　　联系方式：__________

再次感谢您对我们工作的大力支持和协助！

附录 D　旅游生态位判别矩阵

1. 一级旅游生态位评价指标判别矩阵

1.0000	1.1130	1.1210	1.0710
0.8985	1.0000	1.0420	0.9730
0.8921	0.9597	1.0000	0.9620
0.9337	1.0278	1.0395	1.0000

2. 二级指标判别矩阵

A_1 旅游资源评价指标判别矩阵

1.0000	1.4532	1.3745
0.6881	1.0000	0.9786
0.7275	1.0219	1.0000

A_2 旅游市场评价指标判别矩阵

1.0000	1.0037	1.0211	1.0237	1.0287
0.9963	1.0000	1.0206	1.0228	1.0245
0.9793	0.9798	1.0000	1.0033	1.0046
0.9768	0.9777	0.9967	1.0000	1.0017
0.9721	0.9761	0.9954	0.9983	1.0000

A_3 旅游服务评价指标判别矩阵

1.0000	1.1284	1.2025
0.8862	1.0000	1.1731
0.8316	0.8524	1.0000

A_4 旅游环境评价指标判别矩阵

1.0000	0.9864	0.9716
1.0138	1.0000	0.9917
1.0292	1.0084	1.0000

3. 三级指标层判别矩阵

B_1 资源价值评价指标判别矩阵

1.0000	1.2317	1.1542
0.8119	1.0000	0.9836
0.8664	1.0167	1.0000

B_2 资源规模判别矩阵

1.0000	1.2514	1.2293	1.2343	1.3179
0.7991	1.0000	0.9739	0.9677	1.1083
0.8135	1.0268	1.0000	1.0138	1.1282
0.8102	1.0334	0.9864	1.0000	1.1297
0.7588	0.9023	0.8864	0.8852	1.0000

B_3 资源区位判别矩阵

1.0000	1.1687	1.1214
0.8557	1.0000	0.9863
0.8917	1.0139	1.0000

B_4 旅游人数评价指标判别矩阵

1.0000	0.9794
1.0210	1.0000

B_5 旅游形象评价指标判别矩阵

1.0000	1.0758
0.9295	1.0000

B_6 旅游收入和价格评价指标判别矩阵

1.0000	1.0078
0.9923	1.0000

B_7 市场影响力评价指标判别矩阵

1.0000	1.0318
0.9692	1.0000

B_8 旅游时间判别矩阵

1.0000	0.9956	0.9934	0.9963
1.0044	1.0000	0.9921	1.0005
1.0066	1.0080	1.0000	1.0036
1.0037	0.9995	0.9964	1.0000

B_9 服务质量判别矩阵

1.0000	0.9879	1.0037	1.0029	1.0064
1.0122	1.0000	1.0172	1.0116	1.0209
0.9963	0.9831	1.0000	0.9934	1.0229
0.9971	0.9885	1.0066	1.0000	1.0313
0.9936	0.9795	0.9776	0.9696	1.0000

B_{10} 基础设施服务评价指标判别矩阵

1.0000	0.9457	0.9987	0.9438	0.9875	0.9513	0.9657
1.0574	1.0000	1.0036	0.9968	1.0635	1.0079	1.0436
1.0013	0.9964	1.0000	0.9431	0.9772	0.9445	0.9552
1.0595	1.0032	1.0603	1.0000	1.0378	1.0098	1.0213
1.0127	0.9403	1.0233	0.9636	1.0000	0.9643	0.9837
1.0512	0.9922	1.0588	0.9903	1.0370	1.0000	1.0123
1.0355	0.9582	1.0469	0.9791	1.0166	0.9878	1.0000

B_{11} 信息服务评价指标判别矩阵

1.0000	0.9671	1.0171
1.0340	1.0000	1.0372
0.9832	0.9641	1.0000

B_{12} 生态环境判别矩阵

1.0000	1.0031	1.0029	1.0013	0.9975
0.9969	1.0000	0.9983	0.9993	0.9878
0.9971	1.0017	1.0000	0.9995	0.9901
0.9987	1.0007	1.0005	1.0000	0.9934
1.0025	1.0124	1.0100	1.0066	1.0000

B_{13} 资源与环境保护状态判别矩阵

1.0000	1.0027	1.0119	1.0218
0.9973	1.0000	1.0102	1.0201
0.9882	0.9899	1.0000	1.0189
0.9787	0.9803	0.9815	1.0000

B_{14} 旅游容量评价指标判别矩阵

1.0000	1.0123	0.9924
0.9878	1.0000	0.9876
1.0077	1.0125	1.0000

附录 E 旅游生态位评价调查问卷（一）

尊敬的女士/先生：

您好！

我们是旅游生态位研究课题组，正在开展旅游生态位研究。旅游生态位是旅游地个体（包括旅游区、旅游景区、旅游景点和旅游景物等）在区域旅游发展过程中的地位、作用和功能以及与其他旅游地的相对关系。该研究主要用于评价两个或两个以上旅游地（景区）旅游生态位宽度以及旅游生态位重叠情况，根据旅游生态位宽度判断旅游竞争力和旅游生态位重叠情况判断旅游竞争，需要对影响旅游竞争的指标选择、权重进行研究探讨，以期能够找到产生及衡量旅游竞争的旅游生态位指标。鉴于您是这一领域的专家，对旅游有深入的了解和研究，请您协助我们进行这方面调查，非常感谢您的支持和配合！

旅游生态位课题组

2007 年 9 月

一、个人背景情况

1. 您的国籍：______

2. 您的居住地：______省（地区）_______市（县）

3. 您的性别：

（1）男　　（2）女

4. 您的年龄：

（1）20 岁以下　　（2）21~30 岁　　（3）31~40岁

（4）41~50 岁　　（5）51~60 岁　　（6）60 岁以上

5. 您的职业：

（1）工人　　（2）农民　　（3）学生

（4）公务员　　（5）商贸人员　　（6）专业技术人员

（7）景区管理人员　　（8）离退休人员　　（9）其他

6. 您的文化程度：

（1）小学或以下　　（2）初中

（3）高中、中专或中技　　（4）大专

（5）大学及以上

7. 您的月收入：

（1）200~499 元　　（2）500~999 元

（3）1000~2500 元　　（4）2500~3500 元

（5）3500 元以上

二、旅游生态位评分

8. 请对下表中旅游生态位评价指标按照 10 分制进行评分，请给出您的分值。各分值意义为：9~10 分：非常好；7~8 分：比较好；5~6 分：一般；3~4 分：差；1~2 分：非常差。

序号	指标	评分				
		武陵源景区	天门山景区	茅岩河景区	八大公山景区	五雷山景区
1	观赏游憩价值					
2	历史文化科学价值					
3	珍稀或奇特程度					
4	规模与丰度					
5	完整性					
6	资源组合					
7	特色资源数量					
8	景点离散程度					
9	区域经济发展状况					
10	与客源地距离					
11	外交通可进入性					
12	年接待境内外游客数					
13	年接待境外游客数					
14	门票收入					
15	门票价格合理性					
16	知名度					
17	美誉度					
18	市场辐射力					
19	主题强化度					
20	旅游开发时间顺序					

续表

序号	指标	评分				
		武陵源景区	天门山景区	茅岩河景区	八大公山景区	五雷山景区
21	旅游经营时间					
22	适游期或使用范围					
23	游客平均逗留时间					
24	旅游卫生					
25	旅游安全					
26	导游素质					
27	服务态度					
28	服务效率					
29	技术的先进性					
30	旅游设施规模与完备性					
31	设施的维修保养					
32	娱乐					
33	购物					
34	食宿					
35	内交通的畅通性					
36	通信网络建设程度					
37	宣传促销力度					
38	旅游解说系统					
39	空气质量					
40	噪声指标					
41	水质					
42	绿化率					
43	气候舒适度					
44	旅游资源保护状况					
45	旅游环境保护状况					
46	周边环境保护状况					
47	社区社会文化保护状况					
48	日容量					
49	年容量					
50	旅游容量合理性					

非常感谢您的参与！

附录F　旅游生态位评价调查问卷（二）

尊敬的女士/先生：

您好！

我们是旅游生态位研究课题组，正在开展旅游生态位研究。旅游生态位是旅游地个体（包括旅游区、旅游景区、旅游景点和旅游景物等）在区域旅游发展过程中的地位、作用和功能以及与其他旅游地的相对关系。该研究主要用于评价两个或两个以上旅游地（景区）旅游生态位宽度与旅游生态位重叠情况，根据旅游生态位宽度判断旅游竞争力和旅游生态位重叠情况判断旅游竞争，需要对影响旅游竞争的指标选择、权重进行研究探讨，以期能够找到产生及衡量旅游竞争的旅游生态位指标。请您协助我们进行这方面调查，非常感谢您的支持和配合！

旅游生态位课题组

2007 年 9 月

一、个人背景情况

1. 您的国籍：________

2. 您的居住地：________省（地区）________市（县）

3. 您的性别：

（1）男　　（2）女

4.您的年龄：

（1）20 岁以下　　（2）21~30 岁　　（3）31~40 岁

（4）41~50 岁　　（5）51~60 岁　　（6）60 岁以上

5. 您的职业：

（1）工人　　（2）农民　　（3）学生

（4）公务员　　（5）商贸人员　　（6）专业技术人员

（7）景区管理人员　　（8）离退休人员　　（9）其他

6. 您的文化程度：

（1）小学或以下　　（2）初中

（3）高中、中专或中技　　（4）大专

（5）大学及以上

7. 您的月收入：

（1）200~499 元　　（2）500~999 元

（3）1000~2500 元　　（4）2500~3500 元

（5）3500 元以上

二、旅游生态位评分

8. 您所评价的是：

（1）武陵源风景区　　（2）茅岩河风景区

（3）天门山风景区　　（4）八大公山风景区

（5）五雷山风景区

9. 请对下表中旅游生态位评价指标按照 10 分制进行评分，请给出您的分值。

各分值意义为：9~10 分：非常好；7~8 分：比较好；5~6 分：一般；3~4 分：差；1~2 分：非常差。

序号	指标	评分	序号	指标	评分
1	观赏游憩价值		23	游客平均逗留时间	
2	历史文化科学价值		24	旅游卫生	
3	珍稀或奇特程度		25	旅游安全	
4	规模与丰度		26	导游素质	
5	完整性		27	服务态度	
6	资源组合		28	服务效率	
7	特色资源数量		29	技术的先进性	
8	景点离散程度		30	旅游设施的规模度与完备性	
9	区域经济发展状况		31	设施的维修保养	
10	与客源地距离		32	娱乐	
11	外交通可进入性		33	购物	
12	年接待境内外游客总数		34	食宿	
13	年接待境外游客总数		35	内交通的畅通性	
14	门票收入		36	通信网络建设程度	
15	门票价格合理性		37	宣传促销力度	
16	知名度		38	旅游解说系统	
17	美誉度		39	空气质量	
18	市场辐射力		40	噪声指标	
19	主题强化度		41	水质	
20	旅游开发时间顺序		42	绿化率	
21	旅游经营时间		43	气候舒适度	
22	适游期或使用范围		44	旅游资源保护状况	

序号	指标	评分	序号	指标	评分
45	旅游环境保护状况		48	日容量	
46	周边环境保护状况		49	年容量	
47	社区社会文化保护状况		50	旅游容量合理性	

非常感谢您的参与!

附录 G The Questionnaire Paper of the Tourism Niche Evaluation

Dear Ms.or Mr.

Welcome to Zhangjiajie!

We are the members of the task group of "The Tourism Niche Research" and doing some research on the tourism niche. The tourism niche is the status, effect, function and relationships between other tourism destinations.We study the research in order to evaluate the tourism niche breadth and the tourism niche overlap. Now we need many indicators to evaluate the tourism niche and your cooperation.

the task group of "The Tourism Niche Research"

2007.9

I Personal Background

1. Your nationality:

2. Your Sex:

(1) man (2) woman

3. Your age:

(1) below 20 years old (2) 21~30 years old

(3) 31~40 years old (4) 41~50 years old

(5) 51~60 years old (6) 60 years old upwards

4. Your occupation:

(1) worker (2) farmer (3) student

(4) officer (5) businessman (6) technical man

(7) retiree (8) else

5. Your culture degree:

(1) elementary school (2) junior school

(3) senior school (4) bachelor

(5) bachelor upwards

6. Your salary:

(1) 200~499$ (2) 500~999$

(3) 1000~2500$ (4) 2500~3500$

(5) 3500$upwards

Ⅱ The grade of the tourism niche

7. Your object:

(1) Wulingyuan Scenic Area (2) Maoyanhe Scenic Area

(3) Tianmenshan Scenic Area (4) Badagongshan Scenic Area

(5) Wuleishan Scenic Area

8. Please make grades for the Table .

9~10grade: best 7~8grade: better 5~6grade: common

3~4grade: worse 1~2grade: worst

No.	Indicators	Grade	No.	Indicators	Grade
1	Visiting value		14	Ticket income	
2	History, culture and science value		15	Price rationality	
3	Rarity or oddity degree		16	Popularity	
4	Scale and abundant degree		17	Reputation degree	
5	Integrality		18	Marketing radiation force	
6	Resource combination		19	Topic strength degree	
7	Feature resource quantity		20	Tourism exploitation order	
8	Degree of scenic spot dispersion		21	Tourism management time	
9	Situation of regional economy development		22	Fitting travel time or using region	
10	Tourist distance		23	Average tourist time	
11	Traffic entrance outside		24	Tourism sanitation	
12	Yearly tourist		25	Tourism security	
13	Yearly foreign tourist		26	Guide's quality	

续表

No.	Indicators	Grade	No.	Indicators	Grade
27	Service attitude		39	Air quality	
28	Service efficiency		40	Noise index	
29	Advancement of technology		41	Water quality	
30	Facilities' scale and completeness		42	Virescence rate	
31	Facilities' maintenance		43	The comfortable degree of clime	
32	Entertainment		44	Tourism resource protection situation	
33	Shopping		45	Tourism environmental protection	
34	Lodging		46	Environment protection situation outside	
35	Free traffic		47	Protection situation of society and culture	
36	Construct degree of communication and network		48	Capacity daily	
37	Advocacy effort		49	Capacity yearly	
38	Tourism interpretation system		50	Tourism capacity rationality	

Good lucky to you!

附录H 张家界市主要旅游景区旅游生态位资源矩阵

C_1 观赏游憩价值

级别	五级		四级		三级		二级		一级	
分值	10分	9分	8分	7分	6分	5分	4分	3分	2分	1分
武陵源景区	0.20	0.75	0.05	0.00	0.00	0.00	0.00	0.00	0.00	0.00
天门山景区	0.00	0.10	0.22	0.36	0.18	0.14	0.00	0.00	0.00	0.00
茅岩河景区	0.00	0.02	0.06	0.10	0.42	0.12	0.28	0.00	0.00	0.00
八大公山景区	0.00	0.04	0.12	0.34	0.36	0.14	0.00	0.00	0.00	0.00
五雷山景区	0.00	0.00	0.00	0.00	0.10	0.16	0.20	0.36	0.12	0.06

C_2历史文化科学价值

级别	五级		四级		三级		二级		一级	
分值	10分	9分	8分	7分	6分	5分	4分	3分	2分	1分
武陵源景区	0.32	0.54	0.12	0.02	0.00	0.00	0.00	0.00	0.00	0.00
天门山景区	0.00	0.06	0.24	0.42	0.28	0.00	0.00	0.00	0.00	0.00
茅岩河景区	0.00	0.00	0.00	0.24	0.25	0.30	0.21	0.00	0.00	0.00
八大公山景区	0.00	0.00	0.00	0.10	0.30	0.27	0.23	0.10	0.00	0.00
五雷山景区	0.00	0.00	0.00	0.00	0.00	0.13	0.37	0.31	0.19	0.00

C_3珍稀或奇特程度

级别	五级		四级		三级		二级		一级	
分值	10分	9分	8分	7分	6分	5分	4分	3分	2分	1分
武陵源景区	0.36	0.60	0.04	0.00	0.00	0.00	0.00	0.00	0.00	0.00
天门山景区	0.00	0.03	0.09	0.11	0.47	0.30	0.00	0.00	0.00	0.00
茅岩河景区	0.00	0.02	0.10	0.13	0.31	0.37	0.07	0.00	0.00	0.00
八大公山景区	0.00	0.06	0.20	0.47	0.27	0.00	0.00	0.00	0.00	0.00
五雷山景区	0.00	0.00	0.00	0.00	0.00	0.00	0.09	0.21	0.53	0.17

C_4规模与丰度

级别	五级		四级		三级		二级		一级	
分值	10分	9分	8分	7分	6分	5分	4分	3分	2分	1分
武陵源景区	0.53	0.30	0.14	0.00	0.00	0.00	0.00	0.00	0.00	0.00
天门山景区	0.00	0.00	0.10	0.15	0.35	0.40	0.00	0.00	0.00	0.00
茅岩河景区	0.00	0.00	0.00	0.00	0.00	0.17	0.61	0.22	0.00	0.00
八大公山景区	0.00	0.00	0.07	0.10	0.37	0.41	0.05	0.00	0.00	0.00
五雷山景区	0.00	0.00	0.00	0.00	0.00	0.00	0.00	0.14	0.75	0.11

C_5完整性

级别	五级		四级		三级		二级		一级	
分值	10分	9分	8分	7分	6分	5分	4分	3分	2分	1分
武陵源景区	0.10	0.33	0.37	0.30	0.00	0.00	0.00	0.00	0.00	0.00
天门山景区	0.00	0.00	0.00	0.13	0.20	0.30	0.37	0.00	0.00	0.00
茅岩河景区	0.00	0.00	0.07	0.18	0.23	0.43	0.10	0.00	0.00	0.00
八大公山景区	0.21	0.47	0.22	0.10	0.00	0.00	0.00	0.00	0.00	0.00
五雷山景区	0.00	0.00	0.00	0.00	0.24	0.33	0.37	0.06	0.00	0.00

C_6 资源组合

级别	五级		四级		三级		二级		一级	
分值	10 分	9 分	8 分	7 分	6 分	5 分	4 分	3 分	2 分	1 分
武陵源景区	0.27	0.60	0.13	0.00	0.00	0.00	0.00	0.00	0.00	0.00
天门山景区	0.00	0.00	0.13	0.32	0.35	0.20	0.00	0.00	0.00	0.00
茅岩河景区	0.00	0.00	0.00	0.21	0.28	0.32	0.19	0.00	0.00	0.00
八大公山景区	0.00	0.00	0.25	0.43	0.22	0.10	0.00	0.00	0.00	0.00
五雷山景区	0.00	0.00	0.00	0.00	0.00	0.00	0.13	0.23	0.37	0.27

C_7 特色资源数量

级别	五级		四级		三级		二级		一级	
分值	10 分	9 分	8 分	7 分	6 分	5 分	4 分	3 分	2 分	1 分
武陵源景区	1.00	0.00	0.00	0.00	0.00	0.00	0.00	0.00	0.00	0.00
天门山景区	0.00	0.00	0.00	0.00	1.00	0.00	0.00	0.00	0.00	0.00
茅岩河景区	0.00	0.00	0.00	0.00	0.00	0.00	0.00	1.00	0.00	0.00
八大公山景区	0.00	0.00	0.00	0.00	0.00	0.00	1.00	0.00	0.00	0.00
五雷山景区	0.00	0.00	0.00	0.00	0.00	0.00	0.00	0.00	1.00	0.00

C_8 景点离散程度

级别	五级		四级		三级		二级		一级	
分值	10 分	9 分	8 分	7 分	6 分	5 分	4 分	3 分	2 分	1 分
武陵源景区	0.00	0.00	0.10	0.15	0.54	0.21	0.00	0.00	0.00	0.00
天门山景区	0.00	0.00	0.21	0.49	0.30	0.00	0.00	0.00	0.00	0.00
茅岩河景区	0.00	0.00	0.00	0.00	0.00	0.00	0.32	0.51	0.17	0.00
八大公山景区	0.00	0.00	0.00	0.00	0.00	0.00	0.00	0.04	0.49	0.47
五雷山景区	0.00	0.00	0.00	0.00	0.00	0.00	0.08	0.10	0.47	0.35

C_9 区域经济发展状况

级别	五级		四级		三级		二级		一级	
分值	10 分	9 分	8 分	7 分	6 分	5 分	4 分	3 分	2 分	1 分
武陵源景区	0.00	0.00	0.00	0.10	0.36	0.42	0.12	0.00	0.00	0.00
天门山景区	0.00	0.00	0.00	0.38	0.29	0.23	0.10	0.00	0.00	0.00
茅岩河景区	0.00	0.00	0.00	0.00	0.00	0.00	0.30	0.46	0.24	0.00
八大公山景区	0.00	0.00	0.00	0.00	0.00	0.00	0.00	0.00	0.61	0.39
五雷山景区	0.00	0.00	0.00	0.00	0.00	0.00	0.25	0.51	0.24	0.00

C_{10} 与客源地距离

级别	五级		四级		三级		二级		一级	
分值	10 分	9 分	8 分	7 分	6 分	5 分	4 分	3 分	2 分	1 分
武陵源景区	0.41	0.51	0.08	0.00	0.00	0.00	0.00	0.00	0.00	0.00
天门山景区	0.00	0.04	0.10	0.21	0.27	0.20	0.18	0.00	0.00	0.00
茅岩河景区	0.00	0.02	0.00	0.11	0.31	0.23	0.23	0.10	0.00	0.00
八大公山景区	0.00	0.02	0.00	0.08	0.00	0.09	0.11	0.09	0.41	0.20
五雷山景区	0.00	0.00	0.00	0.00	0.00	0.03	0.06	0.11	0.23	0.57

C_{11} 外交通可进入性

级别	五级		四级		三级		二级		一级	
分值	10 分	9 分	8 分	7 分	6 分	5 分	4 分	3 分	2 分	1 分
武陵源景区	0.17	0.26	0.43	0.14	0.00	0.00	0.00	0.00	0.00	0.00
天门山景区	0.23	0.30	0.47	0.00	0.00	0.00	0.00	0.00	0.00	0.00
茅岩河景区	0.00	0.00	0.00	0.00	0.21	0.26	0.33	0.20	0.00	0.00
八大公山景区	0.00	0.00	0.00	0.00	0.00	0.00	0.00	0.27	0.33	0.40
五雷山景区	0.00	0.00	0.00	0.00	0.00	0.00	0.14	0.30	0.40	0.16

C_{12} 年接待境内外游客数

级别	五级		四级		三级		二级		一级	
分值	10 分	9 分	8 分	7 分	6 分	5 分	4 分	3 分	2 分	1 分
武陵源景区	1.00	0.00	0.00	0.00	0.00	0.00	0.00	0.00	0.00	0.00
天门山景区	0.00	0.00	0.00	0.00	0.00	0.00	0.00	1.00	0.00	0.00
茅岩河景区	0.00	0.00	0.00	0.00	0.00	0.00	0.00	0.00	1.00	0.00
八大公山景区	0.00	0.00	0.00	0.00	0.00	0.00	0.00	0.00	0.00	1.00
五雷山景区	0.00	0.00	0.00	0.00	0.00	0.00	0.00	0.00	0.00	1.00

C_{13} 年接待境外游客数

级别	五级		四级		三级		二级		一级	
分值	10 分	9 分	8 分	7 分	6 分	5 分	4 分	3 分	2 分	1 分
武陵源景区	1.00	0.00	0.00	0.00	0.00	0.00	0.00	0.00	0.00	0.00
天门山景区	0.00	0.00	0.00	0.00	0.00	0.00	0.00	1.00	0.00	0.00
茅岩河景区	0.00	0.00	0.00	0.00	0.00	0.00	0.00	0.00	2.00	0.00
八大公山景区	0.00	0.00	0.00	0.00	0.00	0.00	0.00	0.00	0.00	1.00
五雷山景区	0.00	0.00	0.00	0.00	0.00	0.00	0.00	0.00	0.00	1.00

C_{14} 门票收入

级别	五级		四级		三级		二级		一级	
分值	10分	9分	8分	7分	6分	5分	4分	3分	2分	1分
武陵源景区	1.00	0.00	0.00	0.00	0.00	0.00	0.00	0.00	0.00	0.00
天门山景区	0.00	0.00	0.00	0.00	0.00	0.00	0.00	1.00	0.00	0.00
茅岩河景区	0.00	0.00	0.00	0.00	0.00	0.00	0.00	0.00	2.00	0.00
八大公山景区	0.00	0.00	0.00	0.00	0.00	0.00	0.00	0.00	0.00	1.00
五雷山景区	0.00	0.00	0.00	0.00	0.00	0.00	0.00	0.00	0.00	1.00

C_{15} 门票价格合理性

级别	五级		四级		三级		二级		一级	
分值	10分	9分	8分	7分	6分	5分	4分	3分	2分	1分
武陵源景区	0.00	0.10	0.37	0.40	0.03	0.00	0.00	0.00	0.00	0.00
天门山景区	0.00	0.00	0.00	0.00	0.00	0.27	0.37	0.22	0.14	0.00
茅岩河景区	0.00	0.00	0.00	0.00	0.00	0.23	0.38	0.22	0.10	0.00
八大公山景区	0.00	0.00	0.15	0.25	0.25	0.35	0.00	0.00	0.00	0.00
五雷山景区	0.00	0.00	0.13	0.23	0.31	0.33	0.00	0.00	0.00	0.00

C_{16} 知名度

级别	五级		四级		三级		二级		一级	
分值	10分	9分	8分	7分	6分	5分	4分	3分	2分	1分
武陵源景区	0.90	0.10	0.00	0.00	0.00	0.00	0.00	0.00	0.00	0.00
天门山景区	0.00	0.00	0.00	0.32	0.28	0.30	0.10	0.00	0.00	0.00
茅岩河景区	0.00	0.00	0.00	0.00	0.20	0.41	0.27	0.12	0.00	0.00
八大公山景区	0.00	0.00	0.00	0.11	0.23	0.40	0.16	0.10	0.00	0.00
五雷山景区	0.00	0.00	0.00	0.00	0.00	0.00	0.00	0.18	0.57	0.25

C_{17} 美誉度

级别	五级		四级		三级		二级		一级	
分值	10分	9分	8分	7分	6分	5分	4分	3分	2分	1分
武陵源景区	0.89	0.11	0.00	0.00	0.00	0.00	0.00	0.00	0.00	0.00
天门山景区	0.00	0.05	0.10	0.15	0.50	0.20	0.00	0.00	0.00	0.00
茅岩河景区	0.00	0.00	0.00	0.03	0.17	0.40	0.33	0.07	0.00	0.00
八大公山景区	0.00	0.00	0.00	0.02	0.13	0.31	0.46	0.08	0.00	0.00
五雷山景区	0.00	0.00	0.00	0.00	0.00	0.00	0.00	0.17	0.35	0.48

C_{18} 市场辐射力

级别	五级		四级		三级		二级		一级	
分值	10分	9分	8分	7分	6分	5分	4分	3分	2分	1分
武陵源景区	0.33	0.47	0.20	0.00	0.00	0.00	0.00	0.00	0.00	0.00
天门山景区	0.00	0.00	0.03	0.00	0.40	0.50	0.07	0.00	0.00	0.00
茅岩河景区	0.00	0.00	0.01	0.00	0.00	0.31	0.51	0.17	0.00	0.00
八大公山景区	0.00	0.00	0.01	0.00	0.00	0.11	0.17	0.21	0.35	0.15
五雷山景区	0.00	0.00	0.00	0.00	0.00	0.10	0.00	0.17	0.20	0.53

C_{19} 主题强化度

级别	五级		四级		三级		二级		一级	
分值	10分	9分	8分	7分	6分	5分	4分	3分	2分	1分
武陵源景区	0.87	0.13	0.00	0.00	0.00	0.00	0.00	0.00	0.00	0.00
天门山景区	0.00	0.02	0.12	0.56	0.30	0.00	0.00	0.00	0.00	0.00
茅岩河景区	0.00	0.00	0.00	0.01	0.17	0.62	0.21	0.00	0.00	0.00
八大公山景区	0.00	0.00	0.00	0.00	0.00	0.00	0.35	0.60	0.05	0.00
五雷山景区	0.00	0.00	0.00	0.00	0.00	0.00	0.06	0.84	0.10	0.00

C_{20} 旅游开发时间顺序

级别	五级		四级		三级		二级		一级	
分值	10分	9分	8分	7分	6分	5分	4分	3分	2分	1分
武陵源景区	1.00	0.00	0.00	0.00	0.00	0.00	0.00	0.00	0.00	0.00
天门山景区	0.00	0.00	0.00	0.00	0.00	0.00	0.00	0.00	1.00	0.00
茅岩河景区	0.00	0.00	1.00	0.00	0.00	0.00	0.00	0.00	0.00	0.00
八大公山景区	0.00	0.00	0.00	0.00	1.00	0.00	0.00	0.00	0.00	0.00
五雷山景区	0.00	0.00	0.00	0.00	0.00	0.00	0.00	0.00	0.00	1.00

C_{21} 旅游经营时间

级别	五级		四级		三级		二级		一级	
分值	10分	9分	8分	7分	6分	5分	4分	3分	2分	1分
武陵源景区	1.00	0.00	0.00	0.00	0.00	0.00	0.00	0.00	0.00	0.00
天门山景区	0.00	0.00	0.00	1.00	0.00	0.00	0.00	0.00	0.00	0.00
茅岩河景区	0.00	0.00	0.00	1.00	0.00	0.00	0.00	0.00	0.00	0.00
八大公山景区	0.00	0.00	0.00	0.00	1.00	0.00	0.00	0.00	0.00	0.00
五雷山景区	0.00	0.00	0.00	0.00	1.00	0.00	0.00	0.00	0.00	0.00

C_{22} 适游期或使用范围

级别	五级		四级		三级		二级		一级	
分值	10 分	9 分	8 分	7 分	6 分	5 分	4 分	3 分	2 分	1 分
武陵源景区	1.00	0.00	0.00	0.00	0.00	0.00	0.00	0.00	0.00	0.00
天门山景区	0.00	0.00	0.00	1.00	0.00	0.00	0.00	0.00	0.00	0.00
茅岩河景区	0.00	0.00	0.00	0.00	0.00	1.00	0.00	0.00	0.00	0.00
八大公山景区	0.00	0.00	0.00	0.00	1.00	0.00	0.00	0.00	0.00	0.00
五雷山景区	0.00	0.00	0.00	0.00	1.00	0.00	0.00	0.00	0.00	0.00

C_{23} 游客平均逗留时间

级别	五级		四级		三级		二级		一级	
分值	10 分	9 分	8 分	7 分	6 分	5 分	4 分	3 分	2 分	1 分
武陵源景区	1.00	0.00	0.00	0.00	0.00	0.00	0.00	0.00	0.00	0.00
天门山景区	0.00	0.00	0.00	0.00	0.00	0.00	0.00	0.00	0.00	1.00
茅岩河景区	0.00	0.00	0.00	0.00	0.00	0.00	0.00	0.00	1.00	0.00
八大公山景区	0.00	0.00	0.00	0.00	0.00	0.00	1.00	0.00	0.00	0.00
五雷山景区	0.00	0.00	0.00	0.00	0.00	0.00	0.00	0.00	1.00	0.00

C_{24} 旅游卫生

级别	五级		四级		三级		二级		一级	
分值	10 分	9 分	8 分	7 分	6 分	5 分	4 分	3 分	2 分	1 分
武陵源景区	0.31	0.60	0.09	0.00	0.00	0.00	0.00	0.00	0.00	0.00
天门山景区	0.00	0.00	0.13	0.50	0.27	0.10	0.00	0.00	0.00	0.00
茅岩河景区	0.00	0.00	0.00	0.00	0.16	0.60	0.24	0.00	0.00	0.00
八大公山景区	0.00	0.00	0.00	0.00	0.00	0.13	0.27	0.50	0.10	0.00
五雷山景区	0.00	0.00	0.00	0.00	0.00	0.00	0.00	0.10	0.13	0.77

C_{25} 旅游安全

级别	五级		四级		三级		二级		一级	
分值	10 分	9 分	8 分	7 分	6 分	5 分	4 分	3 分	2 分	1 分
武陵源景区	0.89	0.09	0.02	0.00	0.00	0.00	0.00	0.00	0.00	0.00
天门山景区	0.00	0.00	0.08	0.61	0.21	0.10	0.00	0.00	0.00	0.00
茅岩河景区	0.00	0.00	0.00	0.00	0.10	0.75	0.15	0.00	0.00	0.00
八大公山景区	0.00	0.00	0.00	0.00	0.00	0.00	0.17	0.66	0.10	0.07
五雷山景区	0.00	0.00	0.00	0.00	0.00	0.00	0.00	0.10	0.46	0.44

C_{26} 导游素质

级别	五级		四级		三级		二级		一级	
分值	10 分	9 分	8 分	7 分	6 分	5 分	4 分	3 分	2 分	1 分
武陵源景区	0.37	0.46	0.17	0.00	0.00	0.00	0.00	0.00	0.00	0.00
天门山景区	0.00	0.00	0.11	0.51	0.21	0.17	0.00	0.00	0.00	0.00
茅岩河景区	0.00	0.00	0.00	0.02	0.10	0.24	0.49	0.15	0.00	0.00
八大公山景区	0.00	0.00	0.00	0.00	0.00	0.10	0.19	0.13	0.48	0.10
五雷山景区	0.00	0.00	0.00	0.00	0.00	0.00	0.08	0.10	0.14	0.68

C_{27} 服务态度

级别	五级		四级		三级		二级		一级	
分值	10 分	9 分	8 分	7 分	6 分	5 分	4 分	3 分	2 分	1 分
武陵源景区	0.83	0.17	0.00	0.00	0.00	0.00	0.00	0.00	0.00	0.00
天门山景区	0.00	0.06	0.11	0.43	0.23	0.17	0.00	0.00	0.00	0.00
茅岩河景区	0.00	0.00	0.00	0.00	0.00	0.60	0.28	0.12	0.00	0.00
八大公山景区	0.00	0.00	0.00	0.00	0.00	0.07	0.25	0.43	0.20	0.05
五雷山景区	0.00	0.00	0.00	0.00	0.00	0.00	0.29	0.32	0.20	0.19

C_{28} 服务效率

级别	五级		四级		三级		二级		一级	
分值	10 分	9 分	8 分	7 分	6 分	5 分	4 分	3 分	2 分	1 分
武陵源景区	0.81	0.11	0.08	0.00	0.00	0.00	0.00	0.00	0.00	0.00
天门山景区	0.00	0.00	0.10	0.56	0.17	0.17	0.00	0.00	0.00	0.00
茅岩河景区	0.00	0.00	0.00	0.11	0.13	0.51	0.25	0.00	0.00	0.00
八大公山景区	0.00	0.00	0.00	0.00	0.00	0.05	0.30	0.41	0.19	0.05
五雷山景区	0.00	0.00	0.00	0.00	0.00	0.00	0.11	0.60	0.21	0.08

C_{29} 技术先进性

级别	五级		四级		三级		二级		一级	
分值	10 分	9 分	8 分	7 分	6 分	5 分	4 分	3 分	2 分	1 分
武陵源景区	0.79	0.20	0.00	0.00	0.00	0.00	0.00	0.00	0.00	0.00
天门山景区	0.10	0.22	0.28	0.40	0.00	0.00	0.00	0.00	0.00	0.00
茅岩河景区	0.00	0.00	0.00	0.10	0.11	0.28	0.51	0.00	0.00	0.00
八大公山景区	0.00	0.00	0.00	0.00	0.00	0.00	0.05	0.84	0.11	0.00
五雷山景区	0.00	0.00	0.00	0.00	0.00	0.00	0.00	0.58	0.32	0.10

C_{30} 旅游设施的规模与完备性

级别	五级		四级		三级		二级		一级	
分值	10 分	9 分	8 分	7 分	6 分	5 分	4 分	3 分	2 分	1 分
武陵源景区	0.84	0.16	0.00	0.00	0.00	0.00	0.00	0.00	0.00	0.00
天门山景区	0.00	0.11	0.63	0.10	0.16	0.00	0.00	0.00	0.00	0.00
茅岩河景区	0.00	0.00	0.00	0.00	0.03	0.66	0.21	0.10	0.00	0.00
八大公山景区	0.00	0.00	0.00	0.00	0.00	0.11	0.33	0.44	0.16	0.00
五雷山景区	0.00	0.00	0.00	0.00	0.00	0.00	0.19	0.41	0.23	0.17

C_{31} 设施的维修保养

级别	五级		四级		三级		二级		一级	
分值	10 分	9 分	8 分	7 分	6 分	5 分	4 分	3 分	2 分	1 分
武陵源景区	0.37	0.30	0.23	0.10	0.00	0.00	0.00	0.00	0.00	0.00
天门山景区	0.00	0.00	0.05	0.21	0.54	0.20	0.00	0.00	0.00	0.00
茅岩河景区	0.00	0.00	0.00	0.00	0.00	0.13	0.27	0.47	0.13	0.00
八大公山景区	0.00	0.00	0.00	0.00	0.00	0.00	0.08	0.20	0.50	0.22
五雷山景区	0.00	0.00	0.00	0.00	0.00	0.00	0.00	0.20	0.22	0.58

C_{32} 娱乐

级别	五级		四级		三级		二级		一级	
分值	10 分	9 分	8 分	7 分	6 分	5 分	4 分	3 分	2 分	1 分
武陵源景区	0.00	0.00	0.00	0.10	0.47	0.43	0.00	0.00	0.00	0.00
天门山景区	0.00	0.00	0.00	0.00	0.40	0.45	0.15	0.00	0.00	0.00
茅岩河景区	0.00	0.00	0.00	0.00	0.00	0.10	0.24	0.66	0.00	0.00
八大公山景区	0.00	0.00	0.00	0.00	0.00	0.00	0.00	0.12	0.33	0.55
五雷山景区	0.00	0.00	0.00	0.00	0.00	0.00	0.00	0.17	0.40	0.43

C_{33} 购物

级别	五级		四级		三级		二级		一级	
分值	10 分	9 分	8 分	7 分	6 分	5 分	4 分	3 分	2 分	1 分
武陵源景区	0.00	0.71	0.29	0.00	0.00	0.00	0.00	0.00	0.00	0.00
天门山景区	0.00	0.24	0.36	0.40	0.00	0.00	0.00	0.00	0.00	0.00
茅岩河景区	0.00	0.00	0.00	0.00	0.00	0.17	0.50	0.21	0.12	0.00
八大公山景区	0.00	0.00	0.00	0.00	0.00	0.00	0.00	0.00	0.44	0.56
五雷山景区	0.00	0.00	0.00	0.00	0.00	0.00	0.00	0.10	0.47	0.43

C_{34} 食宿

级别	五级		四级		三级		二级		一级	
分值	10分	9分	8分	7分	6分	5分	4分	3分	2分	1分
武陵源景区	0.00	0.00	0.00	0.23	0.67	0.10	0.00	0.00	0.00	0.00
天门山景区	0.00	0.00	0.00	0.40	0.53	0.07	0.00	0.00	0.00	0.00
茅岩河景区	0.00	0.00	0.00	0.00	0.00	0.21	0.44	0.25	0.10	0.00
八大公山景区	0.00	0.00	0.00	0.00	0.00	0.00	0.00	0.30	0.31	0.39
五雷山景区	0.00	0.00	0.00	0.00	0.00	0.09	0.10	0.20	0.40	0.20

C_{35} 内交通的畅通性

级别	五级		四级		三级		二级		一级	
分值	10分	9分	8分	7分	6分	5分	4分	3分	2分	1分
武陵源景区	0.51	0.40	0.09	0.00	0.00	0.00	0.00	0.00	0.00	0.00
天门山景区	0.00	0.43	0.27	0.20	0.10	0.00	0.00	0.00	0.00	0.00
茅岩河景区	0.00	0.00	0.00	0.00	0.00	0.00	0.27	0.63	0.10	0.00
八大公山景区	0.00	0.00	0.00	0.00	0.00	0.00	0.00	0.00	0.19	0.81
五雷山景区	0.00	0.00	0.00	0.00	0.00	0.00	0.00	0.10	0.20	0.70

C_{36} 通信网络建设程度

级别	五级		四级		三级		二级		一级	
分值	10分	9分	8分	7分	6分	5分	4分	3分	2分	1分
武陵源景区	0.89	0.11	0.00	0.00	0.00	0.00	0.00	0.00	0.00	0.00
天门山景区	0.39	0.61	0.00	0.00	0.00	0.00	0.00	0.00	0.00	0.00
茅岩河景区	0.00	0.00	0.00	0.11	0.52	0.37	0.00	0.00	0.00	0.00
八大公山景区	0.00	0.00	0.00	1.00	0.00	0.00	0.00	0.00	0.11	0.89
五雷山景区	0.00	0.00	0.00	0.00	0.00	0.00	0.00	0.06	0.13	0.81

C_{37} 宣传促销力度

级别	五级		四级		三级		二级		一级	
分值	10分	9分	8分	7分	6分	5分	4分	3分	2分	1分
武陵源景区	0.71	0.29	0.00	0.00	0.00	0.00	0.00	0.00	0.00	0.00
天门山景区	0.22	0.78	0.00	0.00	0.00	0.00	0.00	0.00	0.00	0.00
茅岩河景区	0.00	0.00	0.00	0.00	0.00	0.00	0.31	0.69	0.00	0.00
八大公山景区	0.00	0.00	0.00	0.00	0.00	0.00	0.00	0.00	0.12	0.88
五雷山景区	0.00	0.00	0.00	0.00	0.00	0.00	0.00	0.10	0.13	0.77

C_{38} 旅游解说系统

级别	五级		四级		三级		二级		一级	
分值	10分	9分	8分	7分	6分	5分	4分	3分	2分	1分
武陵源景区	0.53	0.27	0.23	0.00	0.00	0.00	0.00	0.00	0.00	0.00
天门山景区	0.00	0.00	0.26	0.40	0.34	0.00	0.00	0.00	0.00	0.00
茅岩河景区	0.00	0.00	0.00	0.06	0.30	0.44	0.20	0.00	0.00	0.00
八大公山景区	0.00	0.00	0.00	0.00	0.00	0.00	0.00	0.15	0.12	0.73
五雷山景区	0.00	0.00	0.00	0.00	0.00	0.00	0.00	0.00	0.23	0.77

C_{39} 空气质量

级别	五级		四级		三级		二级		一级	
分值	10分	9分	8分	7分	6分	5分	4分	3分	2分	1分
武陵源景区	0.90	0.10	0.00	0.00	0.00	0.00	0.00	0.00	0.00	0.00
天门山景区	0.00	0.00	0.00	0.00	0.14	0.86	0.00	0.00	0.00	0.00
茅岩河景区	0.00	0.00	0.00	0.83	0.17	0.00	0.00	0.00	0.00	0.00
八大公山景区	0.73	0.27	0.00	0.00	0.00	0.00	0.00	0.00	0.00	0.00
五雷山景区	0.00	0.00	0.00	0.87	0.13	0.00	0.00	0.00	0.00	0.00

C_{40} 噪声指标

级别	五级		四级		三级		二级		一级	
分值	10分	9分	8分	7分	6分	5分	4分	3分	2分	1分
武陵源景区	0.78	0.22	0.00	0.00	0.00	0.00	0.00	0.00	0.00	0.00
天门山景区	0.00	0.00	0.00	0.00	0.00	0.23	0.69	0.08	0.00	0.00
茅岩河景区	0.00	0.00	0.00	0.00	0.27	0.43	0.20	0.10	0.00	0.00
八大公山景区	0.83	0.17	0.00	0.00	0.00	0.00	0.00	0.00	0.00	0.00
五雷山景区	0.00	0.00	0.00	0.06	0.13	0.61	0.20	0.00	0.00	0.00

C_{41} 水质

级别	五级		四级		三级		二级		一级	
分值	10分	9分	8分	7分	6分	5分	4分	3分	2分	1分
武陵源景区	0.37	0.63	0.00	0.00	0.00	0.00	0.00	0.00	0.00	0.00
天门山景区	0.00	0.00	0.00	0.13	0.46	0.41	0.00	0.00	0.00	0.00
茅岩河景区	0.00	0.00	0.00	0.31	0.63	0.06	0.00	0.00	0.00	0.00
八大公山景区	0.76	0.24	0.00	0.00	0.00	0.00	0.00	0.00	0.00	0.00
五雷山景区	0.00	0.00	0.00	0.34	0.66	0.00	0.00	0.00	0.00	0.00

C_{42} 绿化率

级别	五级		四级		三级		二级		一级	
分值	10分	9分	8分	7分	6分	5分	4分	3分	2分	1分
武陵源景区	1.00	0.00	0.00	0.00	0.00	0.00	0.00	0.00	0.00	0.00
天门山景区	0.00	0.00	0.00	7.00	0.00	0.00	0.00	0.00	0.00	0.00
茅岩河景区	0.00	0.00	0.00	7.00	0.00	0.00	0.00	0.00	0.00	0.00
八大公山景区	1.00	0.00	0.00	0.00	0.00	0.00	0.00	0.00	0.00	0.00
五雷山景区	0.00	0.00	1.00	0.00	0.00	0.00	0.00	0.00	0.00	0.00

C_{43} 气候舒适度

级别	五级		四级		三级		二级		一级	
分值	10分	9分	8分	7分	6分	5分	4分	3分	2分	1分
武陵源景区	0.17	0.63	0.20	0.00	0.00	0.00	0.00	0.00	0.00	0.00
天门山景区	0.00	0.00	0.00	0.30	0.41	0.20	0.09	0.00	0.00	0.00
茅岩河景区	0.00	0.00	0.00	0.26	0.33	0.31	0.10	0.00	0.00	0.00
八大公山景区	0.00	0.00	0.13	0.40	0.47	0.00	0.00	0.00	0.00	0.00
五雷山景区	0.00	0.00	0.00	0.41	0.46	0.13	0.00	0.00	0.00	0.00

C_{44} 旅游资源保护状况

级别	五级		四级		三级		二级		一级	
分值	10分	9分	8分	7分	6分	5分	4分	3分	2分	1分
武陵源景区	0.94	0.06	0.00	0.00	0.00	0.00	0.00	0.00	0.00	0.00
天门山景区	0.00	0.00	0.00	0.00	0.06	0.73	0.26	0.00	0.00	0.00
茅岩河景区	0.00	0.00	0.00	0.00	0.26	0.67	0.07	0.00	0.00	0.00
八大公山景区	0.33	0.17	0.40	0.10	0.00	0.00	0.00	0.00	0.00	0.00
五雷山景区	0.00	0.00	0.00	0.00	0.00	0.00	0.00	0.013	0.72	0.15

C_{45} 资源环境保护状况

级别	五级		四级		三级		二级		一级	
分值	10分	9分	8分	7分	6分	5分	4分	3分	2分	1分
武陵源景区	0.76	0.19	0.05	0.00	0.00	0.00	0.00	0.00	0.00	0.00
天门山景区	0.00	0.00	0.00	0.00	0.00	0.73	0.21	0.06	0.00	0.00
茅岩河景区	0.00	0.00	0.00	0.00	0.05	0.74	0.21	0.00	0.00	0.00
八大公山景区	0.85	0.13	0.00	0.00	0.00	0.00	0.00	0.00	0.00	0.00
五雷山景区	0.00	0.00	0.00	0.00	0.00	0.00	0.00	0.07	0.77	0.16

C_{46} 周边环境保护状况

级别	五级		四级		三级		二级		一级	
分值	10分	9分	8分	7分	6分	5分	4分	3分	2分	1分
武陵源景区	0.13	0.60	0.27	0.00	0.00	0.00	0.00	0.00	0.00	0.00
天门山景区	0.00	0.00	0.00	0.00	0.00	0.00	0.06	0.19	0.62	0.13
茅岩河景区	0.00	0.00	0.00	0.00	0.05	0.66	0.29	0.00	0.00	0.00
八大公山景区	0.12	0.37	0.51	0.00	0.00	0.00	0.00	0.00	0.00	0.00
五雷山景区	0.00	0.00	0.00	0.00	0.00	0.00	0.20	0.51	0.22	0.07

C_{47} 社区文化保护状况

级别	五级		四级		三级		二级		一级	
分值	10分	9分	8分	7分	6分	5分	4分	3分	2分	1分
武陵源景区	0.00	0.15	0.41	0.44	0.00	0.00	0.00	0.00	0.00	0.00
天门山景区	0.00	0.00	0.00	0.14	0.29	0.40	0.17	0.00	0.00	0.00
茅岩河景区	0.00	0.00	0.00	0.22	0.28	0.30	0.20	0.00	0.00	0.00
八大公山景区	0.00	0.37	0.63	0.00	0.00	0.00	0.00	0.00	0.00	0.00
五雷山景区	0.00	0.00	0.00	0.00	0.00	0.40	0.40	0.17	0.03	0.00

C_{48} 日容量

级别	五级		四级		三级		二级		一级	
分值	10分	9分	8分	7分	6分	5分	4分	3分	2分	1分
武陵源景区	1.00	0.00	0.00	0.00	0.00	0.00	0.00	0.00	0.00	0.00
天门山景区	0.00	0.00	0.00	0.00	0.00	0.00	0.00	1.00	0.00	0.00
茅岩河景区	0.00	0.00	0.00	0.00	0.00	0.00	0.00	1.00	0.00	0.00
八大公山景区	0.00	0.00	0.00	0.00	0.00	0.00	0.00	0.00	0.00	1.00
五雷山景区	0.00	0.00	0.00	0.00	0.00	0.00	0.00	0.00	0.00	1.00

C_{49} 年容量

级别	五级		四级		三级		二级		一级	
分值	10分	9分	8分	7分	6分	5分	4分	3分	2分	1分
武陵源景区	1.00	0.00	0.00	0.00	0.00	0.00	0.00	0.00	0.00	0.00
天门山景区	0.00	0.00	0.00	0.00	0.00	0.00	0.00	1.00	0.00	0.00
茅岩河景区	0.00	0.00	0.00	0.00	0.00	0.00	0.00	1.00	0.00	0.00
八大公山景区	0.00	0.00	0.00	0.00	0.00	0.00	0.00	0.00	0.00	1.00
五雷山景区	0.00	0.00	0.00	0.00	0.00	0.00	0.00	0.00	0.00	1.00

C_{50} 旅游容量合理性

级别	五级		四级		三级		二级		一级	
分值	10分	9分	8分	7分	6分	5分	4分	3分	2分	1分
武陵源景区	0.90	0.10	0.00	0.00	0.00	0.00	0.00	0.00	0.00	0.00
天门山景区	0.00	0.00	0.00	0.00	0.70	0.30	0.00	0.00	0.00	0.00
茅岩河景区	0.00	0.00	0.00	0.00	0.00	0.00	0.00	0.00	0.40	0.60
八大公山景区	0.00	0.00	0.20	0.80	0.00	0.00	0.00	0.00	0.00	0.00
五雷山景区	0.00	0.00	0.00	0.00	0.00	0.00	0.00	0.00	0.00	1.00

参考文献

Aulay Mackenzie Andy S.Ball & Soia R.Virdee:《生态学》，孙儒泳译，科学出版社2000年版。

保尔·拉法格:《回忆马克思恩格斯》，人民出版社1957年版。

陈建煊、杨建梅:《基于生态系统的企业集群研究》,《技术经济与管理研究》2004年第5期。

陈金波:《企业生态位的选择、控制与优化》,《企业活力》2005年第3期。

陈绍愿:《基于生态位理论的城市竞争策略研究》,《人文地理》2006年第2期。

陈天乙:《生态学基础教程》，南开大学出版社1995年版。

陈鹰、黄磊昌、王祥荣:《区域旅游规划中旅游资源集合区生态位的研究》,《城市规划》2007年第4期。

常志宵:《"演进经济学"的新演进》,《经济科学》2000年第4期。

丛沛桐、颜廷芬:《东北羊草群落种群生态位重叠关系研究》,《植物研究》1999年第2期。

崔凤军:《中国传统旅游目的地的创新与发展》，中国旅游出版社2002年版。

大卫·布林尼:《生态学》，生活·读书·新知三联书店2003年版。

丁易、李旭光、熊好琴等:《鄂西狮子关常绿阔叶林优势种群生态位研究》,《西南师范大学学报》(自然科学版) 2002年第2期。

董观志:《旅游主题公园管理与实务》，广东旅游出版社2000年版。

杜道林、苏杰:《栲树种群生态位动态研究》,《应用生态学报》1997年第2期。

凡丹:《旅游资源生态位理论在长阳地区保护性旅游开发中的应用》,《湖北函授大学学报》2008年第4期。

范航清:《"生态位"在社会科学中的应用初探》,《改革与战略》1993年第5期。

高莉、何佳荣:《基于生态位理论的区域旅游竞合模式研究》,《珠江现代建设》2009年第2期。

高江舟、王素娟:《企业生态位与企业合作竞争分析》,《研究与探讨》2007年第2期。

戈峰:《现代生态学》，科学出版社2002年版。

郭水良:《浙江金华北山木本植物种群生态位研究》,《植物研究》1998年第3期。

郭水良、曹同：《长白山主要生态系统地面藓类植物的生态位研究》，《生态学报》2001 年第 2 期。
韩秀娣：《城市生态位的内涵及其调控》，《城市研究》2000 年第 2 期。
Harris B：《目的地开发的市场问题》，马晓秋译，《旅游学刊》2000 年第 4 期。
何东进、吴承祯、洪伟等：《常绿阔叶防护林优势树种生态相似关系研究Ⅱ.主要灌木种群生态相似关系研究》，《福建林学院学报》1999 年第 2 期。
黄芳：《优化旅游系统的生态学原理》，《生态经济》2001 年第 11 期。
黄英姿：《生态位理论研究中的数学方法》，《应用生态学报》1994 年第 3 期。
黄伟、阙涛：《层次分析法的应用》，东北财经大学出版社 2001 年版。
霍洛韦：《旅游业》，漓江出版社 1987 年版。
金颖若：《旅游地形象定位及形象口号设计的要求》，《北京第二外国语大学学报》2003 年第 1 期。
李博：《生态学》，高等教育出版社 2003 年版。
李德志、石强、臧润国等：《物种或种群生态位宽度与生态位重叠的计测模型》，《林业科学》2006 年第 7 期。
李军玲、张金屯，郭逍宇：《关帝山亚高山灌丛草甸群落优势种群的生态位研究》，《西北植物学报》2003 年第 12 期。
李向明：《略论旅游资源生态位的概念与选择策略》，《旅游学刊》2007 年第 22 期。
李玉琼：《论生态学思想对企业创新理论的渗透》，《集团经济研究》2007 年第 18 期。
李契、朱金兆、朱清科：《生态位理论及其测度研究进展》，《北京林业大学学报》2003 年第 1 期。
李文龙、李自珍：《作物生态位构建的模型及其进化惯量与动量的试验研究》，《地球科学进展》2002 年第 3 期。
李意德：《海南岛尖峰岭热带山地雨林主要种群生态位特征研究》，《林业科学研究》1994 年第 1 期。
李自珍、赵松岭、张鹏云：《生态位适宜度理论及其在作物生长过程中的应用》，《兰州大学学报》（自然科学版）1993 年第 29 期。
李自珍、施维林、唐海萍等：《干旱区植物水分生态位适宜度的数学模型及其过程数值模拟试验研究》，《中国沙漠》2001 年第 3 期。
李志恒：《基于生态位理论的开封市不同功能模块动态研究》，河南大学出版社 2006 年版。
梁晶：《基于生态位理论的集群企业竞合战略研究》，武汉理工大学出版社 2007 年版。
梁士楚：《云贵鹅耳杨群落乔木种群生态位初探》，《广西植物》1994 年第 3 期。
林红、李自珍：《半干旱区作物生态位适宜度模型及水肥调控试验结果的定量分析》,《兰州大学学报》(自然科学版) 1998 年第 1 期。

林开敏、郭玉硕:《生态位理论及其应用研究进展》,《福建林学院学报》2001 年第 3 期。

刘改芳、董观志:《基于生态位的区域旅游业稳定度研究》,《旅游学刊》2007 年第 22 期。

刘建国:《生态位理论的发展及其在农村生态工程建设中的应用原则》,《农业现代化研究》1987 年第 6 期。

刘小红:《企业电子商务的生态位》,《重庆电力高等专科学校学报》2002 年第 3 期。

马世骏:《昆虫种群的空间、数量、时间结构及其动态》,《昆虫学报》1964 年第 1 期。

马世骏:《现代生态学的发展及我们的任务》,《森林生态系统研究》1980 年第 1 期。

马世骏、王如松:《社会—经济—自然复合生态系统》,《生态学报》1984 年第 1 期。

马世骏:《展望 90 年代的生态学的现代生态学透视》,科学出版社 1989 年版。

马世骏:《现代生态学透视》,科学出版社 1990 年版。

May R. M.:《理论生态学》,孙儒泳等译,科学出版社 1976 年版。

孟德友、陆玉麒:《基于生态位理论的旅游地发展策略研究——以黔东南州巴拉河流域乡村旅游区为例》,《安徽农业科技》2006 年第 21 期。

欧阳志云、王如松、符贵南:《生态位适宜度模型及其在土地利用适宜性评价中的应用》,《生态学报》1996 年第 2 期。

皮骏:《生态学视角下的区域旅游企业竞合研究》,华东师范大学出版社 2007 年版。

皮骏:《基于生态位的济宁旅游发展策略研究》,《河南商业高等专科学校学报》2009 年第 2 期。

祁新华、陈烈、程煜等:《区域旅游可持续发展的生态学透视》,《地理与地理信息科学》2005 年第 1 期。

祁新华:《基于生态位理论的旅游可持续发展策略》,《生态经济》2005 年第 8 期。

祁新华、程煜:《生态位理论在旅游地竞争中的应用研究》,《桂林旅游高等专科学校学报》2007 年第 6 期。

钱辉:《生态位、因子互动和企业演化》,浙江大学出版社 2005 年版。

钱辉、张大亮:《基于生态位的企业演化机理探析》,《浙江大学学报》(人文社会科学版) 2006 年第 2 期。

钱言:《基于生态位理论的企业间关系优化研究》,同济大学 2007 年版。

曲仲湘:《植物生态学》,高等教育出版社 1986 年版。

任青山:《天然次生林主要种群生态位结构的研究》,《东北林业大学学报》1998 年第 2 期。

尚玉昌:《现代生态学中的生态位理论》,《生态学进展》1988 年第 2 期。

尚玉昌、蔡晓明：《普通生态学》，北京大学出版社 1992 年版。
尚玉昌：《生态学概论》，北京大学出版社 2003 年版。
宋丁全、姜志林、郑作孟等：《福建卫闽光皮桦种群与主要伴生树种的生态位》，《南京林业大学学报》1999 年第 1 期。
宋晓英：《福建三明钩栲种群与主要伴生树种生态位研究》，《亚热带植物科学》2002 年第 3 期。
孙鸿良，齐哗，胡涛：《生态位理论及其在生态农业建设中的拓广与应用》，《农业现代化研究》1987 年第 4 期。
孙儒泳、李博、诸葛阳：《普通生态学》，高等教育出版社 1993 年版。
田志虹：《网络社会企业生态位模型研究及其应用》，北京交通大学出版社 2008 年版。
汪清蓉、余构雄：《区域旅游城市生态位测评及其竞合模式研究——以珠江三角洲为例》，《旅游学刊》2008 年第 3 期。
王爱民、祖元刚：《以光合效率度量天然白桦种群生态位初探》，《生态学杂志》2002 年第 1 期。
王伯荪：《植物群落学》，高等教育出版社 1987 年版。
王刚、赵松岭、张鹏云等：《关于生态位定义的探讨及生态位重叠计测公式改进的研究》，《生态学报》1984 年第 2 期。
王刚：《人类生态位》，《西北人口》1988 年第 3 期。
万伦来：《企业生态位及其评价方法研究》，《中国软科学》2004 年第 1 期。
王仁忠：《放牧影响下羊草草地主要植物种群生态位宽度与生态位重叠的研究》，《植物生态学报》1997 年第 4 期。
王兴元：《品牌生态位测度及其评价方法研究》，《预测》2006 年第 5 期。
王兆峰：《旅游产业集群的生态位策略研究》，《人文地理》2009 年第 1 期。
王志高、王孝安、肖娅萍：《太白红杉群落优势种的生态位研究》，《西北植物学报》2003 年第 10 期。
魏鸿雁：《基于生态位理论的黄山市区域旅游竞合研究》，安徽师范大学出版社 2006 年版。
吴会平：《八大公山森林旅游资源评价及环境容量分析》，《湖南林业科技》2002 年第 3 期。
向悟生、李先琨、苏宗明等：《元宝山冷杉群落主要树木种群生态位的初步研究》，《武汉植物学研究》2002 年第 2 期。
向延平：《旅游地的类生命特征研究》，《中国人口·资源与环境》2008 年第 2 期。
向延平：《基于生态位理论的旅游市场发展问题探析》，《长江大学学报》（自然科学版）2007 年第 4 期。

向延平：《旅游生态位评价研究——以张家界、天门山国家森林公园为例》，《林业经济问题》2009 年第 2 期。
向延平：《基于生态位理论的张家界市旅游市场策略选择》，《农业现代化研究》2009 年第 5 期。
向延平：《基于生态位理论的旅游关系分析——以武陵源风景区为例》，《经济地理》2009 年第 6 期。
向延平：《旅游竞争研究：生态位角度分析的新视角》，《安徽农业科学》2009 年第 26 期。
向延平：《国家森林公园旅游竞争评价：一种生态位方法——以张家界、天门山国家森林公园为例》，《林业科学》2011 年第 4 期。
谢承华：《AHP 及其应用》，《兰州商学院学报》2001 年第 2 期。
徐爱萍：《旅游景区生态位评价及其实证研究》，福建师范大学出版社 2008 年版。
许芳、李建华：《企业生态位原理及模型研究》，《中国软科学》2005 年第 5 期。
严斧：《旅游生态学》，湖南科学技术出版社 2004 年版。
杨效文、马继盛：《生态位有关术语的定义及计算公式评述》，《生态学杂志》1992 年第 2 期。
叶家明：《社会仿生学》，中华书局 1992 年版。
尤金·奥德姆：《生态学基础》，人民教育出版社 1981 年版。
于法稳：《生态位理论及其在生态经济规划中的应用》，《生态经济》1997 年第 4 期。
余世孝、奥罗西·L.：《物种多维生态位宽度测度》，《生态学报》1994 年第 1 期。
余世孝：《数学生态学导论》，科学技术文献出版社 1995 年版。
赵惠勋：《群体生态学》，东北林业大学出版社 1990 年版。
赵松岭：《城市生态位适宜度的理论探讨》，《城市环境》1987 年第 2 期。
赵志模、郭依泉：《群落生态学原理与方法》，科学技术文献出版社重庆分社 1989 年版。
张峰、上官铁梁：《翅果油树群落优势种群生态位分析》，《西北植物学报》2004 年第 1 期。
张光明、谢寿昌：《生态位概念演变与展望》，《生态学杂志》1997 年第 6 期。
张光明、谢寿昌：《哀牢山木果石栎群落优势种的生态位宽度与重叠》，《云南植物研究》2000 年第 4 期。
张桂莲、张金屯：《关帝山神尾沟优势种生态位分析》，《武汉植物学研究》2002 年第 3 期。
张金屯：《计量生态学》，科学出版社 2004 年版。
张林静：《不同生态位计测方法在绿洲荒漠过渡带上的应用比较》，《生态学杂志》2002 年第 4 期。

张侠、葛向东、濮励杰等：《土地利用的经济生态位分析和耕地保护机制研究》，《自然资源学报》2002 年第 6 期。

张远东、潘晓玲：《阜康荒漠植被灌木与半灌木种群生态位的研究》，《植物生态学报》2001 年第 61 期。

钟章成：《常绿阔叶林生态系统研究》，西南师范大学出版社 1992 年版。

周鸿：《生态学的归宿——人类生态学》，安徽出版社 1989 年版。

周鸿：《人类生态学》，高等教育出版社 2001 年版。

朱春全：《生态位理论及其在森林生态学研究中的应用》，《生态学杂志》1993 年第 4 期。

朱春全：《生态位态势理论与扩充假说》，《生态学报》1997 年第 3 期。

朱春全：《人类生态位的扩充与可持续发展》，《生态学杂志》1997 年第 16 期。

朱妍、田世政：《基于生态位原理的旅游地空间竞争优化策略探讨》，《商业文化》2008 年第 12 期。

邹仁爱、陈俊鸿、陈绍愿等：《旅游地生态位的概念、原理及优化策略研究》，《人文地理》2006 年第 5 期。

Abrams R., "Some Comment on Measuring Niche Overlap", *Ecology*, No. 61, 1980, pp.44–49.

Burges, "A Time and Size as Factors in Ecology", *Journal of Animal Ecology*, Vol. 29, No.1, 1960.

Burkart A. J., Medlik S, *Tourism*: *Past*, *Present and Future*, 2nd.Heinemanm, 1981.

Butler R. W., "The Concept of a Tourist Area Cycle of Evolution: Implications for Management of Resources", *Canadian Geography*, Vol.24, No.2, 1980.

Chase J. M., Leibold M. A., *Ecological Niches*: *Linking Classical and Contemporary Approaches*, Chicago: University of Chicago Press, 2003.

Chave J., "Neutral Theory and Community Ecology", *Ecology Letters*, No.7, 2004, pp.241–253.

Closkey R. T., "Community Structure in Sympatric Rodents", *Ecology*, No. 57, 1976, pp.728–739.

Cody M. L., *Competition and the Structure of Bird Communities*, NewJersey, Princeton Univ. Press, 1974.

Colwell R. K., Futuyma D. J., "On the Measurement of Niche Breathe and Overlap", *Ecology*, No.52, 1971, pp.567–576.

Dueser R. D., Shugart H. H., "Microhabitats in a Forest-floor Small Mammal Fauna", *Ecology*, No.59, 1978, pp.89–98.

Dueser R. D., Shugart H. H., "Niche Pattern in a Forest-floor Small Mammal Fauna", *Ecology*, No.60, 1979, pp.108-118.

Elton, *Animal Ecology*, London: Sidgwick and Jackson, 1927.

Feinsinger P., Spears E. E., Poole R. W., "A Simple Measure of Niche Breadth", *Ecology*, No.62, 1982, pp.27-32.

Gause, *The Struggle for Existence*, Baltimore: Williams & Wilkins, 1934.

George R. Milne, Charlotte H.Mason, "An Ecological Niche Theory Approach to the Measurement of Brand Competition", *Marketing Letters*, No.11, 1990.

Geoldner C. R., BrentRitchie J.R., Mclntosh R.W., *Tourism Principles, Practices, Philosophies*, 8th. New York: John Wiley & Sons, Inc., 1999.

Green R. H., "A Multivariate Statistical Approach to the Hutchinson Niche: Bivalve Molluscs of Central Canada", *Ecology*, No.52, 1971, pp.544-556.

Green R. H., "Multivariate Niche Analysis with Temporally Varying Environmental Factors", *Ecology*, No.55, 1974, pp.73-83.

Grinnell, "The Niche Relationship of the California Thrasher", *Auk*, No.34, 1919, pp.427-433.

Grinnell J., "Geography and Evolution", *Ecology*, No.5, 1924, pp.225-229.

Grubb P. J., "The Maintenance of Species-richness in Plant Communities, The Importance of There Generation Niche", *Biological Reviews*, No.52, 1977, pp. 107-145.

Hubbell S. P., *The Unified Neutral Theory of Species Abundance and Diversity*, New Jersey: Princeton University Press, 2001.

Hurlbert S. H., "The Measurement of Niche Overlap and Some Relatives", *Ecology*, Vol.59, No.1, 1978.

Hutchinson G. E., "Concluding Remarks", *Cold Spring Harbor*, *Symp. Quant.* Biol, No.22, 1957, pp.415-427.

Laland K. N., Odiing Smee P. J., Feldman M. W., "Evolutionary Consequences of Niche Construction and Their Implications for Ecology", *Proceedings of National Academy of Science of the USA.*, No.96, 1999, pp.10242-10247.

Laland K. N., Odling Smee P. J., Feldman M. W., "The Evolutionary Consequences of Niche Construction: A Theoretical Investigation Using Two-Focus Theory", *Journal of Evolutionary Biology*, Vol.8, No.3, 1996.

Leibold, "The Niche Concept Revisited: Mechanistic Models and Community Context", *Ecology*, Vol.76, No.5, 1995.

Levins, "A Community Equilibrium and Stability, and an Extension of the

Competitive Exclusion Principle", *American Naturalist*, No.104, 1970, pp. 413–423.

Levins R., *Evolution in Changing Environments: Some Theoretical Explorations*, NewJersey: Princeton University Press, 1968.

LI Z. Z., LIN H., " The Niche –fitness Model of Crop Population and Its Application", *Ecological Modeling*, No.104, 1997, pp.199–203.

MacArthur, " Species Packing and Competitive Equilibrium for Many Species", *Theoretical Population Biology*, No.1, 1970, pp.1–11.

McIntosh R. P., *The Background of Ecology: Concept and Theory*, London: Cambridge University Press, 1985.

Odling Smee P. J., Laland K. N., Feldman M. W., "Niche Construction", *American Naturalist*, No.147, 1996, pp.641–648.

Odum E. P., *Basic Ecology*, Philadelphia: W.B. Saunders, 1983.

Petraitis P. S., "Likehood Measurement of Niche Breadth and Overlap", *Ecology*, No.60, 1979, pp.703–710.

Pianka E. R., "Niche Overlap and Diffuse Competition", *Proc.Nat. Sci.USA.*, No. 71, 1974, pp.2140–2145.

Satty T. L., *The Analytic Hierarchy Process*, New York: Mcgraw–Hill, Inc. 1980.

Schoener T. W., "Non–synchronous Spatial Overlap of Lizards in Patchy Habitat", *Ecology*, No.51, 1970, pp.408–418.

Shannon C. E., "A Mathematical Theory of Communication", *Bell System Tech.*J., No.27, 1948, pp.379–423.

Shea K., Chesson P., " Community Ecology Theory as a Framework for Biological Invasions", *Trends in Ecology and Evolution*, Vol.17, No.4, 2002, pp.170–176.

Silvertown J., "The Ghost of Competition Past in the Phylogeny of Island Endemic Plants", *Journal of Ecology*, No.92, 2004, pp.168–173.

Thompson K., Gaston K. J., " Range Size Dispersal and Niche Breadth in the Herbaceous Flora of Central England", *Ecology*, No.87, 1999, pp.150–155.

Tilman D., " Niche Trade –offs, Neutrality, and Community Structure: As to Chastise Theory of Resource Competition, Invasion, and Community Assembly", *Nature*, 2004.

Tilman D., *Resource Competition and Community Structure*, NewJersey: Princeton University Press, 1982.

Weatherly A. H., "Notions of Niche and Competition among Animals with Special

Reference to Fresh Water Fish", *Nature*, No.197, 1963, pp.14–17.

Whittaker R. H., Lerin S. A., Boot R B., "Niche, Habitat and Ecotope", *American Naturalist*, Vol.107, No.955, 1973.

Wright D. T., Burns N. D., "Cellular Green-teams in Global Network Organizations", *International Journal of Production Economics*, Vol.52, No.6, 1997.

YU S. X., Orloci L., "On Niche Overlap and Its Measurement", *Coenoses*, No. 5, 1990, pp.159–165.

索引

B

F

L

M

Q

S

T

W

X

Z

后 记

本书是以我的博士学位论文为研究基础、博士后工作期间修改完善出版的，虽然这是一项并不完美的研究成果，却是我博士、博士后阶段学习和工作的凝聚，一路走来，万般滋味在心。合卷回首，亲人、良师、益友的关心和帮助充斥心田，不断励我前行，催我奋进。在此，谨撰写此文表达我的诚挚谢意。

感谢我的博士生导师魏美才教授，本书的创作是在魏美才教授悉心指导和亲切关怀下完成的。在创作期间，魏老师在学业上给了我无微不至的指导和关怀，书稿的选题、结构设计及写作都得到了恩师的耐心指点。他渊博的学识、严谨的治学态度、敏锐的学术眼光、孜孜不倦的敬业精神、为人师表的高尚风范、宽广坦荡的胸怀、敏锐的洞察力和超凡的人格魅力，不仅激励着我努力探索，更为我今后的学习和工作树立了楷模。我将永远铭记恩师的教诲，脚踏实地，不断进取，在书稿出版之际，向尊敬的魏老师表示最诚挚的谢意。

感谢中南林业科技大学生命科学与技术学院田大伦教授、聂海燕教授、项文化教授、张少冰教授等人的悉心指导。他们传授的知识包含着深邃的科学思想和学术成就，他们的无私关心和帮助给我的博士学习和本书创作增添了温暖和欢乐，在此表示衷心的感谢。在研究过程中，我还得到了师兄（姐）师弟（妹）的大力支持和帮助。与他们的学术交流使我受益匪浅，与他们的同门之谊更是我人生历程中的宝贵财富，在此一并表达真心的谢意。

感谢吉首大学各级领导和同事对我攻读博士学位和博士后工作期间的关心和照顾，给我创造了一个优越的学习和研究环境。

感谢张家界市旅游局及部分旅游景区领导为本书的写作和调研提供的便利，使我能够收集到大量宝贵、翔实的调查数据和资料。

感谢我的博士后合作单位中国人民大学区域与城市经济研究所的专家教授，有了他们的悉心指导，本书稿逐渐得以完善，研究成果进一步得到升华。

感谢经济管理出版社的支持。

特别感谢我的家人对我多年外出求学的支持和理解，他们在我学习、生活和工作中给予了大量的支持、鼓励和帮助，我所取得的每一点进步都与他们是分不开的。

子曰："吾生也有涯，而知也无涯。"我将谨记于心，常明我性，勤悟其理，学无止境，在今后的工作和生活中我还将不断努力地学习，同时，由于本人水平有限，书中不足之处敬请批评指正。

向延平

2012 年 9 月